Susanne Kupper-Heilmann

Getragenwerden und Einflußnehmen –
aus der Praxis des psychoanalytisch orientierten heilpädagogischen Reitens

Reihe: »**Psychoanalytische Pädagogik**« Band 6

Herausgegeben von Christian Büttner,
Wilfried Datler und Urte Finger-Trescher

Susanne Kupper-Heilmann

Getragenwerden und Einflußnehmen – aus der Praxis des psychoanalytisch orientierten heilpädagogischen Reitens

in Zusammenarbeit mit Christian Büttner

Psychosozial-Verlag

Die Deutsche Bibliothek - CIP-Einheitsaufnahme

Kupper-Heilmann, Susanne:
Getragenwerden und Einflußnehmen : aus der Praxis des psychoanalytisch orientierten heilpädagogischen Reitens / Susanne Kupper-Heilmann. In Zusammenarbeit mit Christian Büttner. - Gießen : Psychosozial-Verl., 1999
(Psychoanalytische Pädagogik ; Bd. 6)
ISBN 3-932133-65-X

2. Auflage

Goethestr. 29, 35390 Gießen
Tel.: 0641/77819, Fax: 0641/77742
e-mail: info@psychosozial-verlag.de
www.psychosozial-verlag.de

Umschlagabbildung: © Gabriele Boiselle, „Shire + Kinder"
Umschlaggestaltung: Atelier Warminski, Büdingen
ISBN 3-932133-65-X

Inhalt

Vorwort

Es ist eher eine Seltenheit im Bereich der Psychotherapie oder der Heilpädagogik, primäre Berichte über psychosoziale Prozesse zu finden. Das konkrete Geschehen ist hoch-komplex in der Gleichzeitigkeit, die Beschreibung ist aber auf eine lineare Darstellung angewiesen. Es ist schwer, im Leser wieder eine Gestalt der komplexen Situation entstehen zu lassen, zumal das ja auch nicht ohne sein integratives Erfassen möglich wird.

Susanne Kupper-Heilmann hat es unternommen, aus ihrer Praxis des psychoanalytisch orientierten heilpädagogischen Reitens mit körperlich und geistig behinderten und verhaltensauffälligen Kindern und Jugendlichen zu berichten. Es geht ihr immer um die Förderung der Eigeninitiative in der Arbeit mit und auf dem Pferd. Dabei setzt sie voraus, daß in dem Beziehungsdreieck Klient–Pädagogin–Pferd die biographisch bedingten Lösungen und Notlösungen im Verhalten der Klienten in Erscheinung treten. Bei geeigneten Interventionen kann eine Neuorientierung ermöglicht werden.

Nach der Aufnahme der biographischen Anamnese gewinnt die Autorin vor allem aus dem szenischen Verstehen mit Hilfe der Erfassung von Übertragungsgeschehen und Übertragungsreaktionen – oder auch Gegenübertragungsphänomenen (Supervision) – Anhaltspunkte für ihre Interventionen zur Optimierung des Bewegungsdialoges Klient–Pferd, der Beziehungsfähigkeit und der emotionalen Offenheit im Beziehungsdreieck von Klient–Pferd–Pädagogin. Durch Einbeziehen der Personen im Umfeld wird der Transfer der neuen Erfahrungen in den Alltag noch besser gewährleistet.

> „Ein großer Teil unserer Einsicht in die Übertragung resultiert aus unserem Verständnis der Art und Weise, wie unsere Patienten auf uns einwirken, um aus vielen verschiedenen Gründen Gefühle in uns hervorzurufen; wie sie uns in ihre Abwehrsysteme hineinzuziehen versuchen; wie sie unbewußt mit uns in der Übertragung agieren und versuchen, uns zum gemeinsamen Agieren mit ihnen zu bewegen; wie sie Aspekte ihrer seit der frühen Kindheit errichteten inneren Welt vermitteln, ... die sich häufig nicht in Worte fassen lassen und die wir nur aufgrund der in uns geweckten Gefühle wahrnehmen, durch unsere Gegenübertragung im weiten Sinne des Begriffs" (Betty Joseph: Psychisches Gleichgewicht und psychische Veränderung, Stuttgart 1994, S. 232).

Eine Studiengruppe des Deutschen Kuratoriums für Therapeutisches Reiten hat in einem 5jährigen Reflexionsprozeß unter anderem gefunden, daß die spezifischen therapeutischen Möglichkeiten in der Arbeit mit dem Pferd von dem jeweiligen persönlichen Entwicklungsweg des Therapeuten/der Therapeutin abhängen. Das gilt uneingeschränkt auch für die heilpädagogische Arbeit mit dem Pferd.

So hat es offensichtlich einen besonderen Sinn, daß die Autorin ihren eigenen Werdegang in der Einleitung beschreibt und auf eine mehrjährige psychoanalytische Selbsterfahrung und die Bedeutung von Supervision hinweist. Und in der Angabe der Autorenschaft verweist sie auf die Zusammenarbeit mit Christian Büttner.

Ein Leser, der mit psychoanalytisch orientierten Erfahrungen nicht vertraut ist, mag es manchmal nicht leicht finden, diesen integrativen Aspekt in den zahlreichen Fallbeispielen zu erfassen. Er wird aber nach der Einführung durch die Autorin mit Gewinn die Ausführungen verfolgen.

Corvara, 12. Januar 1999

Prof. Dr. med. Carl Klüwer,

Facharzt für Psychotherapeutische Medizin und Psychoanalytiker; ehem. Präsident der Internationalen Föderation für Therapeutisches Reiten (1991–1997).

1. Einleitung

Der Schwerpunkt dieses Buches ist eine umfangreiche Darstellung von Fallgeschichten aus der Praxis des psychoanalytisch orientierten heilpädagogischen Reitens. Meine Erfahrungen basieren auf der Arbeit mit körperbehinderten, geistig behinderten, verhaltensauffälligen und psychisch behinderten Menschen (zum Beispiel mit der Diagnose Autismus), wobei der Anteil der Kinder und Jugendlichen stark überwiegt. In meiner Arbeit habe ich es mehr mit männlichen als mit weiblichen Klienten zu tun.

Zunächst werden die *theoretischen Grundlagen* des heilpädagogischen Einsatzes von Pferden so dargestellt, daß auch der reiterliche Laie sich ein Bild davon machen kann, was sich im Beziehungsdreieck Pädagogin–Klient–Pferd abspielt und wie damit gearbeitet werden kann.

Die unterschiedlichen Arbeitsansätze der *Einzelarbeit* und der *Arbeit mit Institutionen* werden anhand von Fallgeschichten vermittelt. Durch sie sollen die Arbeitsweise, die Interpretation des Geschehens, die Frage nach dem Setting und der Auswertung der Maßnahme transparent werden.

Im Kapitel *Chancen und Grenzen der Arbeit mit Pferden* werden mögliche Entwicklungen durch das heilpädagogische Reiten und die vielfältigen Begrenzungen dieser Arbeit aufgezeigt und Aspekte der Qualifikation der durchführenden Person dargestellt.

Im *Anhang* sind die Kurstypen „Zeit mit Pferden", „Akrobatik mit Pferden" und „Gymkhana–Reiterspiele" im Hinblick auf die psychoanalytisch orientierte Arbeit mit Pferden für Schulen für Erziehungshilfe methodisch und didaktisch aufbereitet. Praktikerinnen und Praktiker können so die Kurse nachvollziehen und Anregungen für die eigene Praxis entnehmen.

Die Arbeit mit Pferden – mein Thema?

Seit meiner frühen Kindheit gehören Pferde und das Reiten zu den mich stabilisierenden Bestandteilen meines Lebens. Die Liebe zu Pferden keimte in mir, ausgelöst durch sehnsuchtsvolle Erzählungen meines Vaters aus seiner Kindheit, die romantisierend von den Bergen und Ebenen im Kaukasus, von wilden Pferden und blühenden Sonnenblumenfeldern handelten.

Pferde und Reiten waren für mich in der Jugend lediglich Hobby, bekamen aber später eine z.T. existenzsichernde Bedeutung. Ausgelöst durch ein Schlüsselerlebnis, welches ich 1979 hatte, als ich zwei mongoloiden Kindern – gegen den Widerstand eines Reitstallbesitzers („Die verschrekken die Kundschaft ...") – das Reiten ermöglichte, und durch den tiefen Eindruck, den mir die plötzliche Lebendigkeit der Gesichter der Kinder auf dem Pferd hinterließ, kristallisierte sich mein Berufswunsch heraus. Die

Kombination von Pferden und heilpädagogischer Förderung wurde für mich für viele Jahre zum Hauptgegenstand meines Suchens und Arbeitens. Das Studium der Sonder- und Heilpädagogik in Frankfurt/Main bei Prof. Dr. Gerd Iben, verband ich mit einer Zusatzausbildung im therapeutischen Reiten (Trainer-S-Lizenz: Reiten als Sport für Behinderte); ich wirkte mehrere Jahre neben dem Studium an von Heidrun Lippold von Hörde durchgeführten Hippotherapiemaßnahmen mit und leitete integrative Reiterfreizeiten in Grävenwiesbach auf dem Hof von Renate und Jochen Hauschild, so wie ich heilpädagogisches Reiten verstand.

Viele Jahre später fand ich nach beruflicher Tätigkeit in der Erwachsenen- und Jugendbildung durch eine Psychoanalyse zu den Wurzeln und Bedeutungen meiner Pferde- und Reitbegeisterung.

Im Rahmen freiberuflicher Tätigkeit begann ich in einem zweiten Anlauf, meine Vorstellungen von heilpädagogischer Arbeit unter Einbezug von Pferden auf dem „Reiterhof Engelthal" von Adolf Schudt weiterzuentwickeln. Mit seinen von mir weitergebildeten Pferden Vicky, Flemming, Balou, Lisa, Kastillio und Donald war es mir möglich, in dem großzügig angelegten Gelände des „Reiterhofes Engelthal", unterstützt durch die positive Einstellung von Adolf Schudt zu behinderten und beeinträchtigten Kindern, Jugendlichen und Erwachsenen, meine Vorstellungen von heilpädagogischem Reiten mit Hilfe der mir assistierenden pädagogischen Mitarbeiterin Katrin Jahnke zu verwirklichen.

Auf dieser Basis entstand das vorliegende praxisorientierte Buch[1], mit dem ich die bisherigen Arbeitsansätze des heilpädagogischen Reitens erweitern und somit nutzbar machen möchte.

Tiergestützte Pädagogik und Therapie

Die fundamentale Einsicht, daß Tiere dem Menschen nicht nur Fleisch liefern, Lasten tragen und Gesellschaft leisten, sondern ihm auch gezielt helfend und heilend zu Diensten sein können, führte zu einer weltweiten Bewegung. Die Ursprünge des gezielten helfenden und heilenden Einsatzes von Tieren liegen ebenso wie dessen wissenschaftliche Erforschung in den Vereinigten Staaten. Nun gab es zwar in der Menschheitsgeschichte schon lange die Erfahrungen, daß ein Tier seinem „Besitzer" oder demjenigen,

[1] Ich danke meinem Mann *Joachim Heilmann* für seine fachliche Beratung und liebevolle Unterstützung zum Gelingen dieses Buches. Für die praxisorientierten Anregungen zu den drei Kurstypen (vgl. Anhang) danke ich *Susanne Woble,* und bei *Christine Böhm*, *Prof. Dr. Gerd Iben*, *Christina Jahnke*, *Katrin Jahnke*, *Christoph Kleemann*, *Dr. Lotte Rose* und *Genia Wernersbach* bedanke ich mich, daß sie das Manuskript gegengelesen und mir wertvolle Anregungen zur Überarbeitung gegeben haben. Ohne die freundliche und fachliche Zusammenarbeit mit *Prof. Dr. Christian Büttner* wäre dieses Buch nicht entstanden.

der mit ihm lebt oder auch nur eine begrenzte Zeit verbringt, sehr viel bedeutet und sich positiv auf seine Verfassung auswirkt, jedoch ohne daß sie kritisch unter die Lupe genommen wurden (vgl. Frewein 1983, Lachner 1979). Dies galt es, einer Revision zu unterziehen, um Gemeinplätze, die sich bei dem Thema einstellen, zu unterbinden.

Sylvia Greiffenhagen nennt als Gruppen, bei denen die tiergestützte Erziehung und Heilung (ursprünglich „Pet facilitated therapy") empirisch belegt wurden, Kinder, Alte, Kranke, Behinderte, Obdachlose und Straffällige (Greiffenhagen 1991, S. 30 f.). Die „Pet facilitated therapy" wird in den USA, in Großbritannien, Australien und z.T. auch in Frankreich immer häufiger praktiziert. Immer mehr Haustiere halten in diesen Ländern Einzug in Schulen, Alten- und Pflegeheime, in Gefängnisse, Fürsorge- und psychiatrische Anstalten, um mit ihrer Hilfe den Menschen Freude, Genesung und Besserung zu bringen. Besonders nachvollziehbar in ihrer Funktion als Kontakthilfe beschreibt Sylvia Greiffenhagen Tiere in der Kinderpsychotherapie (Greiffenhagen 1991, S. 188 ff.). Deren Wirkung erklärt sie u.a. damit, daß viele Kinder und Heranwachsende glauben, Tiere könnten ihre Gefühle verstehen, und somit durch das Tier ein Zugang zum Kind ermöglicht wird. Mit Hilfe des Tieres kann der Therapeut das Vertrauen des Kindes gewinnen und auf diesem Weg mit der Zeit eine tragfähige Beziehung zum Kind aufbauen. „Das Tier fungiert gewissermaßen als Eisbrecher. Levinson berichtet, in einem Fall habe ein Kind wochenlang nur den Hund akzeptiert, nicht ihn selbst: Es streichelte ihn, kochte für ihn, führte ihn auf der Straße spazieren, erzählte ihm schließlich sein Leid. Der Therapeut war als Dritter im Bunde geduldet. Von Sitzung zu Sitzung gewann der Arzt mehr Gewicht, bis das Kind schließlich seine Aufmerksamkeit vom Tier auf den Therapeuten umlenkte" (Greiffenhagen 1991, S. 189).

Eine lange Tradition hat der Einsatz von Hunden, die als Rettungshunde, Blindenhunde oder „Service-Tiere" – ebenso wie Kapuzineräffchen – z.B. für körperbehinderte Menschen mehr als 40 Befehle auszuführen gelernt haben und für Betroffene mehr als nur eine Hilfe im Alltag sind. Die Beziehung der Menschen zu diesen tierischen Helfern ist sehr differenziert und vielschichtig (vgl. Greiffenhagen 1991, S. 137 ff.). Neben der Ermöglichung eines relativ selbständigen Alltags stellt ein solches Tier einen Partnerersatz, eine Kontakthilfe für die Beziehung zu anderen und einen unverzichtbaren Bestandteil im Tagesablauf dar.

Die genannten Faktoren spielen auch eine wesentliche Rolle bei dem Einsatz von Tieren in Altenheimen (vgl. Gäng 1992). Heimtiere können regelrecht zu Lebensgefährten, „Ansprechpartnern" und Bezugspunkten alter, behinderter und einsamer Menschen werden. Diese Funktion des Haltens von Tieren und der Beziehung zu ihnen kann ein Ersatz für menschliche Beziehungen sein. Darüber hinaus spielen sich in der

Mensch–Tier–Beziehung aber auch noch andere Beziehungsinhalte ab (vgl. hierzu Meyer 1975 und Katcher/Beck 1983).

Das Gefühl, für ein Tier verantwortlich zu sein, senkt erwiesenermaßen die Selbstmordrate bei alten Menschen. Die Verantwortung für ein Tier ermöglicht und erfordert eine gewisse Aktivität, die mit dem Tier verbundenen Verantwortungen und Pflichten wirken stabilisierend und bieten vermehrt Kontakt- und Kommunikationsmöglichkeiten, die oft ohne das Tier nicht gegeben wären. Es findet eine Beeinflussung des sozialen Verhaltens und der sozialen Kontakte statt, ohne daß eine konkrete therapeutische oder heilpädagogische Zielsetzung gegeben wäre oder stattgefunden hätte (vgl. Smet 1992). „So übernehmen Tiere in unserer Zeit immer häufiger ‚soziale' Aufgaben als Freizeit-, Arbeits- und Sportskamerad, als Ersatzpartner, als Prestigeobjekt und als Kuscheltier" (Haering 1992, S. 8).

Eine besondere Form des Einsatzes von Tieren im Rahmen therapeutischer Förderung stellt die in den letzten zehn Jahren immer häufiger erwähnte „Delphin-Therapie" dar. Hierbei wird versucht, die Kontaktmöglichkeiten zwischen insbesondere autistischen Kindern und Jugendlichen und dem Delphin therapeutisch einzusetzen (vgl. Smith 1983, Holst 1988 und St. John 1993).

Pferde und das Reiten in der heilpädagogischen Arbeit

Gegenüber allen anderen Tieren, die heilpädagogisch oder therapeutisch eingesetzt werden, bietet das Pferd eine Besonderheit, die ihm eine Sonderstellung einräumt: Der Umgang mit ihm geschieht in direktestem Körperkontakt, und die Bewegungen des Pferdes ähneln, im Gegensatz zu den „Paßgängern" Kamel und Esel, dem menschlichen Gang.

Das Reiten als Kunst der Beherrschung des Pferdes, seiner Gangarten und der Mitbewegung des Reiters im Sattel im Sinne eines Exercitium universale besaß in der hippokratischen Medizin seinen festen Platz. Hippokrates (griechischer Arzt, 460–377 v. Chr.) erwähnte in seinen Schriften den „heilsamen Rhythmus des Reitens" und dehnte diesen heilsamen Aspekt neben den physischen Auswirkungen auch auf harmonisierende psychische Bereiche aus (vgl. Heipertz et al. 1975). Heinrich Schipperges faßte in einem Überblick zweitausend Jahre Reitkunst in historischer Heilkunde unter Bezugnahme auf insbesondere Hieronymus Cardanus (1501–1576) sowie Exkurse in das arabische und lateinische Mittelalter und in die Renaissance zusammen und kam zu dem Schluß, daß das Reiten über die Jahrtausende hinweg in der Wissenschaftssystematik und in den therapeutischen Systemen seinen definierten Ort hatte (Schipperges 1968, S. 237 ff.). Im 19. Jahrhundert schließlich, welches die Revolutionierung der Medizin durch die Dominanz der naturwissenschaftlichen Disziplinen mit sich brachte, verliert sich auch im Schrifttum das diätetische Denken der hippokratischen Medizin, welches das Verhalten des Menschen in seiner Lebensordnung zu regeln versuchte. In einem Rückblick in die Geschichte der Bedeutung des Reitens in der Medizin (Vescovi, in: Heipertz et al. 1975) wird deutlich, daß bis zum Zweiten Weltkrieg das Reiten in seinen gesundheitlichen Wirkungen zumeist als Prophylaktikum und sporadisch auch als Therapeutikum empirisch bekannt und geschätzt war. Danach entwickelte sich eine „Physiotherapie auf dem Pferd", die Hippotherapie, die aus der Heil- bzw. Krankengymnastik heraus gegründet wurde.

Im Unterschied zu anderen tiergestützten therapeutischen und heilpädagogischen Maßnahmen, ist die heilende Wirkung des Umgangs mit Pferden in Deutschland lange bekannt. Eine erste Arbeit zum heilpädagogischen Reiten in Deutschland wurde von Antonius Kröger, einem Sonderschullehrer, schon 1969 publiziert und stellte den persönlichkeitsbeeinflussenden Wert der Einbeziehung des Pferdes in die Erziehung von lern- und verhaltensauffälligen Kindern (Kröger 1969) dar.

In der Bundesrepublik Deutschland werden unter dem Begriff „Therapeutisches Reiten" drei Fachbereiche subsumiert:

- *die Hippotherapie*, welche eine spezielle krankengymnastische, ärztlich verordnete und überwachte bewegungstherapeutische Maßnahme auf dem Pferd ist, die sich der Bewegungen des Pferdes als therapeutischem Medium bedient
- *der Behindertenreitsport*, welcher sportfähigen behinderten Menschen, gegebenenfalls mit individuellen Hilfsmitteln, alle Formen des Reitsports (Dressur, Geländereiten, Springreiten, Voltigieren – d.h. spielerisch-sportlichen Bewegungsübungen auf dem im Kreis an einer Longe im Schritt oder Galopp sich bewegenden Pferd – und Fahren) ermöglicht und
- *das heilpädagogische Reiten und Voltigieren,* welches eine individuelle Förderung über das Medium Pferd in Einzel- oder Gruppenarbeit zum Gegenstand hat.

Eine der Begründerinnen des heilpädagogischen Reitens führt dazu aus: „Heute werden unter dem Begriff ‚Heilpädagogisches Reiten und Voltigieren' pädagogische, psychologische, psychotherapeutische, rehabilitative und soziointegrative Angebote mit Hilfe des Pferdes bei Kindern, Jugendlichen und Erwachsenen verschiedener Behinderungen und Störungen zusammengefaßt. Dabei steht nicht die reitsportliche Ausbildung, sondern die individuelle Förderung über das Medium Pferd im Vordergrund, d.h. vor allem eine günstige Beeinflussung der Entwicklung, des Befindens und des Verhaltens. Im Umgang mit dem Pferd wird der Mensch ganzheitlich angesprochen: körperlich, geistig, emotional und sozial" (Gäng 1994, S. 17).

Der Einsatz von Pferden als wirkungsvolle Fördermaßnahme hat mittlerweile seinen festen Platz in den Förderangeboten von Heimen, Kliniken, Anstalten, Tagesbildungsstätten, Jugendfarmen, Beratungsstellen, Sonderschulen, Grundschulen, speziellen Vereinen und vielen anderen Einrichtungen gefunden, wenngleich die derzeitige wirtschaftliche Gesamtsituation viele Maßnahmen finanziell bedroht oder empfindlich beeinträchtigt. Das heilpädagogische Reiten teilt sich nach Dirk Baum in die drei Schwerpunkte „Heilpädagogischer Umgang mit dem Pferd", „Heilpädagogisches Reiten/Voltigieren" und „Voltigieren/Reiten als Stabilisierung" (vgl. Baum 1994, S. 38).

Die fortschreitende Differenzierung der vielfältigen Praxisfelder im heilpädagogischen Reiten und Voltigieren liegt nicht nur in der unterschiedlichen Klientel und der Person der Durchführenden begründet (da dies in überwiegender Mehrzahl Frauen sind, wird im folgenden der Begriff „die Pädagogin" verwendet), sondern auch in der dieser Maßnahme zugrundeliegenden Methode und ihrem Menschenbild. Dies wirkt sich auf die direkte Arbeit und die Beziehungen aus. Die Rolle des Pferdes und das von ihm ausgehende Kontakt- und Beziehungsangebot nimmt in der Fachliteratur zu den pädagogisch-therapeutischen Prozessen mit dem Pferd eine zentrale Stellung ein. Die Vorstellungen über die Gestaltung des Beziehungsdreieckes zwischen Pädagogin/Therapeutin–Klient–Pferd bzw. des Beziehungsvieleckes in der Arbeit mit einer Gruppe (vgl. Hanneder/Menschik/Papke 1996) variieren sehr stark.

Das Pferd wird neben der von Carl Klüwer (1994, S. 210 ff.) fundiert formulierten Funktion als „Medium" beispielsweise als „Co-Therapeut" (Steinborn 1996, S. 101), „... als Erzieher, als Freund, als Gefährte ..." (Denk 1996, S. 123) oder als „Partner in der Therapie" (Breiter 1995, S. 147) bezeichnet. Diesen vermenschlichenden Zuschreibungen der Fähigkeiten des Pferdes in einem gezielten pädagogischen Prozeß kann ich mich nicht anschließen. Ich halte die Wirkung des Pferdes für eine zwar äußerst gefühlvolle Angelegenheit, sehe jedoch den Einsatz von Pferden unmystisch. Würde nicht jeder Klient zu „seinem" Pferd eine individuelle Beziehung eingehen und wäre nicht jedes Pferd bezüglich seiner Wesenseigenschaften und Bewegungsqualitäten unterschiedlich, so würde ich in den nachfolgenden Beschreibungen von Szenen aus meiner praktischen Arbeit nur vom „Pferd" und nicht vom Einzelwesen mit Namen etc. schreiben.

Das Pferd spielt eine wichtige und *tragende* Rolle im Beziehungsdreieck. Ohne die Beziehungsfähigkeit und Reflexionsmöglichkeiten der Pädagogin bleibt der Kontakt des Klienten zum Pferd aber unspezifisch und effektlos. Es spielt sich dann auch in der Beziehung zum Pferd nichts Neues, Weiterführendes und die Konflikte des Klienten Veränderndes ab. Wäre der Kontakt zum Pferd per se heilsam, so würde sich dies zum Beispiel quasi nebenbei als positiver pädagogischer Effekt auf alle Pferdesportpraktizierenden auswirken, was man leider keineswegs behaupten kann. Ganz im Gegenteil: In der „Welt des Pferdesports" treffen sich ganz bestimmte Charaktere und Menschen mit vielfältigen Schwierigkeiten, die sich im besten Fall durch das Reiten und über die Pferde stabilisieren.

Pferde sind weder „Therapeuten" noch „Co-Therapeuten", und wenn ihre Rolle in einem heilpädagogisch-therapeutischen Prozeß derart überhöht wird, so bleibt von ihrer artspezifischen Wirksamkeit, welches sie in das heilpädagogische Reiten mit einbringen, nicht mehr viel übrig.

Pädagogische Standortbestimmung

Meine Klientel besteht überwiegend aus Kindern und Jugendlichen mit gravierenden seelischen Problemen, die von ihren Eltern oder durch eine Institution zum heilpädagogischen Reiten gebracht werden. Ich gehe davon aus, daß sich das behinderte wie auch das nichtbehinderte Kind in erster Linie durch seine eigene Aktivität entwickelt. Kritische wissenschaftliche Untersuchungen der letzten Jahre haben beispielsweise die Wirksamkeit von Frühfördermaßnahmen zwar grundsätzlich bestätigt, jedoch auch zur Revision vieler Grundannahmen von Frühförderung beigetragen. Das Kind wird nur solche heilpädagogisch-therapeutischen Förderungen in funktionelle Fortschritte umsetzen, die seiner Motivation und seinem Handlungsrepertoire gemäß sind. Das Kind selbst ist also der „Akteur seiner Entwicklung" (Leyendecker 1998).

„Motivation, Eigenständigkeit und soziale Initiative sind beim behinderten Kind – wie im übrigen bei jedem von uns – entscheidend von psychischen Faktoren abhängig: von der Interaktion mit Bezugspersonen, vom Zutrauen in die eigenen Fähigkeiten, von Erfolgserlebnissen, von der emotionalen Befindlichkeit" (Schlack 1997, S. 17). Aus diesem Grunde bedeutet Entwicklungsförderung immer die Förderung der Eigenaktivität des Kindes bzw. mit den Worten von Otto Speck (1989) nur „Förderung von Entwicklungsbedingungen". Dies relativiert die Bedeutung der Methoden und betont die Bedeutung des Pädagogen und Therapeuten als Person und Interaktionspartner.

Das heilpädagogische Reiten in diesem Sinn scheint mir im Grenzbereich zwischen (heil-)pädagogischen und therapeutischen Maßnahmen auffindbar zu sein. Der Begriff „Therapie" stammt aus der Medizin und ist daher mit größerem Prestige verknüpft. Pädagogische Maßnahmen werden sehr oft assoziativ gleichgesetzt mit „Unterrichten", „Lenken" und „Leiten", mit der Zielsetzung, Heranwachsende an bestimmte Normen und Idealbilder anzupassen. Sie lassen daher schnell den Verdacht von Dressur und Manipulation aufkommen. Vergegenwärtigt man sich, daß jede noch so umstrittene Methode aufgewertet werden kann, wenn sie als „Therapie" bezeichnet wird, wie z.B. „Steintherapie", „Festhaltetherapie", „Waldtherapie" etc. (vgl. die Satire „Strukturell-Assimilative Therapie autistischer Störungen" von Ennasus Reppuk und Hermann Koll 1989), so liegt die Vermutung nahe, daß dies in einem Minderwertigkeitsgefühl von Pädagogen „den Therapeuten" gegenüber wurzelt. Wilfried Datler (1995) verweist auf die Problematik eindeutig erscheinender Grenzziehungsversuche zwischen psychotherapeutischen, heilpädagogischen und anderen pädagogischen Praxisformen. Er bezweifelt nachhaltig, ob mit Hilfe der Verwendung von Begriffen wie „Psychotherapie", „Heilpädagogik" oder „Pädagogik" hinreichend charakterisiert werden könne, wie die Person im Einzelfall entscheidet, handelt oder kooperiert. Seine Forderung nach einer pädagogischen Rahmentheorie, innerhalb derer sich Spezialfälle von psychoanalytisch-pädagogischer Praxis abspielen, leitet meinen pädagogischen Ansatz.

Einige Bemerkungen zur Psychoanalytischen Pädagogik

Wesentlich für den hier dargestellten Ansatz heilpädagogischen Reitens sind die Überlegungen und theoretischen Konstrukte der Psychoanalyse. Sie ermöglichen ein Verständnis der jeweiligen Problematik eines Klienten (Diagnostik) und im Prozeß der reiterlichen Abläufe die Ableitung adäquater pädagogischer Interventionen. Dazu gehört zunächst die grundsätzliche Überlegung, daß das aktuelle Erscheinungsbild und das Verhalten des Klienten ein Ausdruck seiner innerseelischen Spannungen sind. Sie lassen sich über den familiären bzw. biographischen Hintergrund erschließen (Elterngespräche bzw. anamnestische Daten und Informationen der Pädagogen), und sie treten in dem pädagogischen Prozeß des Reiten-Lernens, d.h. innerhalb des Beziehungsdreiecks Klient–Pädagogin–Pferd in Erscheinung.

Das Ausgangsproblem eines Klienten zu erfassen ist einer der ersten Schritte heilpädagogischer Arbeit. Hier sind vor allem Hypothesen zu den Auswirkungen früher Objektbeziehungen von Bedeutung: Welche Bedingungen am Beginn des Lebens lagen vor? Welche hinderlichen Beziehungserfahrungen bzw. Ereignisse könnten im Zusammenhang mit der speziellen Behinderung des Klienten eine Rolle gespielt haben? Welche Förderungsmöglichkeiten mit Hilfe des heilpädagogischen Reitens sind denkbar, und zwar sowohl in der Arbeitsbeziehung zur Pädagogin als auch in der Beziehung zum Pferd? Welche Momente reiterlicher Anforderungen sollten im Vordergrund einer Beziehungsaufnahme stehen? Zur Beantwortung dieser Fragen (etwa in dem Gutachten vor Beginn der Maßnahme) dienen Überlegungen zur Genese der Objektbeziehungen und der Familiendynamik. Unter Objektbeziehungen wird die bestimmte Organisation der Persönlichkeit als Resultat ihrer Interaktion mit der Umwelt in der frühen Lebensgeschichte verstanden. Die Familiendynamik bezeichnet den systemischen Kontext, in dem das Kind/der Klient eine (unbewußte) Rolle spielt bzw. zu spielen genötigt wird (vgl. z.B. Richter 1963; Stierlin 1976).

Im heilpädagogischen Prozeß wird in erster Linie die Übertragung der (unbewußten) Beziehungserfahrungen auf die Pädagogin bzw. die Projektionen von (innerpsychischen) Phantasien auf das Pferd genutzt. Unter Übertragungen werden „... unverarbeitete, nicht angeeignete Erfahrungen der Vergangenheit ...” verstanden, „die mit Stellvertreterinnen und Stellvertretern im Hier und Jetzt unbewußt neu belebt ...” werden. „Es handelt sich also um eine Wahrnehmungseinschränkung und -verzerrung, die dazu führt, daß die PädagogInnen so erlebt werden, als ob sie z.B. unzuverlässige Eltern, verführende Väter, kontrollierende Mütter, rivalisierende Geschwister etc. wären. Der/die PädagogIn werden also mit wichtigen Personen (innerpsychisch) verwechselt” (Trescher 1993, S. 173 f.). Solche „Verwechslungen” müssen nicht nur negativ sein. Im Gegenteil, sie dienen (im positiven Sinne) auch dazu, daß es überhaupt zu einer heilpädagogischen Beziehung kommt. Gleichwohl bietet sich den Klienten im Beziehungsdreieck Klient–Pferd–Pädagogin ein Szenario, in dem außerordentlich viele Übertragungsinhalte wirksam werden können. Diese gilt es, als solche überhaupt zu erkennen und angemessen auf sie zu reagieren.

Ängste, Unsicherheiten, Spannungen, Affekte unbewußten Ursprungs oder auch Anteile aus erinnerten Beziehungserlebnissen mit Mutter bzw. Vater, die im Verlauf der Arbeit mit dem Pferd in Erscheinung treten, können – sofern sie nicht unmittelbar aus dem reiterlichen Handlungsablauf verständlich werden – als Anhaltspunkte zum Verständnis der Psychodynamik des Klienten genutzt werden. Dabei dient das Modell des *szenischen Verstehens* als Rahmen für den Reflexionsprozeß. Der Fokus des psychoanalytischen Verstehens liegt „... auf dem Erfassen der zwischen zwei oder mehreren Beteiligten sich herstellenden bewußten und unbewußten Interaktionsfiguren in einem gemeinsam geteilten Beziehungsprozeß. Die spezifische Haltung des Pädagogen als Forschendem (Lernendem) ist eine notwendige Bedingung, um einen *fördernden Dialog* (mit dem Klienten, S. K.-H.) führen zu können, der an der interpersonellen Interaktion und nicht am Erziehungsobjekt ansetzt” (Trescher 1993, S. 172). In der psychoanalytischen Reflexion wird nach dem szenischen Arrangement gesucht, das durch die Übertragung wiederholt wird, z.B. die Ohnmacht aus einer spezifischen Lebenssituation des Klienten wiederbelebt in der Konfrontation mit dem riesigen Tier.

Besonders aufschlußreich können die Gegenübertragungen der Pädagogin sein. Sie sind die Entsprechung der Übertragungsreaktionen des Klienten, also die Affekte, Gedanken und Phantasien, die in Reaktion auf den Klienten in mir (der Pädagogin) entstehen. Dies können z.B. positive wie negative mütterliche Gefühle sein, die – im Kontext mit den szenischen Erfahrungen des Klienten gesehen – wertvolle Hinweise auf solche Reaktionen geben können, die förderlich sind, und solche vermeiden helfen, die eine Wiederholung der negativen (und zumeist entwertenden) Beziehungserfahrungen bedeuten. Auch und gerade Gegenübertragungen sind Gegenstand der psychoanalytischen Reflexion. Sie sind es vor allem dann, wenn in dem Reflexionsrahmen des szenischen Verstehens (der Supervision) einer speziellen, zunächst unverständlichen Erfahrung mit dem Klienten, aber auch mit den Eltern oder Institutionsvertretern nachgespürt wird.

Sie helfen deshalb häufig auch, die Soziodynamik des gesamten Arrangements zwischen Eltern, Klient, Pferd und Pädagogin zu verstehen.

Die hier angesprochenen Aspekte psychoanalytischer Reflexion werden in den nachfolgenden Praxisbeispielen verdeutlicht. Inwieweit sie mit den reiterlichen Aspekten psychoanalytisch-heilpädagogischer Arbeit mit Pferden verbunden sind, soll im nächsten Abschnitt diskutiert werden. Darüber hinaus werden Zusammenhänge zwischen Überlegungen zur Entstehung von Objektbeziehungen, dem Arbeitsbündnis von Klient und Pädagogin sowie den Inszenierungsmöglichkeiten heilpädagogischen Reitens erörtert.

2. Psychoanalytisch orientierte Arbeit mit Pferden

2.1 Theoretische Grundlagen

2.1.1 Faktoren heilpädagogischer Arbeit

Die Grundlagen meiner heilpädagogischen Arbeit mit Pferden setzen ein Verständnis dessen voraus, was sich physiologisch und psychologisch in der Begegnung mit und der Beziehung zu Pferden in diesem Rahmen ereignen kann.

Die physiologischen Faktoren berücksichtigen:

- den Bewegungsdialog beim Getragenwerden durch das Pferd
- die psychomotorische Förderung durch das Reiten.

Die psychologischen Faktoren berücksichtigen:

- die Beziehung zwischen Mensch und Pferd
- das emotionale Erleben im Beziehungsdreieck zwischen Pädagogin–Pferd–Klient
- die Auswirkungen von Risiko und Gefährdungen im Erleben des Klienten durch den Umgang mit dem Pferd.

Die Interpretation des Geschehens erfolgt auf der Basis der psychoanalytischen Pädagogik (vgl. Muck/Trescher 1993). Hierzu zählt, daß das Übertragungs- und Gegenübertragungsgeschehen reflektiert wird, das Pferd in seiner möglichen Bedeutung als Übergangsphänomen oder Selbstobjekt Beachtung erhält und das Geschehen in der Beziehung des Kindes zur Pädagogin und zum Pferd im Rahmen des „intermediären Raumes" (Winnicott 1985) Bedeutung erhält.

Das heilpädagogische Reiten in diesem Sinne bietet Kindern und Jugendlichen den Umgang mit dem Pferd und das Reiten (vgl. Schulz 1997, S. 182 ff.) bzw. das Voltigieren (vgl. Kröger 1997, S. 145 ff.) als Mittel und Medium zur Darstellung ihrer Konflikte. In einem geschützten Raum (Reithalle, Reitplatz, Reiterhof, nähere Umgebung des Hofes) und dem dazugehörigen Setting können die Probleme von einzelnen und Gruppen zur

Darstellung und durch das Gespräch mit der Pädagogin zur Sprache kommen. So entsteht mit der Pädagogin allmählich eine Beziehung, in der sich die inneren Themen des Kindes, seine Sorgen, Wünsche und Aggressionen, seine inneren Konflikte und Ängste entfalten können und mit Hilfe der Pädagogin in Worte gefaßt werden. Beide lernen, die in Erscheinung tretenden Gefühle und Vorstellungen in einen Zusammenhang mit den Problemen und Symptomen des Kindes zu bringen und darüber deren Ursachen, die bisher unbewußt waren, zu verstehen. Das Pferd ist in diesem Prozeß eine Hilfe zur Beziehungsanbahnung und gibt allein schon durch seine Statur dem Kind begleitend Erfahrungsmöglichkeiten, ohnmächtige oder grandiose Gefühle zu überwinden.

Komplementär dazu erlernen die Klienten im jeweils individuell auf sie ausgerichteten Rahmen die Beeinflussung des Pferdes im Umgang mit ihm, beim Reiten und/oder beim Voltigieren. Das Erlernen des Reitens oder Voltigierens ist dabei das Medium und nicht das übergeordnete Ziel der Arbeit.

Dies führt in der Regel zu einer ICH–Förderung, die Ausgangspunkt und Ermutigung für eine neue Selbstwahrnehmung und/oder neue Entwicklung werden kann.

Ziel der Arbeit ist es, dem Klienten neue Möglichkeiten der psychischen Verarbeitung seiner Schwierigkeiten zu eröffnen, so daß die weitere Entwicklung nicht nachhaltig blockiert wird.

Im Falle einer Frühfördermaßnahme und bei symbiotisch verstrickten Beziehungen liegt der Schwerpunkt der Arbeit auf dem Verstehen der quasi konkret „mitgebrachten" Beziehungen (zu Mutter und/oder Vater) und den daraus resultierenden Problemen im Rahmen dessen, was sich im heilpädagogischen Reiten, der dazugehörigen Reflexion und der Elterngespräche (ohne Kind) darstellt.

Der Bewegungsdialog mit dem Pferd

Carl Klüwer (1982, 1988, 1994 a und b) hat in all seinen theoretischen Begründungen der Wirkfaktoren des therapeutischen Reitens den *Bewegungsdialog* als das wesentliche Geschehen herausgearbeitet. Dabei bezieht er sich auf Untersuchungen, welche die fundamentale Bedeutung des Bewegungsdialoges zwischen Mutter und Kind und den Einfluß auf das Verhalten und die Entwicklung des Kindes in Filmdokumentationen und Langzeitstudien erforscht hatten (Kestenberg/Buelte 1977). Da jedes Kind mit individuellen und charakteristischen Spannungs- und Bewegungsrhythmen zur Welt kommt, ist es darauf angewiesen, mit der Mutter einen entsprechenden Bewegungs- und Interaktionseinklang zu finden (vgl. B. Klüwer 1994). „Eine gesunde Entwicklung hängt davon ab, daß die Mutter für das Halten und Handhaben des Babys Lösungen findet, welche die schon bei der Geburt mitgebrachten Bewegungsmuster des Kindes wechselwirksam einbeziehen und lustvoll fördern" (C. Klüwer 1982, S. 372).

Judith Kestenberg (1981) beschreibt, daß ohne Zustandekommen eines befriedigenden Bewegungsdialogs massive Auswirkungen zu erwarten sind. Bewegungsunlust, Ungeschicklichkeiten, funktionelle Störungen und psychische Entwicklungsstörungen, insbesondere bei der Vertrauensbildung und Persönlichkeitsentwicklung, sind dann die Folge. Diese Überlegungen veranlaßten Carl Klüwer zu dem Rückschluß, daß durch die Arbeit mit dem Pferd an den frühkindlichen Bewegungsdialog angeknüpft werden kann. Durch die dem menschlichen Gang ähnlichen Bewegungsqualitäten des Pferdes ist es eben nur durch das Pferd möglich, eine solche Anknüpfung herzustellen.

Vergegenwärtigt man sich noch, daß Erik H. Erikson (1995) diese erste Periode des Säuglingsdaseins als die Phase der grundlegenden Vertrauensbildung bezeichnet, in der Urvertrauen (versus Mißtrauen) in der sozialen Beziehung aufgebaut wird, so ist dieser Zugang eine kostbare Entdeckung. Hierzu abschließend Carl Klüwer:

> „Meine zunächst mehr zufälligen Beobachtungen, dann aber meine spezifischen Erfahrungen in den vergangenen 12 Jahren haben mir den Beweis geliefert, daß die therapeutische Wirkung des passiven-aktiven Eingehens in die mehrdimensionalen rhythmischen Bewegungen des Pferderückens im Schritt auch bei solchen Jugendlichen und Erwachsenen die Dialogfähigkeit wieder aufschließen kann, die aus Angst vor der Wiederholung allzu kränkender Erfahrungen mit den enttäuschten und enttäuschenden Mitmenschen behindert und verschüttet waren" (C. Klüwer 1983, S. 377).

Interessante Ergebnisse zu der Bestätigung der fundamentalen Bedeutung des Getragenwerdens mit Verweisen zu Jean Liedloff, René A. Spitz (welcher den nonverbalen Dialog zwischen Mutter und Säugling im Rahmen des Aktions-Reaktions-Geschehens untersucht hat) sowie Ernst J. Kiphard trägt Barbara Klüwer im Rahmen ihrer Dissertation „Der Einsatz des Pferdes als Medium der Selbsterfahrung im Kontext psychomotorischer Entwicklung und Therapie" zusammen (B. Klüwer 1994, S. 35 ff.).

Ich möchte diesen Aspekt am Beispiel der Säuglingspflege ein wenig eingehender beleuchten: Die Bedeutung des Tragens ist lange verkannt, dann aber auch wieder überbewertet worden. Während der Säugling in den 60er und 70er Jahren zunehmend in Kinderbett, Kinderwagen, Kinderwippe etc. „abgelegt" und fern vom Körper der Mutter und anderer Bezugspersonen „aufbewahrt" wurde, hat in den letzten Jahren eine Gegenbewegung eingesetzt. Man glaubt heute, daß durch langes, körpernahes Tragen des Säuglings eine optimale Förderung des jungen Kindes wahrscheinlich ist.

In den Vereinigten Staaten wie auch in Deutschland verbreitete sich sehr schnell die Idee, daß Mütter ihre Säuglinge möglichst den ganzen Tag mit sich herumtragen sollten (per Tragetuch und anderer Tragevorrichtungen). Da die Neugeborenen, vertikal gehalten, aktiver auf ihre Umgebung reagieren als in horizontaler Lage, bildete sich so der Brauch heraus, daß man die Kinder, um ihre intellektuelle Entwicklung zu fördern (und sie vom Weinen abzuhalten), möglichst vertikal trägt. Hierzu die kritische Anmerkung der Kinderärztin Emmi Pikler:

> „In den vertikalen Tragevorrichtungen ist der Säugling und besonders das Neugeborene nicht nur in einer unbequemen Lage, sie werden nicht nur in einer gekrümmten Körperhaltung zur Unbeweglichkeit verdammt, sondern sie werden gleichzeitig auch an diese unphysiologische, zur Passivität zwingende Lage gewöhnt. Wenn sie nun, auf den Rücken gelegt, eigentlich die Gelegenheit bekommen, sich zu dehnen, zu strecken und zu räkeln, um ihren Körper wirklich auszuruhen und sich auch bewegen zu können, fühlen sie sich in dieser Lage nicht wohl. Ein heute weit verbreitetes Argument dafür, daß die Mutter ihr Kind so viel wie möglich bei sich am Körper tragen soll, ist auch, daß sich auf diese Weise beide zusammen bewegen, während sie arbeitet, tanzt usw. Dadurch würde der Säugling lernen, sich geschickt und schön zu bewegen. Diese Argumentation berücksichtigt aber nicht die grundlegenden Forschungen, die bewiesen haben, daß sich das Kind aufgrund passiver Lageveränderungen nicht aktiv bewegen lernt. Die Rückmeldung ist eine andere als bei den aus eigener Initiative ausgeführten, aktiven Bewegungen. Bei passiver Bewegung lernt das Kind höchstens, sich mit Hilfe von Reflexen zu adaptieren, als Antwort auf äußere Wirkungen" (Pikler 1997, S. 26).

Bezogen auf den Bewegungsdialog mit dem Pferd, bedeutet dies, daß die Reaktion des Getragenen auf die ihn haltenden Bewegungen Aufschluß geben kann sowohl über sein aktuelles Befinden wie auch über seine Erfahrungen mit dem Getragenwerden. Der erste Bewegungsdialog im Leben eines jeden Menschen ist der im Bauch der Mutter, mit den Bewegungen und Rhythmen, die auf ihn einwirken. Auch hier kann sich der Fetus gehalten oder abgestoßen fühlen, es kann ein Miteinander oder Gegeneinander erlebt werden (s. hierzu die Ultraschalluntersuchungen und Interviews mit Müttern von Alessandra Piontelli 1996).

Ob nun durch angenehme Gefühle im Rahmen des Bewegungsdialoges mit dem Pferd mangelnde oder schmerzliche Verlusterfahrungen des Menschen ausgeglichen werden können, muß offenbleiben. Ich gehe jedoch davon aus, daß solche angenehmen Bewegungserfahrungen um so wichtiger sind, je größer der Mangel daran ist.

Wenn man diesen Aspekt im Geschehen der heilpädagogischen Arbeit mit Pferden nicht überhöht, sondern seine Existenz als gegeben annimmt, kann dies das Verständnis für den Klienten vertiefen.

Ein Beispiel:

Der Junge Sharif vermittelte dem Betrachter bei seinen ersten Erfahrungen mit dem Getragenwerden auf dem Pferd den Eindruck, daß er regelrecht gegen die Bewegungen des Pferdes arbeitete. Sharif konnte sich trotz vorhandener Haltegriffe nicht sicher im Schrittempo auf dem Pferd halten. Ohne von beiden Seiten aus gestützt zu werden, drohte er permanent vom Pferd herunterzufallen. Erst nach längerer Zeit konnte sich Sharif vom

Pferd tragen lassen, ohne dieses in seinen Bewegungen zu stören und ohne Widerstand und Gegenbewegung von sich aus aufzubauen. Sharif war auf der Suche nach Halt, was sich deutlich im zunächst erst einmal mißlingenden Bewegungsdialog abbildete.

Den meisten Kindern, die sich nicht in den Rhythmus des Pferdes „einpassen" können, fehlen nach meiner Einschätzung gute „gehaltene" Erfahrungen. In mehreren Fällen fiel in der Biographie der Kinder auf, daß Abtreibungsversuche stattgefunden hatten oder daß das Kind nach der Geburt zwar weggegeben, jedoch nicht zur Adoption freigegeben worden war. All diese Kinder, die ich auf dem Pferd beobachten konnte, schwankten auf dem Pferderücken hin und her und drohten abzustürzen. Interessanterweise konnten aber alle Kinder das Reiten so für sich nutzen, daß sie in ihrem individuellen Tempo dazu kamen, sich harmonisch in die Bewegungen des Pferdes einzufühlen. Einige erlernten auch die Beeinflussung des Pferdes, anderen war dieser Schritt jedoch nicht möglich.

Getragenwerden als psychomotorische Förderung

Beim Getragenwerden spürt der „Reiter", wie bei jedem Schritt der Pferderücken und -leib hin- und herschwingt und er auf diese Weise mit dem ganzen Körper mitbewegt wird. Durch die Vorwärtsbewegung des Pferdes schwingt der Rücken bei jedem Schritt mit Bewegungen in der vertikalen und horizontalen Ebene sowie mit Rotationen um die Senkrechte. Die Bewegungen übertragen sich auf den auf dem Pferd Sitzenden oder nach vorne geneigt Liegenden und bewirken ein leichtes Vor- und Zurückkippen des Beckens, ein Rechts–links–Wiegen der Hüften, Heben und Senken des Gesamtkörpers sowie eine geringe Rotation um die Längsachse. Damit wird eine dynamische Muskelarbeit durch kompensatorisches Anspannen und Entspannen angeregt. Bei der Gangart „Schritt" entspricht die übertragene Bewegungsmechanik auf den menschlichen Beckengürtel den typischen Bewegungen des Menschen beim Gehen. Der Trab induziert die typischen Bewegungen des Laufens. Zu den Schwingungsimpulsen addieren sich die Beschleunigungs- und Zentrifugalkräfte, die aus dem Seit- und Vorwärtsgang des Pferdes resultieren (vgl. B. Klüwer, S. 82 f.). Zur Erhaltung der Balance werden ständig minimale neuro-sensomotorische Korrekturen nötig. Somit ist das Getragenwerden eine umfassende Gleichgewichtsschulung (vgl. Strausfeld, S. 186 f.).

Über die Pferdebewegung kann die eigene passive Bewegtheit und aktive Bewegung unmittelbar wahrgenommen werden. Eine Vielzahl von vestibulärkinästhetischen, d.h. den Gleichgewichtssinn betreffenden, Sensationen wir hierdurch vermittelt. Durch den Bewegungsdialog kommt es zwischen Pferd und dem Getragenen bzw. Gehaltenen zu einem nonverbalen Austausch. Das Pferd ist aktiver Partner in diesem „Gespräch", da es nicht nur durch seine Bewegungsqualitäten wirkt. Das Bestreben des Pferdes ist es, sich selbst auszubalancieren. Dieses gleicht einer prompten nonverbalen Antwort auf den „Getragenen".

Der Getragene macht bei drohendem Verlust der Balance die Erfahrung, daß und wie das Pferd gleichgewichtshaltend reagiert, unter den neuen „Schwerpunkt" tritt und so versucht, den Getragenen in seiner Position zu „halten".

Dieses „antwortende Verhalten" (C. Klüwer) des Pferdes bringt dem Getragenen eine sensomotorische Erfahrungserweiterung und ist seitens des Pferdes von dessen Ausbildungsstand und Sensibilität abhängig. Beim „Reiten" erfolgt die Verständigung zwischen Mensch und Pferd mittels der sogenannten Hilfengebung durch Gewichts-, Schenkel- und Zügeleinwirkungen.

> „Der Reiter be- oder entlastet eine Seite, schiebt oder drückt mit dem Schenkel und ändert durch Nachgeben oder gefühlvolles Annehmen der Zügel den Druck auf das Pferdemaul. Die Verständigung ist eine Vermittlung durch Körpersprache im weitesten Sinne, eine Art prae-gestische Kommunikation durch den Austausch von Handlungen und Reaktionen zwischen Reiter und Pferd" (B. Klüwer, S. 73 f.).

Darüber hinaus ist es für alle Menschen eine tiefgreifende Erfahrung, die „Zügel selbst in die Hand nehmen zu können". Das beglückende Gefühl, welches sich einstellt, wenn die Verständigung mit dem Pferd „klappt", läßt sich nur poetisch beschreiben: „Psychologisch gesehen, empfinden wir das Pferd als eine Verlängerung unseres eigenen ‚schnelllaufenden' Körpers. Sitzen wir auf seinem Rücken, verschmelzen wir sozusagen mit ihm und werden ein einziges, dahingaloppierendes, unbezwingliches Wesen, geradezu der berühmte Zentaur der antiken Mythologie" (Morris 1997, S. 8). Am schönsten beschrieben ist es jedoch vielleicht in den strahlenden Gesichtern und im veränderten Verhalten und Sich-Halten der Kinder.

Als psychomotorische Förderziele seien zusammenfassend genannt (vgl. Gäng 1983 und Schulz 1995):

- Abbau von Ängsten
- Förderung der Selbsteinschätzung und des Selbstvertrauens
- Entwicklung von Rücksichtnahme und Selbstverwirklichung
- Förderung von Konzentration und Koordination.

In ihrem Ansatz hierüber hinausgehend, versteht Juliane Deppisch (1997) die Nutzung des Bewegungsmediums Pferd im Rahmen des von ihr entwickelten motopädagogischen Konzeptes „Hippopädagogik" als ganzheitlichen Ansatz der Persönlichkeitsentwicklung durch Bewegung. Ihr Verständnis vom Bewegungsmedium Pferd und der mit ihm im Rahmen des pädagogisch gestalteten Bewegungsdialoges möglichen Erfahrungen hat sie dazu veranlaßt, sich „mit der Schaffung von Lernräumen zur selbständigen Auseinandersetzung mit diesem so vielgestaltigen Lebewesen

Pferd" (Deppisch 1997, S. 39) auf der Basis der Motopädagogik auseinanderzusetzen.

Reiten

Was bedeutet „Reiten"? Jochen Schmidt (1975, S. 97 f.) hob neben Wechselwirkungen von Aktion und Meditation verschiedene Wirkungen auf den Organismus des Reitenden hervor (s. hierzu auch Heipertz-Hengst 1994). „Reiten" versucht er in „sieben Sätzen" zu charakterisieren, die auch dem Nicht-Reiter einen Einblick in die Erlebensmöglichkeiten geben können:

> „*Reiten ist*: intensive, rhythmische, harmonische Bewegung des ganzen Körpers – und schon deshalb eine therapeutische Kostbarkeit.
> *Reiten ist*: außengesteuerte, das heißt nicht eigene Bewegung, ist Bewegung, der sich der Reitende überantworten muß, die erst dann als wohltuend empfunden wird, wenn die eigenen Bewegungen, die Eigenmächtigkeiten gelöst, aufgelöst werden in einem Rhythmus, der vorgegeben wird, dem man sich überlassen kann – eine unschätzbare therapeutische Möglichkeit für den ständig um sich selbst kreisenden Menschen.
> *Reiten ist*: in der Bewegung vertraut werden mit einem Tier, das heißt, mit einem natürlichen Geschöpf, einem dienenden, tragenden und doch nicht auf den Reiter hin gemachten, einem eigenständigen, in Dienst genommenen – ein therapeutisches Erlebnis in Beherrschung und Rücksichtnahme zugleich.
> *Reiten ist*: sich tragen lassen, mit eigenem Ziel und Weg und dennoch in dem Bewußtsein, auch überantworten zu können, nicht ständig die Zügel fest zu halten, sondern zu korrespondieren – ein mitteilsames, dialektisches Medium.
> *Reiten*, das ist auch ein sich Aussetzen dem Unberechenbaren und sich Anpassen, Bewältigen, Steuern, Einfühlen, - und somit ein Erfahren von Gefaßtsein.
> Der *Reitende* ist auf dem Wege zur Selbstbehauptung und Selbstsicherheit, zu Selbstvertrauen und Selbstsein, und das in ständiger Zwiesprache des Angewiesenseins – eine einzigartige Einübung in die Vermenschlichung des Alltages, auch im Beruf.
> *Reiten,* das ist Haltung haben, Haltung, wie sie die Situation erfordert und die Belastung des Tieres erlaubt; Haltung nicht um ihrer selbst willen – erst das ist menschliche Haltung" (Schmidt 1975, S. 96 f.).

2.1.2 Die Beziehung zwischen Mensch und Pferd

In der Kommunikation zwischen Mensch und Tier kommt der Beziehung zwischen beiden eine zentrale Bedeutung zu. Sylvia Greiffenhagen beschreibt allgemein die Rolle des Tieres in der Beziehung des Kindes zu ihm u.a. als die eines „Erziehers" (Greiffenhagen 1991, S. 65 ff.).

Dic ähnlich ausgeprägte Individualität mag auf der Beziehungsebene dafür verantwortlich sein, daß Mensch und Pferd seit Jahrtausenden eng zusammenwirken (vgl. Meyer 1982) bzw. der Mensch das Pferd so intensiv und vielfältig zu seinen Zwecken nutzen gelernt hat:

„Wäre es nützlich, aber plump, wie etwa das Schwein oder die Kuh, wüßten wir zwar seinen Gebrauchswert zu schätzen, doch wohl kaum sein erhabenes Wesen in Gedichten zu preisen. Das Geheimnis seiner Wirkung besteht darin, daß es sich für uns abschindet und dabei so edel wirkt. Trotz seines aristokratischen Auftretens ist es unser ergebenster Diener. Diese Mischung ist magisch: Wenn solch ein würdevolles Tier sich unserem Willen unterwirft, dann müssen wir in der Tat die Herren der Welt sein" (Morris 1998, S. 7).

Das Pferd fordert aufgrund vieler individueller Körper- und Verhaltenssignale emotionalen Ursprungs den Menschen zu „zwischenmenschlich-ähnlichen" (Voßberg 1994, S. 160) Beziehungen geradezu heraus. Die Erlebnis- und Beziehungsfähigkeit des Pferdes können sehr differenziert und hoch entwickelt sein.

Die Ebenen der Beziehung sind in der Regel der pflegende, versorgende Aspekt, die Identifikation mit dem Pferd und das Getragenwerden und Reiten auf dem Pferd. Die Beziehungsebene ist es, die alle übrigen Inhalte der Kommunikation ermöglicht, bestimmt und damit diese verstehbar und nachvollziehbar macht. Dem Pferd fällt hierbei die Rolle einer „Beziehungshilfe" im Sinne einer Beziehungsanbahnung zu.

Die Rolle der Pädagogin beim heilpädagogischen Reiten ist u.a. die einer Vermittlerin und Dolmetscherin nach beiden Seiten. Im folgenden werden die vom Pferd ausgehenden Beziehungsinhalte nach Johannes Voßberg (vgl. 1994, S. 169 ff.) dargestellt. Dabei ist es problematisch, die Beziehungsinhalte mit den Begriffen aus der Humanpsychologie zu benennen.

„Viele dem Pferd zugesprochenen Eigenschaften dienen dem Menschen lediglich zum Ausgleich eigener Defizite. Es handelt sich dabei um Fähigkeiten wie Mut, Kraft, Ausdauer, Eleganz, Schnelligkeit, Leidenschaft, Stolz und Macht. Die Projektion dieser Attribute ist sehr individuell und führt zur Vermenschlichung des Pferdes. Daß das Pferd ein Gefühl der Freiheit und Lebendigkeit vermittelt und die Erlebnismöglichkeiten mit ihm oftmals in den Vordergrund gestellt werden, hat sicher neben den unmittelbaren Bewegungserfahrungen etwas mit der Übertragung bestimmter Vorstellungen und Phantasien auf das Pferd zu tun" (Deppisch 1997, S. 43).

Eine adäquate Einschätzung der Fähigkeiten des Pferdes, ohne diese vermenschlichend darzustellen, kann bei den Autoren Horst Stern in seinem Buch „Bemerkungen über Pferde" (1974) und Wilhelm Blendinger in dem Standardwerk „Psychologie und Verhaltensweisen des Pferdes" (1980) nachgeschlagen werden.

Johannes Voßberg hat die vom Pferd vermittelten Beziehungsinhalte den Kategorien „Zuwendungen", „Abgrenzungen", „Eindeutigkeit" und „Offenheit" zugeteilt. Dies macht Sinn, da diese Kategorien im Verhalten des Pferdes beobachtbar sind.

Zuwendung: Unter Zuwendung werden menschliche Beziehungsinhalte wie Anerkennung, Akzeptanz oder Wertschätzung subsumiert. Pferde schauen dem sich Annähernden entgegen, kommen auf ihn zu oder bleiben in der Nähe. All dies sind Beziehungssignale, durch die der Mensch unmittelbar erfährt, daß er persönlich gemeint ist. Hierzu Barbara Klüwer: „Das Pferd mit dem Sozialverhalten eines Herdentieres sucht den Kontakt, unternimmt häufig den ersten Schritt und zieht sich nicht gekränkt zurück, wenn seiner Aufforderung nicht entsprochen wurde. Der Patient/Schüler kann selbst entscheiden, wann und wie er Kontakt und Kommunikation zuläßt" (B. Klüwer 1994, S. 74).

Pferde lassen eine fast „intime" Nähe zu. Über Körperkontakt signalisieren sie Zuwendung durch Berühren und Berührtwerden. Der Mensch kann die Haare des Fells, der Mähne und des Schweifs berühren und die Wärme des Tieres spüren. Pferde fordern als „überdimensionales Kuscheltier" zum Anfassen, zum Streicheln und Pflegen auf: Der Ausdruck des Kopfes erinnert an das „Kindchen-Schema".

Abgrenzung: Erst die angemessene Abgrenzung läßt ein Individuum zu einem solchen werden. Als Abgrenzung kann die Größe des Pferdes wirken – das Pferd wird schon optisch als ein Lebewesen wahrgenommen, mit dem man sich auseinandersetzen muß.

Die Abgrenzungen im Verhalten des Pferdes sind:

- Abwenden (Signalisieren von Desinteresse am Kontakt durch Abwenden des Kopfes, Weggehen, dem Menschen das Hinterteil zuwenden oder Davonlaufen/Flüchten)
- Widerstand (Widersetzen einer Beziehungsanbahnung durch Verweigerung, Wehren oder im Extremfall durch Angriff)
- Scheuen (Spontaner Versuch mit allen Kräften auszuweichen - dies ist die ursprünglichste Reaktion des Fluchttieres Pferd auf ein plötzliches, starke Angst auslösendes Ereignis)

Eindeutigkeit: Die emotionalen Empfindungen des Pferdes sind an seinem Körper, am Verhalten und an seinen Bewegungen ablesbar. Das Pferd kann seine Gefühle nicht verändern oder verfälschen. Die differenzierten Körpersignale bedürfen allerdings der hippologischen Interpretation, um einer Vermenschlichung entgegenzuwirken.

Offenheit: Durch die ausgeprägte Individualität des Pferdes bringt dieses die Bereitschaft mit, sich auf neue Beziehungen einzulassen. Das Pferd kann sich auf einen Erlebnisprozeß einlassen, bei dem Regeln und das Ziel viel Spielraum für Eigeninitiative bei beiden Partnern lassen.

Ein wesentliches Kriterium für diesen Beziehungsprozeß ist die angemessene Distanz – die Regelung von Nähe und Abstand und die gefühlvolle und dosierte Anwendung der Körpersprache. Bedürfnisse nach Vitalität, Sehnsucht nach Liebe, Hautkontakt, Emotionalität und Wärme können durch das Pferd befriedigt werden. Es entsteht eine emotionale Bindung zum Pferd. Diese Bindung intensiviert sich durch das Erfolgserlebnis, vom Pferd bereitwillig herumgetragen zu werden und Einfluß hinsichtlich Tempo und Richtung auf das Pferd auszuüben.

Die Bedeutungsebenen der Pflege und Versorgung des Pferdes sowie die individuelle Bedeutung des Getragenwerdens und des Reitens sind vielschichtig. Heinz Meyer (1982, S. 117 ff.) hat sich m.W. als einziger bisher ausführlich mit dem seelischen Geschehen „Reiten" auseinandergesetzt. „Beim Reiten handelt es sich um ein komplexes Geschehen, das heißt um verschlungene Verläufe, die freilich nicht diffus und unkoordiniert nebeneinander existieren, sondern jeweils zu dynamischen Gestalten oder Sinneinheiten integriert sind" (ebenda, S. 63). Er unterteilt die Faktoren des seelischen Geschehens in:

1. Aneignung: Begegnung mit Wirklichkeit
2. Umbildung: ein anderes Leben wagen
3. Einwirkung: überlegen werden
4. Anordnung: sich an sichernde Inhalte und Formen anschließen
5. Ausbreitung: leben und sich entfalten
6. Bewältigung: sich für bestimmte Ziele einsetzen

und es gelingt ihm, das Reiten, die „Reiterwelt" und die seelischen Faktoren wirklichkeitsnah und ausführlich darzustellen.

Neben der Identifizierung mit der Vitalität, Kraft und Schönheit des Pferdes ist die stellvertretende liebevolle Pflege und Versorgung des Pferdes von Bedeutung: Ich versorge das Tier so, wie ich gerne versorgt werden würde bzw. worden wäre. Darüber hinaus ist die Deutung Bruno Bettelheims aufschlußreich, die Versorgung des Tieres, „als sei es ein Baby", als ödipalen Wunsch nach einem Kind mit Vater oder Mutter zu verstehen. „Tiefen Sehnsüchten, zum Beispiel dem ödipalen Wunsch nach einem Kind mit Vater oder Mutter, vermag das Kind indirekt Gestalt zu verleihen, wenn es ein lebendiges Tier oder ein Spieltier so versorgt, als sei es ein Baby" (Bettelheim 1980, S. 68).

Anna Freud stellte zu recht die Vernarrtheit kleiner Mädchen in Pferde der Fußballbegeisterung von Jungen gegenüber und klassifizierte die kindlichen Pferdenärrinnen und deren Vorlieben:

> „Wer nur an dem rhythmischen Geschaukeltwerden der Reitbewegung interessiert ist, verrät die Bindung an Autoerotik; der Eifer für das Füttern, Striegeln etc. der Pferde weist auf die Identifizierung mit der Rolle der pflegenden Mutter; die Reiterin, die sich eins fühlt mit dem großen Tier und das Pferd als Teil des eigenen Körpers empfindet, verrät – und verleugnet – damit ihren Penisneid; die Freude an der absoluten Herrschaft über das Pferd entspricht phallischem Ehrgeiz" (A. Freud 1968, S. 28).

Einzelne Aspekte dieser von Anna Freud aufgezählten Zusammenhänge haben sich in meiner praktischen Arbeit immer wieder bestätigt.

Das Pferd - Selbstobjekt oder Übergangsphänomen?

Ausgehend von Carl Klüwer wird in neuerer Zeit in theoretischen Überlegungen zu den Wirkfaktoren der Praxis des therapeutischen Reitens von

Lilli Herzig (1994), Marietta Schulz (1995) u.a. das Pferd mit einem „Übergangsobjekt" verglichen. Barbara Klüwer stützt sich auf Carl Klüwers theoretische Gedanken, wenn sie das Pferd wie folgt beschreibt: „Das Pferd bietet viele Einladungen zum Kontakt ... und erfüllt gleichzeitig die Rolle eines großen Streicheltieres für das mit Füttern, Putzen, Bürsten und Waschen gesorgt werden muß, zudem kommt es als Übergangsobjekt im Sinne Winnicotts (1987) in Betracht" (B. Klüwer 1994, S. 72).

In einer Beschreibung der Praxis des psychotherapeutischen Reitens in der Schweiz führt Lilli Herzig aus: „Das psychotherapeutische Reiten befindet sich also an der Grenze zwischen der somatischen und der psychischen Körperbeherrschung, was auch auf Winnicotts Übergangsobjekt zutrifft ..." (Herzig 1994, S. 78). Und schließlich formuliert Marietta Schulz: „Das Pferd kann die Qualität eines „Übergangsobjektes" erhalten" (Schulz 1995, S. 87). Auch außerhalb des therapeutischen Reitens entwickelte sich diese These bzw. Überlegung. So beschreiben Sonia Wagenmann und Rainer Schönhammer (1994) in ihrer Untersuchung „Mädchen und Pferde – Psychologie einer Jugendliebe" ebenfalls, daß die Pferdeaura gleichsam zum „Übergangsobjekt" werde. „Sie bahnt eine Spur zur Triebnatur und eine zu den Übergangsobjekten im eigentlichen Winnicottschen Sinne" (Wagenmann/Schönhammer 1994, S. 111).

Diese Differenzierung weist den Weg zu weiteren kritischen Gedanken. Das Pferd kann m.E., wenn man sich an der Definition von Winnicott orientiert, *nicht* als Übergangsobjekt bezeichnet werden. Winnicotts Überlegungen gehen davon aus, daß der erste „Besitz" des Säuglings eine rückwärtsgerichtete autoerotische Erscheinung ist, mit dem Lutschen an der Faust und am Daumen, und gleichzeitig ein vorwärtsgerichtetes, mit den ersten weichen Stoffpuppen und Tieren und mit hartem Spielzeug verbunden. Das Übergangsobjekt gehört dem Bereich der Illusion an und steht mit dem äußeren Objekt (der Mutterbrust) wie mit den inneren Objekten (der magisch introjizierten Brust) in Zusammenhang und unterscheidet sich doch von beiden. Winnicott beschreibt ausführlich 7 besondere Merkmale der Beziehung zum Übergangsobjekt:

„1. Das Kind beansprucht dem Objekt gegenüber Rechte, denen wir Erwachsenen zustimmen. Doch ist ein gewisser Verzicht auf die eigene Allmacht von Anfang an ein charakteristischer Zug dieser Art von Beziehung.
2. Das Objekt wird zärtlich behandelt, aber auch leidenschaftlich geliebt und mißhandelt.
3. Es darf gegen kein anderes ausgetauscht werden, außer wenn das Kind es gegen ein anderes ersetzt.
4. Es muß die triebhafte Liebe ebenso aushalten können wie den Haß und muß gegebenenfalls auch noch die reine Aggression überleben.
5. Dennoch muß es dem Kind das Gefühl der Wärme vermitteln, muß durch Bewegung, Oberflächenstruktur oder scheinbare Aktion den Eindruck erwecken, daß es eigenes Leben und eigene Realität besitzt.
6. Es gehört nur für uns Erwachsene der Außenwelt an, nicht aber für das Kind.

7. Sein Schicksal ist es, daß ihm allmählich die Besetzungen entzogen werden..." (Winnicott 1969, S. 671 f.).

Dieser Katalog von Forderungen an das Übergangsobjekt zeigt m. E. deutlich auf, daß das Pferd sich zwar auf den ersten Blick scheinbar zu einer Verwendung im Sinne eines Übergangsobjektes anbietet, auf den zweiten Blick wird jedoch deutlich, daß dies nicht möglich ist. Weder lassen wir im therapeutischen Reiten eine konkrete Mißhandlung des Pferdes (als Übergangsobjekt) zu, noch „vermittelt" das Pferd den Eindruck, daß es ein eigenes Leben, eine eigene Realität besitzt, sondern es ist ein eigenständiges, lebendiges Wesen. Auch steht das Pferd (im Gegensatz zum Schmusetuch, zur Stoffpuppe etc.) dem Kind nicht real zur Verfügung, dann nämlich, wenn das Kind es zur Stabilisierung benötigt, sondern es ist auf temporäre und begrenzte äußere Gegebenheiten angewiesen. Gerade der letzte Punkt ist von wesentlicher Bedeutung.

Nach Winnicott ist der Säugling unter Umständen in der Lage, die Mutter selbst als Übergangsobjekt zu nutzen. Dies setzt jedoch eine konstante und „verfügende" nahe und zeitlich intensive Beziehung zur Mutter voraus. Eine Nutzung des Pferdes im Sinne eines Übergangsobjektes ist daher mehr als fraglich.

Ich halte es für wahrscheinlicher, daß Menschen u.U. das Pferd, die Bewegungen, seine Geräusche, seinen Geruch u.a. allenfalls im Sinne eines „Übergangsphänomens" erleben und nutzen können. Winnicott beschreibt Übergangsphänomene als kreative, eigene Gestaltungen, die dem Kind helfen, den Prozeß an objektiven Erfahrungen zu vollziehen und den Beginn einer Beziehung zwischen sich und der Umwelt aufzubauen. Da zu diesem Phänomen das Lallen sowie das Sich–in–den–Schlaf–Singen des Säuglings zählen, können die rhythmischen Bewegungen des Getragenwerdens in Verbindung mit anderen Wahrnehmungen eine solche Produktion des Kindes sein. Diese Fähigkeit, die zugleich ein erstes Zeichen ist, sich von der Illusion loslösen zu können, mit der Mutter verschmolzen zu sein, bedeutet für den Säugling eine wichtige psychische Errungenschaft in der ICH-Entwicklung. Dies kann für früh traumatisierte Kinder mit Hilfe des Pferdes erreicht werden. Die Verwendung einer „Reiterwelt–Requisite", z.B. Pferdehaar, Hufeisen, Bild, Halluzinierung des eigentümlichen Pferdegeruches etc. – all dies kann dann dem Kind ein real verfügbarer, angstabwehrender „Besitz" werden. Vielleicht wird das Übergangsobjekt – nachdem das Reiten als Übergangsphänomen genutzt werden konnte – dann auch für den im therapeutischen Reiten Tätigen „unsichtbar", d.h., vielleicht übernimmt dann etwas ganz anderes diese Funktion, was mit dem Pferd und dem Reiten nichts mehr zu tun hat.

Ein Beispiel:

Die seh- und gehbehinderte 8jährige Katja nutzte die ersten Minuten des Getragenwerdens auf dem Pferd Vicky regelmäßig dazu, brummende, wohlige Töne von sich zu geben und dazwischen die Luft tief einzuatmen.

Nach einigen Minuten beendete sie dies und war dann zu einer Zusammenarbeit mit mir bereit. Auf mein Nachfragen, warum sie dies immer zu Beginn der Stunde mache, antwortete Katja: „Dann habe ich das die ganze Woche in mir".Sie ergänzte, daß sie sich immer dann „ganz fest" an Vicky erinnere, wenn es ihr schlecht gehe. Im weiteren Gespräch stellte es sich heraus, daß es ihr immer dann schlecht ging, wenn die Mutter, nachdem diese sie an der Schule abgesetzt hatte, zu ihrer Arbeit fuhr. Dann hole sie so lange und so tief Luft, bis Vicky da sei, und dann ginge es ihr besser.

Möglicherweise wird das Pferd häufig im Sinne eines „Selbstobjektes" besetzt und genutzt, bzw. es ist zu überlegen, ob die Präzisierung und Verwendung der Begriffe von „Übergangsobjekt" und „Selbstobjekt" eine Verständigung vereinfachen kann.

Der Begriff des „Selbstobjektes" (Kohut 1979) beschreibt, daß das Selbst den anderen nicht als eigenständiges Subjekt (seiner Gefühle, seiner Handlungen) erlebt, sondern in dem Bewußtsein einer mehr oder weniger omnipotenten Kontrolle über dieses lebt und eine starke Anspruchshaltung gegenüber der Person einnimmt, die als Selbstobjekt benötigt wird.

Ist es also möglich, daß das Pferd noch nicht als „anderer", als vom Selbst des Kindes getrenntes Wesen mit eigenen Intentionen und Bedürfnissen erlebt werden kann? Das Ziel der Arbeit wäre demnach nicht, die vollständige Lösung im Sinne einer emotionalen Unabhängigkeit vom Objekt zu erreichen, sondern die Reifung der Selbstobjektbeziehung, die es dem Kind ermöglichen soll, ein Objekt (hier das Pferd!) auch als Zentrum eigener Initiative zu akzeptieren.

Ein Beispiel:
Der Erziehungshilfeschüler Hans genoß das Getragenwerden auf dem Pferd und auch die Übungen auf dem Pferderücken solange, bis durch z.B. eine unvorhergesehene Bewegung, ein Schnauben oder Wiehern des Pferdes dieses als eigenständiges Wesen deutlich wurde. Selbst im Galopp konnte er sich lustvoll in die Bewegungen des Pferdes einfühlen. In dem Moment, als das Pferd während des Galopps schnaubte, schrie Hans gellend auf und verlangte, sofort vom Pferd abzusitzen. Erst das Schnauben des Tieres konfrontierte ihn mit der Eigenständigkeit des Objektes und löste dadurch Angst aus.

Die Reifung der Selbstobjektbeziehung ist oft ein – allerdings unausgesprochenes – Förderziel vieler Facetten des heilpädagogischen Reitens, jedoch meist eher als „Nebenprodukt" denn als im Zentrum der Aufmerksamkeit stehend.

Die Überlegungen von Norbert Hartkamp und Anneliese Heigl-Evers, die sich bemühen, zu einer begrifflichen Klärung von „Übergangsobjekt und Selbstobjekt" (Hartkamp/Heigl-Evers 1988) zu kommen, schließen mit der Empfehlung: „Wir möchten vorschlagen, den Terminus ‚Selbstobjekt' nur in bezug auf ein menschliches Objekt zu verwenden, welches in seiner Eigenständigkeit jedoch nicht erkannt und anerkannt wird .... Der Begriff ,Übergangsobjekt' sollte hingegen ... der Beziehung zu gegenständlichen, apersonalen Objekten vorbehalten bleiben" (1988, S. 113). Ich möchte dem hinzufügen, daß der Terminus „Selbstobjekt" auch auf ein tierisches Objekt, nämlich das Pferd, wegen seiner spezifischen Eigenschaften verwandt werden kann und soll.

Der intermediäre Raum im heilpädagogischen Reiten

Ein weiterer Aspekt bei den Faktoren, die die heilpädagogische Wirkung durch Reiten ausmachen, ist der intermediäre Raum. Der Begriff „intermediärer Raum" stammt von Donald W. Winnicott (1971) und benennt den Bereich zwischen subjektiver und objektiver Welt, auch potentieller Raum genannt. Der intermediäre Raum stellt ein Spannungsfeld dar, in dem Spiel und Kreativität entstehen können.

„In der Fähigkeit zum Alleinsein und zum Spielen gewinnt das Kind eine ICH-Bezogenheit, die für seine Entwicklung eine bedeutungsvolle Grundlage beinhaltet, nämlich den Gewinn und die Erhaltung von Entwicklungsspielraum" (Kurz 1993, S. 67). Auch beim heilpädagogischen Reiten – und hier insbesondere mit verhaltensauffälligen und traumatisierten Kindern – ist die Beachtung und Pflege dieses „Spiel-Raumes" von großer Bedeutung. Der Versuch der Kinder, sich abzulenken, sich mit Ersatzbeschäftigungen wie Essen, Fernsehen u.a. „aufzufüllen", schränkt die sinnvolle ICH-Bezogenheit der Kinder ein und behindert ihre Entwicklung.

Das Spiel als intermediärer Bereich kann in der heilpädagogischen Arbeit mit Pferden – wenn dies vom Setting her vorgesehen ist – Platz erhalten. Dies bedingt notwendigerweise nicht die Förderung von Alleinsein, sondern ganz im Gegenteil: Über die Begegnungen und Beziehungen (Pferd–Gruppe/einzelner–Pädagogin) und damit die Innenwelten der Beteiligten, finden Berührungen bis in tiefe Schichten statt. Wenn wir wissen, daß sprachlich vieles nicht oder nur annähernd übersetzt werden kann, daß manches unaussprechbar bleibt, kann das gemeinsame Sich-Aufhalten und Sich-Bewegen mit dem Kind im „Raum" des heilpädagogischen Reitens, in dem diese Dimensionen wahrgenommen werden, die sprachliche Kommunikation erweitern.

Ein Beispiel:

Die 7jährige, mehrfachbehinderte Sina weigerte sich in der Erstvorstellungsstunde, das Pferd losgehen zu lassen. Zuvor hielt sie sich an keine Regel; sie duzte mich mehrfach, kniff das Pferd in den Hals, hielt sich trotz Aufforderung nicht fest etc. Sina sollte zum Losgehen–Lassen des Pferdes „hoppa" sagen, da sie zum selbständigen Antreiben des Pferdes mit ihren Beinen aufgrund ihrer Behinderung nicht in der Lage war. Sina bestand darauf, daß ich ihr zum wiederholten Male das Wort „hoppa" ins Ohr flüstern sollte. Sie meinte über sich, sie sei dumm, sie sei ein blöder Affe und sie könne das nicht alleine. Erst als ich mich nach 15 Minuten des Stehens auf einem Fleck scheinbar dazu manipulieren ließ und ihr das Wort ins Ohr „flüsterte" (wobei ich jedoch keinen Ton von mir gab), konnte sie „hoppa" sagen und sich in der Folge an der unbeschwerten Fortbewegungsmöglichkeit erfreuen. Nach mehreren Runden, die sie singend auf dem Pferd saß, meinte Sina zu mir: „Sie sind ein alter Drache", und schaute mich ernst an. Ich fragte nach, wer sie sei, worauf Sina antwortete: „Ich bin Tabaluga." Nun konnte ich den „alten Drachen" identifizieren: als gütige Vaterfigur „Tyrion", der dem vorwitzigen Drachenkind „Tabaluga" im gleichnamigen Märchen die Welt und die Gesetze erklärt.

In einem solchen „intermediären Raum" haben sowohl das freie Spielen (in den geplanten Pausen und während andere Arbeitsgruppen mit den Pferden üben), das kreative Gestalten (der Einzelarbeitszeiten, der Arbeitsgruppen, der Begrüßungs- und Verabschiedungsrituale etc.) als auch das spielerisch realitätsbezogene Lernen (Pferdepflege, Übungen auf dem Pferd, Reiten lernen) und das Sammeln von Erfahrungen (bei den Mutproben etc.) eine Bedeutung.

Frieda Kurz (1993) beschreibt die Bedeutung des „intermediären Raumes" in der psychoanalytisch orientierten Sprachtherapie. Dies kann auf das entsprechende Geschehen beim heilpädagogischen Reiten übertragen werden:

> „Während es beim freien Spielraum wichtig ist, daß das Kind über das Verhältnis von inneren und äußeren Realitäten selbst entscheiden kann, kann es beim spielerischen Lernen wichtig sein, den Spielraum mehr in die Realität zu verlagern, als Therapeutin entsprechende Lern–Erfahrungen zu planen und mit dem Kind zu gestalten und es dazu zu motivieren und anzuleiten" (Kurz 1993, S. 74).

Auch beim heilpädagogischen Reiten muß der Selbstbezug im Lernangebot enthalten sein und bleiben, und die gestellten Forderungen dürfen keine Überforderung darstellen.

2.1.3 Das Risiko, vom Pferd zu fallen, und andere Gefährdungen

Im Kniereitervers „Hoppe, hoppe, Reiter", der wohl jedem zumindest in Auszügen bekannt sein dürfte, ist das Fallen, d.h. Getrenntwerden des Reiters vom Pferd, als Gefährdung dargestellt. Der Kniereitervers, gedacht zur Beruhigung des schon etwas älteren Säuglings oder Kleinkindes, zeigt durch den Text die Aggressionen, die durch ein quengelndes oder unruhig weinendes Kind beim Erwachsenen hervorgerufen werden können. Die implizierte Drohung der Trennung dient wohl vorrangig dem Erwachsenen dazu, mit seinen aggressiven Gefühlen maßvoll umzugehen. Darüber hinaus verweist dieser Vers auch auf die archaische Lust an rhythmischen

Bewegungen und den Bedarf des Kindes an voraussagbaren, sich in immer gleicher Form wiederholenden Ereignissen. Dieses menschliche Bedürfnis läßt sich auch durch das Reiten befriedigen.

Wenn im folgenden von „Risiko" im Zusammenhang mit Pferden die Rede ist, so ist dies nicht zu verwechseln mit dem Unfallrisiko beim heilpädagogischen Reiten (vgl. hierzu „Untersuchungen zum Unfallrisiko" bei B. Klüwer 1994, S. 98). Bei den meisten Zielgruppen, z.B. Körperbehinderten, Blinden und Sehgeschädigten, bei Menschen mit bestimmten psychischen Erkrankungen und anderen *muß* die Gefährdung durch einen Sturz weitestgehend ausgeschlossen werden. Dies geschieht z.B. durch (mehrere) begleitende Helfer, eine Reduzierung der Außenreize mittels Arbeiten in einer Reithalle und natürlich den Einsatz dafür geeigneter und in einer speziellen Schulung stehender Pferde. Bei manchen Zielgruppen hingegen ist die Konfrontation mit der Wirklichkeit Bestandteil meines Konzeptes, das einen eventuellen Sturz riskiert. Wichtig dabei sind die Verarbeitungshilfen (für den einzelnen und die Gruppe), wenn es zu einem Sturz vom Pferd kommt.

Das Risiko, welches bei der Arbeit u.a. mit Gruppen von Schulen für Erziehungshilfen gemeint ist, möchte ich als „Lebensrisiko" bezeichnen. In der Auseinandersetzung mit Pferden wird dies durch den notwendigen „handfesten" Umgang ganz besonders deutlich.

Die Begegnung mit der (Pferde-)Wirklichkeit, dem nicht besonders abgepolsterten „therapeutischen Schutzraum", geschieht nicht nur im Angezogen- und Fasziniert–Werden, nicht nur im Zupacken und Einverleiben, sondern auch im Abgestoßen- und Bedroht–Werden, in der Angst und im Meiden. Die Kraft, Dynamik, Vitalität und Unberechenbarkeit des Pferdes zieht an und bedroht zugleich.

In der Regel löst die Konfrontation mit dem Pferd zu Beginn Angst aus. Selbst Kinder, die ihre Angst üblicherweise durch aggressives Verhalten verbergen, zeigen sie offen, wenn sie dem Pferd und seinem Gefährdungspotential (meistens Zähne, Hufe, Kraft und Tempo) begegnen. Erstaunen ruft dann die Information hervor, daß auch Pferde äußerst schreckhafte und manchmal sogar sehr ängstliche Wesen sind.

Zum „Abbau" der vielfältigen Ängste gehören mehrere Faktoren:

- Zeit
- Annahme des Kindes, auch wenn es Angst äußert
- Respektierung seiner Gefühle
- Informationen über und Erlernen von Fähigkeiten im Umgang mit dem Pferd
- Erleben der Bewältigung der angstauslösenden Situationen. Verstehen dessen, was „hinter" der Angst liegt – ob hier tiefere seelische Konflikte aktualisiert werden (Wiederholungs-/Übertragungsgeschehen)

Aber noch einmal zurück zu den Bedrohungen. Heinz Meyer beschreibt diese eindrücklich und wirklichkeitsnah: „Wenn das Pferd in erster Linie als kraftvolles und dynamisches Tier erscheint, übermächtig, unkontrollierbar und unnahbar, dann wird Wirklichkeit vor allem in der Bedrohung erfahren. Unter dieser Bedingung ängstigt das Pferd, es stellt das Leben in Frage und repräsentiert das Chaos. Konkrete Befürchtungen, die im Zusammenhang mit dem Pferd genannt werden, stehen vielfach als greifbare Bilder für die fundamentale, vom Pferd ausgehende Existenzangst. Bald überdauert die Angst, bald baut sie sich in der Begegnung mit dem Tier ab, das heißt, die Übermacht des Tieres verliert ihre Bedrohlichkeit. Eine solche Entwicklung kann auch dadurch zustande kommen, daß man die Macht in ihrer Entfaltung erlebt und zur Überzeugung gelangt, daß sie nicht unermeßlich sei, sondern überblickbar. Derartige Wandlungen und Verschiebungen finden sich bei manchen Reitern nach dem ersten Sturz, der ihnen die stets gefürchtete Macht des Pferdes demonstriert und zugleich in ihren Grenzen entlarvt hat" (Meyer 1982, S. 117 f.).

So läßt sich auch nachvollziehen, warum manchmal bei bestimmten Kindergruppen erst ein Sturz vom Pferd eine Weiterentwicklung ermöglicht. Dies soll jedoch kein Plädoyer für das Provozieren oder leichtfertige Einkalkulieren von Stürzen sein, aber beim Reiten gehören Stürze (oder Herunterrutschen/Heruntergleiten vom Pferderücken) eben mit zur typischen Erfahrungsdimension.

Das große Vorhaben des Anfängers beim Reiten besteht darin, nicht vom Pferd herunterzufallen. Zunächst im Schritt, dann im Trab und schließlich im Galopp. Das „Fallen" vom Pferd ist für fast alle Menschen nicht nur eine erschreckende, sondern auch zumeist eine überaus peinliche Situation. Ein Sturz kann als abrupte Trennung erlebt werden, die man in der Regel mit aller Kraft zu vermeiden versucht und die dennoch immer wieder stattfinden kann.

Alle Illusionen über die gelungene „Zwei-Einheit", über das Beherrschen und das reiterliche Können werden jäh beendet, und der Reiter findet sich auf dem Boden (der Tatsachen) wieder. Hierzu Marlene Baum: „Der Reiter wird durch den Sturz unbarmherzig als Parasit entlarvt, dessen psychische und physische Schwäche damit offenkundig und der Lächerlichkeit preisgegeben ist. Als Fußgänger wird er sich schmählich und schmerzlich aller seiner körperlichen Defizite bewußt, während das Roß triumphierend seine ursprüngliche Freiheit wiedererlangt. Die Roß-Reiter-Einheit zeigt sich damit in ihrer ganzen Labilität und Fragwürdigkeit, die der glänzenden Einheit des stolzen Rosses samt seinem stolzen Reiter polar gegenübersteht. Symbolisch trennen sich Ich und Es, und es offenbart sich deutlich, wie schwach das eine ohne das andere ist" (Baum 1991, S. 170).

Sigmund Freud zeigt in der Analogie von Reiter und Pferd zu „ICH" und „ES" eine Möglichkeit auf, einen Sturz zu vermeiden: „Die funktionelle Wichtigkeit des ICHs kommt darin zum Ausdruck, daß ihm normaler Weise die Herrschaft über die Zugänge zur Mobilität eingeräumt ist. Es gleicht so im Verhältnis zum ES dem Reiter, der die überlegene Kraft des Pferdes zügeln soll, mit dem Unterschied, daß der Reiter dies mit eigenen Kräften versucht, das ICH mit geborgten. Wie dem Reiter, will er sich nicht vom Pferd trennen, oft nichts anderes übrig bleibt, als es dahin zu führen, wohin es gehen will, so pflegt auch das ICH den Willen des ES in Handlung umzusetzen, als ob es der eigene wäre" (Freud 1982, S. 181).

Zu den weiteren Gefährdungen zählen die beeindruckenden großen Zähne des Pferdes, von denen die Bedrohung ausgeht, gebissen oder gar zermalmt zu werden. Interessant ist auch hier die Angstüberwindung. Zum Auftrensen des Pferdes wird zur Unterstützung mit einer Hand in das Maul des Pferdes gefaßt, an eine Stelle hinter den Zähnen. Dabei werden die Zähne deutlich sichtbar. Die Überwindung, in die „Höhle des Löwen" gegriffen zu haben, löst in der Regel Stolz aus.

Eigene aggressive Impulse oder Phantasien lassen sich gut auf das Pferd als Angreifer projizieren bzw. verschieben. Die Hufe heben die statische und dynamische Kraft des Pferdes hervor. Letztlich ist je nach der individuellen Situation jedes Körperteils das Pferd als gesamtes oder eine bestimmte Verhaltensweise des Pferdes dazu geeignet, vom Kind als gefährlich interpretiert oder erlebt zu werden. Dies muß nicht immer so spektakulär sein wie in der Fallgeschichte des „Kleinen Hans" von Sigmund Freud (vgl. Freud 1980).

Zur Illustration soll Markus dienen:

Markus war viele Termine beim therapeutischen Reiten davon überzeugt, „... die will mich damit hauen". Gemeint war der Schweif der Stute, die diesen hin- und herbewegte, um Fliegen zu verscheuchen. Informationen halfen nicht, weder Markus in seiner Beziehung zum Pferd noch uns zum Verstehen seiner Ängste. Wir wußten von Mißhandlungen, denen Markus durch seine Mutter ausgesetzt war. Erst als Markus sich mehr öffnen konnte und uns dadurch seine Ängste zeigte, konnten wir seine Phantasie besser verstehen. Markus empörte sich darüber, daß ich die Stute schlüge. Tatsache war, daß ich das Pferd optisch und taktil mit der langen Longierpeitsche ermunterte, vorwärtszugehen. So konnte ich ein Verständnis dafür entwickeln, daß es hier auch um einen abgespaltenen Teil seiner Gefühle ging, die unter der Angst verborgenen Aggressionen. Im weiteren Verlauf der Arbeit konnte Markus viele Ängste überwinden und Aggressionen äußern. In einer späteren Situation beschimpfte er die Stute einmal, als sie ihn wieder beim Verscheuchen der Fliegen unabsichtlich traf. „He, Scheiße! Ich bin doch keine Fliege." Für Markus eine wichtige Aussage: Tu mir nicht weh, ich bin ein Kind – wenn du nicht aufpaßt, dann sorge ich mich um mich.

Die Befürchtungen und Ängste, die im Beziehungsdreieck für das Kind erwachsen, resultieren i.d.R. aus Verletzungen in der eigenen Lebensgeschichte. Beim heilpädagogischen Umgang mit dem Pferd werden die mit ihm assoziierten Akzente des Chaotischen, Dämonischen (d.h. auch Triebhaften) abgebaut oder zurückgedrängt zugunsten der angestrebten Harmonie und des Vertrauens – und damit der Annahme des eigenen Selbst. Die „Regeln" des Umganges mit dem Pferd (Verhaltensregeln „zu Fuß", auf dem Pferd, bei der Pflege) versachlichen die angemessene und notwendige Vorsicht.

Als letzter Faktor der „Gefährdungen" sei noch das Tempo angeführt. Die sehr ursprüngliche Faszination des Pferdes, sich zu bewegen und den Menschen tragen zu können, hat letzteren wohl schon immer als Alternative zur Selbstfortbewegung gereizt. Der Reiz des Getragenwerdens steigert sich beim Pferd noch durch „... ein Bewegungstempo, das eindrucksvoll über dem des Menschen liegt, während das trabende Pferd in der Stunde knapp 15 Kilometer zurücklegt und das galoppierende noch beträchtlich schneller ist, beträgt die menschliche Bewegungsgeschwindigkeit im Schritt etwa fünf Kilometer pro Stunde. Das Pferd gestattet demnach eine Steigerung von etwa 200 Prozent und mehr" (Meyer 1982, S. 122). Dies kann eben auch Angst auslösen.

Heilpädagogisches Reiten als „Mama-Erlebnis"

Neben den bereits dargestellten Wirkfaktoren des Reitens und des Umgangs mit Pferden möchte ich abschließend noch einen weiteren Aspekt darstellen. Walter Schindler beschrieb in seinen Überlegungen zur Gruppentherapie, daß alle mit der Mutter zusammen erlebten Erfahrungen als ein „Mama-Erlebnis" benannt werden können. „Die Mutter ist die natürliche Nahrungsspenderin in der ersten Lebenszeit des Kleinkindes und auch die mit der Mutter gemachten Erfahrungen werden in der Gegenwart auf andere Menschen übertragen. So wünscht das Kind in unseren Patienten, von uns ebenso gefüttert und gepflegt zu werden wie einst von der Mutter. Zum „Mama-Erlebnis" gehören Gefühle körperlicher Wärme, wenn die entsprechenden Erfahrungen gut waren. Waren sie weniger erfreulich, werden in der Übertragung Kälte und Kühle erwartet" (Schindler 1985, S. 50). Seine Überlegungen gingen dahin, daß die Gruppe als Ganzes sehr leicht wie eine Mutter erlebt werden könne. Auch bezogen auf die negativen Seiten der Mutter, die häufig als erschreckend und verschlingend erlebt werden, könnten die Gruppenerlebnisse die Angst vor derartigen bedrohenden Müttern mindern, indem neue Erfahrungen mit den Gruppenmitgliedern und dem Leiter gemacht werden.

Es ist eine Überlegung wert, ob dem Klienten beim heilpädagogischen Reiten nicht ebenfalls „Mama-Erlebnisse" ermöglicht werden können. *Das Pferd* reagiert auf den Klienten und gibt ihm damit ein ursprüngliches Gefühl von Bedeutung und Wichtigkeit. Der „Dialog" findet in Form des von

Spitz (1988) beschriebenen nonverbalen Dialoges im Rahmen des Aktions-Reaktions-Geschehens statt (vgl. Spitz 1988, S. 61 ff.). Zudem vermittelt das Pferd die körperliche Dimension von Nähe, Wärme und Bewegung, trägt und „hält" den Klienten im Sinne des Bewegungsdialoges.

Die Pädagogin füttert den Klienten stellvertretend durch das haltgebende Setting und die Worte im mehr oder weniger unkonventionellen Dialog. Sie gibt dem Klienten auf einer anderen Ebene „Antwort" und Bedeutung in der Beziehung.

Beides zusammen könnte eine Art „Mama-Erlebnis" sein, wenngleich es überhaupt nicht ausschließt, daß sowohl das Pferd (als Dritter) als auch die Pädagogin in ihren väterlichen, fordernden, strengen Anteilen Bedeutung erhalten und zum Hauptthema der Auseinandersetzung werden.

Vielleicht liegt in diesem Phänomen die Ursache dafür, daß so viele Menschen sich scheinbar nach dem, was durch das heilpädagogische Reiten angeboten wird, sehnen und die erste Zeit für ein „Auftanken" benötigen: ohne Sprache, oder vielleicht nur mit Lauten, im Wohlgefühl der körperlich-seelischen Erlebnisse und mit einer sehr großen positiven Übertragungsbereitschaft, welche in der Arbeit mit Kindern und Jugendlichen eine positive Entwicklung ermöglicht.

2.2 Das heilpädagogische Setting

2.2.1 Kind–Pferd–Pädagogin

Üblicherweise ist die Beziehungsform in der *heilpädagogischen Einzelarbeit* eine dyadische, eine Zweierbeziehung, welche besonders im Rahmen der psychoanalytisch orientierten Heilpädagogik einige Analogien zu der therapeutischen Zweierbeziehung zeigt.

Im Fall des heilpädagogischen Reitens ist die Beziehung von vornherein durch die Hereinnahme und Nutzung des Pferdes als „Drittem" eine Dreierbeziehung (vgl. Baum 1997, S. 204 ff. und Hanneder/Menschik/Papke 1996, S. 68 ff.). Diese Form der triadischen Beziehung ist damit dem Beziehungsgeschehen in der Familie ähnlich. Bezogen auf die frühkindliche Entwicklung meint Triangulierung „... das Entstehen der Fähigkeit, gleichzeitig eine Beziehung zu Mutter und Vater zu unterhalten, zu erkennen und zu akzeptieren, daß Mutter und Vater auch eine Beziehung zueinander haben, sowie alle drei Beziehungen zu verinnerlichen" (Schon 1995, S. 11). Obwohl sich dies einfach anhört, handelt es sich hierbei um eine äußerst komplexe und daher auch sehr störanfällige Entwicklung (vgl. Rohde-Dachser 1987, S. 773 ff.), welche alle frühkindlichen Entwicklungsphasen umfaßt.

Darüber hinaus ist sie auch prägend für alle weiteren Lebensphasen. Lothar Schon (1995) kritisierte die in Fachkreisen bezüglich der entwicklungspsychologischen und psychoanalytischen Säuglingsforschung dominierende Vorstellung, daß die frühen Interaktionen des Säuglings und Kleinkindes dyadisch angelegt seien. In seiner ausführlichen und differenzierten Untersuchung stellte er die Möglichkeit dar, daß frühe Interaktionen von Anfang an dreidimensional angelegt sein könnten. So hat sich die Erkenntnis, daß neben der Mutter-Kind-Beziehung auch die Vater-Kind-Beziehung und die Beziehung der Eltern zueinander eine Rolle für die Entwicklung des Kindes in den ersten anderthalb Lebensjahren spielen, in jüngerer Zeit zunehmend durchgesetzt.

In der Reflexion des heilpädagogischen Reitens ist es bedeutsam, die Triangulierung als übergreifendes Entwicklungskonzept mit einzubeziehen. So kann die Unfähigkeit des Klienten, sich auf beide andere Pole des Beziehungsdreieckes zu beziehen, Aufschluß über die inneren Prozesse des Klienten geben. Weitere Varianten, die einen Zugang zu dem inneren Erleben des Klienten geben können, sind:

- die Pädagogin fühlt sich als störende Dritte in der ausschließlichen Bezugnahme des Kindes auf das Pferd
- das Pferd wird zum „störenden Dritten" (was sehr selten vorkommt)
- die Pädagogin wird ausschließlich in der Rolle der Übersetzerin zwischen den Bedürfnissen und Wünschen des Kindes an das Pferd vom Klienten genutzt und wahrgenommen
- für den Klienten sind ausschließlich „friedliche Dreiersituationen" aushaltbar – individuelle Interessen oder gar Konflikte können vom Klienten im Dreieck nicht wahrgenommen werden

Schon diese kurze, unvollständige Darstellung möglicher Wahrnehmungen des Klienten innerhalb des Beziehungsdreieckes zeigen die Bandbreite möglicher Konstellationen auf.

Interessanterweise bringt in dieses Geschehen auch das Herdentier Pferd, welches aus einer engen dyadischen Beziehungsform zwischen der Stute und ihrem Fohlen kommt, seine Geschichte mit ein. Es gibt ein ungeschriebenes Gesetz, nachdem Pferde nur in gerader Anzahl auf die Koppel gelassen werden. Erfolgt dies in ungerader Anzahl, so hat dies zwangsläufig die Folge, daß es einen Außenseiter unter den Tieren gibt, welcher in der Rangordnung der Herde am Ende steht und teils auch vom Futter und Wasser verjagt wird. Pferde ordnen sich in ihren freundschaftlichen Beziehungen untereinander z.B. nach der Fellfarbe ebenso zu wie nach ihrem sozialen Status innerhalb der Herde. So wird das Pferd in der triadischen Situation in der Regel immer versuchen, sich einem der beiden Personen zuzuwenden bzw. eine Beziehung aufzunehmen. Um so ernster ist die Situation, wenn sich das Pferd deutlich von beiden Polen abwendet oder Widerstand, d.h. Ungehorsam der Pädagogin gegenüber zeigt.

Wesentlich im Geschehen des heilpädagogischen Reitens ist die Beachtung dessen, was sich im Beziehungsdreieck darstellt. Im folgenden soll daher überlegt werden, was eine solche Dreiecksbeziehung als Beziehungsangebote enthält und welches emotionale Erleben sie häufig nach sich zieht.

In der Beziehungsarbeit mit dem Pferd, welche den Umgang mit dem Pferd und das Reiten umfaßt, treffen zwei in der Regel verbal miteinander kommunizierende Menschen und das nonverbal sich mitteilende Pferd in Form einer triadischen Beziehung aufeinander. In dieser Triade sind häufig Spaltungstendenzen sowie die Verbündung des Klienten mit dem Pferd „gegen" die Pädagogin zu beobachten. In vielen heilpädagogischen Maßnahmen mit dem Pferd wird zu Beginn vom Klienten scheinbar nur das Pferd und nicht das Beziehungsangebot der Pädagogin wahrgenommen. Meistens kann der Klient mit der zunehmenden Entwicklung seiner selbst dann die Beziehung zur Pädagogin wahrnehmen und gestalten. Diese „autistische" Phase, d.h. die Nutzung der Pädagogin als „Mittel zum Zweck", nämlich um auf das Pferd zu gelangen oder Ziele wie z.B. Traben, Anreiten etc. durchzusetzen, ist als ein Übergang anzusehen, bis die Beziehung zum Menschen erträglich und interessant wird.

Die Basis des Beziehungsdreieckes zwischen Kind bzw. Klient, Pädagogin und Pferd ist durch Nähe und Zuwendung bestimmt. Die heilpädagogische Beziehung muß, wie alle anderen menschlichen Beziehungen, eine Bedeutung und einen Sinn für die Beteiligten haben. Oft sind es gerade die Gefühle von Bedeutungslosigkeit, die das Kind (unabhängig von der Schwere seiner Behinderung oder Beeinträchtigung) in seinem Selbstgefühl verunsichern.

Die korrektiven Erfahrungen, die es machen kann, wenn es in der Förderung erlebt, daß es mit seinem Sein, mit seinen Aktivitäten, Gedanken, Gefühlen etwas bewirken kann, was beim anderen auf Interesse stößt (bzw. beim Pferd auf Umsetzung), aufgenommen und verstanden wird und somit Bedeutung bekommt, sind entscheidend für seine Fortschritte.

Diese Beziehungserfahrungen erlebt es in der Beziehung zur Pädagogin, direkt in der Beziehung zum Pferd und auch noch einmal stellvertretend in der Beziehung zwischen der Pädagogin und dem Pferd. Daß die drei Beziehungen innerhalb des Beziehungsdreiecks von unterschiedlicher Qualität sind, versteht sich von selbst.

Kind und Pferd

Die Motivation des Kindes und seine positive Übertragungsbereitschaft sind in erster Linie auf das Pferd und (soweit es dies intellektuell vorab schon erfassen kann) auf das „Reiten" gerichtet. Das Pferd vermittelt dem Kind relativ gleichbleibend Beziehungsinhalte, die es letzterem ermöglichen, in dem geeigneten Rahmen der Begegnung eine Beziehung zum Pferd aufzunehmen. Da das Pferd von Beginn an individuelle Eigenheiten einbringt, muß sich das Kind auch hiermit auseinandersetzen. Drei Bereiche erhalten wesentliche Bedeutung:

- *das vom Pferd Getragenwerden;* dies beinhaltet: Ausgehalten werden in Beziehungen, und es ermöglicht: neue Erfahrungen zu machen
- *das Beeinflussen des Pferdes (beim Reiten, beim Umgang)*; dies bedeutet: Lenken, Bestimmen, Mächtig-Sein, und es ermöglicht: Ohnmacht zu überwinden
- *das Ausüben von Kontrolle*; dies bedeutet: Triebe (die des Pferdes und die eigenen) beherrschen, Aggressionen spüren und umlenken, und es ermöglicht: reif und handelnd zu sein

Kind und Pädagogin

Die Pädagogin hilft dem Kind bei der Kontaktaufnahme und dem Beziehungsaufbau zum Pferd und stellt sich dem Kind zur Verfügung. Durch die Gespräche, die in der Regel vom Kind aus begonnen werden, und die Deutungen und Interpretationen seines Verhaltens ergibt sich eine individuelle Beziehung, deren Basis das Erlernen des Reitens (im weitesten Sinne) ist. Durch die Beachtung von Übertragungs- und Gegenübertragungsgefühlen durch die Pädagogin erhält das Kind eine Antwort auf die Darstellung seiner (unbewußten) Konflikte. Dabei steht auch die Beziehung zwischen dem Kind und dem Pferd stellvertretend für andere (primäre) Beziehungserfahrungen des Kindes.

Die Pädagogin „dolmetscht" zwischen Kind und Pferd und ermöglicht so das Erlernen des Reitens wie auch den Dialog und das Gespräch mit ihr.

Pädagogin und Pferd

Die Pädagogin ist dafür verantwortlich, daß das Pferd sich im Beziehungsraum des heilpädagogischen Reitens wohl fühlt. Im wesentlichen ist die Beziehung zwischen der Pädagogin und dem Pferd durch deren Dominanz bestimmt. Das Pferd bedarf der Führung durch die Pädagogin, und diese bedarf eines Pferdes, welches sicher und zuverlässig auf ihre verbalen, optischen und taktilen Signale und Hilfen reagiert. Auch dem Pferd müssen in der Beziehung Empfindungen der Anerkennung, Wertschätzung und der Abgrenzung vermittelt werden. Jederzeit sollte sich die Pädagogin dem Pferd gegenüber als nachahmenswertes Modell verhalten, auch und besonders beim Korrigieren und Strafen. Durch die hohe Identifizierungsbereitschaft des Kindes mit dem Pferd bekommt dieses Verhalten stellvertretenden Charakter. Die trianguläre Situation beim heilpädagogischen Reiten wird so nicht nur zur Vorbildfunktion, sondern auch zum Abbild des Respektes und des Schutzes, den jeder der Beteiligten genießt. Wird das Pferd „gerecht" behandelt, kann auch das Kind eher Vertrauen entwickeln. Bemühe ich mich, das Pferd zu verstehen, so kann auch das Kind hoffen, auf Verständnis zu stoßen. „Für den Schüler (Patienten) heißt dies, er lernt aus dem Umgang des Übungsleiters mit dem Pferd und macht eigene Erfahrungen mit dem Pferd oder dem Ubungsleiter im Wechsel als Subjekt, Objekt und Beobachter" (B. Klüwer 1994, S. 78).

Darüber hinaus gibt das Pferd in seinem Verhalten der Pädagogin mögliche Rückschlüsse über das Kind. Das Pferd verhält sich, je nachdem mit wem es in der Beziehung steht, unterschiedlich: Bei dem einem Kind erscheint es müde, bei dem anderen reagiert es zunehmend hektisch und nervös, während es beim dritten Kind aggressives Verhalten zeigt. Dies läßt Rückschlüsse auf die Stimmungen und den Zustand des Klienten zu, oft auch auf das, was das Kind erlebt hat (vgl. Scheidhacker 1996, S. 42).

In der *heilpädagogischen Gruppenarbeit* handelt es sich analog um wechselnde Beziehungsdreiecke, -vierecke und -vielecke. Je nachdem, wie viele Pferde eingesetzt werden, ergeben sich Zweier-, Dreier- oder (pädagogisch maximal sinnvoll) Viererbeziehungen von Kindern zum Pferd. Das Beziehungsgeflecht „jeder mit jedem" wird in der Arbeit mit Pferden nicht ausgeschaltet, so daß sich laufend wechselnde Beziehungskonstellationen ergeben können. In der Regel wird die „Team"–Zusammenstellung, d.h. welche Kinder mit welchem Pferd im Verlauf eines Kurses zusammenarbeiten, im voraus genau definiert. Wenn diese Beziehung dann unerträglich wird, z.B. das Pferd die Kinder nicht erträgt und negativ reagiert oder die Kinder untereinander im Ausdruck ihrer Konflikte für die Arbeit mit Pferden so nicht mehr tragbar sind, muß ein Wechsel erfolgen.

In den Phasen, in denen Einzelarbeit mit einem Kind vorgesehen ist, kann das ursprüngliche Dreieck Kind–Pferd–Pädagogin „aufgetankt" und stabilisiert werden. Für manche Kinder ist es zu Beginn einer Maßnahme z.B. nicht erträglich, eine Beziehung zur Pädagogin einzugehen, außer der, die sie unbedingt zum Erlernen von Fähigkeiten des Reitens von ihr benötigen.

Ich arbeite grundsätzlich nicht mit mehr als acht Kindern pro Gruppe, da sonst meine Kapazitäten des Eingehens auf die Kinder überfordert würden. In der Gruppenarbeit mit Pferden kommen alle jene Phänomene vor, die auch in anderen Gruppen zu beobachten sind: Inszenierungen, Verbündungen, Zuschreibungen der Sündenbockrolle, Gruppenphantasien und -rituale, väterliche und mütterliche Übertragungsmodelle u.v.a.m.

Die Vereinbarung eines gemeinsamen Arbeitszieles und die Vereinbarung von gültigen Regeln mit Gruppen geben den Rahmen für die „Beziehungsdramen" ab. In der Balance zwischen Gruppe, Kleingruppen und einzelnem wird im Laufe der Arbeit das innere Gruppenthema deutlich und kann in der Arbeit mit den Pferden durch das Reiten und den Umgang mit ihnen ins Gespräch kommen.

Methodisch gesehen sind die Freiräume, die sich aus der Beschäftigung der Leitung und der Co-Leitung (notwendig ab mehr als vier Kindern bzw. dem Einsatz von mehr als zwei Pferden und sowieso sinnvoll in Gruppen) mit Kleingruppen und dem einzelnen Kind ergeben, für die restlichen Kinder sehr wichtig. Nach meiner Erfahrung betrifft dies sowohl die Arbeit mit Kindern aus Schulen für Erziehungshilfen als auch mit blinden und sehgeschädigten Kindern, für die jedoch der Bewegungsraum wesentlich eingeschränkter bleiben muß. Die Möglichkeit der nicht kontrollierten Beziehung zum Pferd in solchen Freiräumen und in den Pausen ist nicht Nebenprodukt, sondern wertvolle Beziehungszeit. Hierbei muß einerseits gewährleistet sein, daß alle Sicherheitsrisiken, die im Umgang mit dem Pferd entstehen können, soweit wie möglich ausgeschaltet sind, und andererseits, daß den Tieren nichts geschieht, was ihre Offenheit und Belastbarkeit im Verhältnis zum Menschen negativ beeinflussen könnte. Dies kann in bestimmten Fällen zu einer Gratwanderung werden.

Beispiel:

Dieter war als Schüler einer Erziehungshilfeschule in den vergangenen Monaten mehrfach wegen Tierquälerei auffällig geworden und hatte sich z.T. erbitterten Reaktionen seiner Klassengenossen stellen müssen. Das Quälen bezog sich erst auf Insekten und steigerte sich dann sukzessive bis hin zur Beinahe–Tötung einer Katze auf bestialische Art und Weise. Von den betreuenden Lehrern und Pädagogen kamen keine adäquaten Reaktionen, da sie sich wohl in diesem Moment dem Jungen gegenüber machtlos gefühlt haben. Nachdem ich es durchsetzen konnte, daß Dieter nicht zur Strafe vom „Reiten" ausgeschlossen wurde, mußte ich eine Entscheidung treffen, ob und in welchem Rahmen ich dem Kind zwar Freiraum für die Beziehung zum Pferd gewähren konnte, jedoch ohne dieses und andere sich auf dem Hof befindlichen Tiere konkreter Mißhandlungsgefahr auszusetzen.

Dieter war ein schwer traumatisiertes und ungeliebtes Kind. Es wäre fatal gewesen, wenn er aus der Arbeit mit Pferden als Bestrafung für sein tierquälerisches Verhalten ausgeschlossen worden wäre. Gerade im Umgang mit den verschiedenen Tieren war es möglich, nach längerer Zeit einen verstehenden Zugang zu ihm und seinen nur scheinbar „gefühllosen" Taten herzustellen. Sein Verhalten den Tieren gegenüber gab Hinweise auf sein inneres Erleben, auf seine Gefühlswelt: gequält, ohne liebevolle Anteilnahme auf Distanz gehalten, fast (oder gar ganz) vernichtet. Auch das heilpädagogische Reiten konnte dieses schwer geschädigte Kind nicht heilen oder größere Entwicklungsschritte initiieren. In einem Gutachten für den Lehrer und die Schule stellte ich meine Sichtweise dar und empfahl eine sofortige intensive Betreuung und Therapie für Dieter.

Übertragungs- und Gegenübertragungsgeschehen

Das heilpädagogische Reiten kann insbesondere konflikthafte, belastende und verfahrene bzw. festgefahrene Interaktionen aus früheren Beziehungserfahrungen (Übertragungen) verstehen helfen. Ziel hierbei ist die Auflösung der alten, verinnerlichten Verhaltensnormen. Es geht wesentlich um alternatives Beziehungserleben in Verbindung mit nonverbalen und verbalen Ausdrucksmöglichkeiten. Warum sich das Pferd hierzu in besonderem Maße als Beziehungspartner eignet, wurde schon beschrieben. Daß dies entsprechende Gegenübertragungsgefühle auslösen kann, sei an folgendem Beispiel verdeutlicht:

Der Erziehungshilfeschüler Mike, der bei Auseinandersetzungen in der Klasse immer das Opfer war und neben Sprachschwierigkeiten durch Lernstörungen und körperliche Unkoordiniertheit auffiel, hatte im Kurs „Gymkhana–Reiterspiele" den Wallach Donald zugeteilt bekommen. Nach einigen Kursstunden hatte sich die anfänglich schwierige Beziehung des Kindes zum Pferd gewandelt. Hatte Mike sich zunächst permanent über „sein" Pferd beklagt und es als „faul, doof, unfähig, lahm etc." dargestellt, so wirkten die beiden nach einiger Zeit eher wie ein „Paar". Mike ließ nichts Negatives von anderen Kindern auf „seinen Donald" kommen, er verwöhnte, liebkoste, fütterte und umsorgte ihn. Nach dieser Zeit der Identifizierung mit dem Pferd und dem stellvertretenden Versorgen ergab es sich, daß ich Mike mehrmals „seinen Donald" mit „Mami" ansprechen hörte. Zuerst war ich mir nicht sicher, ob er es ernst oder ironisch meinte. Bald wurde aber deutlich, daß Donald für Mike zur „Mami" geworden war: „Sie" bzw. er trug das Kind, nahm es an, „freute" sich, wenn das Kind den Stall betrat (und wenn das Wiehern auch mehr den Karotten galt, die Mike immer für ihn mitbrachte – das Pferd identifizierte ihn und gab ihm Wichtigkeit). Mike, das Kind, dessen Mutter mehrfach versucht hatte, ihn als Fötus abzutreiben, hatte in dem Pferd eine große, weiche, warme, ihn liebevoll begrüßende „Mutter" gefunden.

Kurz gesagt: Mike übertrug seine Gefühle für die Mutter auf das Pferd. Nach dieser ersten, unserer Beziehung Raum gebenden Zeit, stellte sich Mike immer mehr so dar, daß er sich Donald gegenüber nicht durchsetzen konnte. Immer wieder saß er scheinbar verzweifelt und weinerlich auf seinem ungehorsamen Pferd. In meinen Gegenübertragungsgefühlen löste Mike bei mir ein sehr strenges und forderndes sowie gleichzeitig ihm positive Leistung zutrauendes Gefühl aus. Ich erlebte mich ihm gegenüber plötzlich wie eine „Domina" und verlangte von dem weinenden, sich keine Leistung zutrauenden Jungen, daß er Donald anhielt und losgehen ließ, wann *er* es wollte. Donald ließ Mike „auflaufen", er scherte sich nicht darum, was das Kind auf seinem Rücken von ihm wollte, sondern lief oder blieb stehen, wie es ihm gefiel. Mit starken, aggressiven Emotionen verlangte ich von Mike, daß er sich dem Pferd gegenüber durchsetzen solle. Mich wunderte das Verhalten des Pferdes, da ich wußte, daß es sich von wesentlich schwächeren und ungeschickteren Kindern problemlos dirigieren ließ. Seine „Dickfelligkeit" Mike gegenüber ließ daher die Vermutung zu, daß das Kind dem Pferd anscheinend doch keine eindeutigen Signale vermittelte – auch wenn es von außen betrachtet so aussah. Mit diesem Wissen um das Verhalten des Pferdes forderte ich von Mike in einer Einzelsituation unnachgiebig, sich dem Pferd gegenüber durchzusetzen. Nach vielen Tränen gelang dies Mike auch. Ab der nächsten Stunde war Mike in der Lage, auf das positive Erlebnis der Beeinflussung des Pferdes aufzubauen.

Meine Gegenübertragungsgefühle glichen dem, was wir im Team über die Beziehung der leiblichen Mutter zu Mike zusammentragen konnten. Dadurch, daß ich Mike gleichzeitig zu der Wahrnehmung meiner aggressiven Gefühle auf sein Verhalten auch zutraute, daß er seinen Willen dem Pferd gegenüber durchsetzen könnte, konnte er ein Gefühl der Stärke empfinden. Dies erlaubte es ihm auch, zumindest punktuell aus der bis dahin verinnerlichten „Opferrolle" herauszukommen. Das Gefühl, daß ich mich ihm gegenüber wie eine strenge „Domina" verhielt, hat u.a. hier seinen Bezug zu masochistischen Anteilen, da Mike nicht nur unlustvolle Gefühle, sondern durchaus lustvolle Empfindungen aus seiner Opferrolle bezog, z.B. bei Schlägereien in der Schule, bei denen er immer derjenige war, der unter dem oder den anderen lag.

Erst die Wahrnehmung des Verhaltens des Pferdes und meiner Gefühle ließen es möglich werden, daß ich unnachgiebig an Mike Forderungen stellte und ihn nicht in seine gewohnte Opferrolle entließ. So war es dem Jungen möglich, in der Beziehung zum Pferd die starke und klare Position einzunehmen, d.h. zu bestimmen, „wo und wie es lang geht", und er konnte meine Forderungen als gerecht und ihn letztendlich fördernd erleben.

Die reflexive Auseinandersetzung mit solchen Gegenübertragungsgefühlen ist ebenso notwendig wie eine positive Übertragungsbereitschaft des Kindes. Diese besteht als positive Vorstellung vom und zum Pferd in der Regel schon vor der Kontaktaufnahme. Allerdings benötigt es auch eine positive Übertragungsbereitschaft zur Pädagogin, um das Verhältnis „tragfähig" werden zu lassen und die Arbeit aufzunehmen. Das Arbeitsbündnis dient der Vergewisserung eines gemeinsamen Zieles der Arbeit. Besondere Bedeutung kommt dabei dem haltgebenden Setting zu.

Beim heilpädagogischen Reiten handelt es sich um eine (heil-)pädagogische Maßnahme. Die Beziehungen sind realer Art: Nach Helmut Reiser ist die Beziehung in der Psychotherapie eine künstliche. Sie lasse nur soviel Realbeziehung zu, wie nötig sei, um den psychotherapeutischen Prozeß zu ermöglichen. In der pädagogischen, psychoanalytisch orientierten Arbeit verhalte es sich genau umgekehrt: es werde soviel an Übertragungsbeziehung und Aufarbeitung der Übertragung gefördert und zugelassen, wie nötig sei, um die reale Beziehung und durch sie die Beziehung zur Realität voranzubringen (vgl. Reiser 1987).

Die Anwendung psychoanalytischer Kenntnisse und Elemente, die im Rahmen des von mir entwickelten Arbeitens mit Pferden zum „Tragen" kommen, wandelt diese also nicht in eine Psychotherapie um, solange die reiterlichen, individual- und gruppenpädagogischen Förderungsanliegen und eine pädagogische Haltung beibehalten werden. Diese prozeßhafte und dynamische Ausrichtung kann sich wiederum nur in einer Beziehung (Arbeitsbündnis) entwickeln. Sie ist abhängig von ihrer Gestaltung, von ihrer Qualität und damit auch abhängig von der Beziehungsfähigkeit, die eine Pädagogin entwickeln und einsetzen kann. Zur Beziehungsfähigkeit zählen die Reflexionsebene, die Fähigkeit zur Metakommunikation, eine fundierte Selbsterfahrung sowie der Verzicht auf pädagogische Illusionen.

Mit dem Einbezug „psychoanalytischen Rüstzeuges" in das heilpädagogische Reiten verändern sich

- die Einstellung zum Menschen
- die Beziehungen
- die Arbeitsmethoden und
- die Reflexion der Arbeit

Das Wesentliche ist das Beziehungsangebot durch die Pädagogin *und* das Pferd. Bestimmend sind

- die Neugier am und Zuwendung für das Kind
- die emotionale und effektive Präsenz und Zuverlässigkeit
- die Zurückhaltung gegenüber eigener Bedürftigkeit
- die Übernahme von Holding- und Containingfunktionen
- die Übernahme struktursetzender Funktionen und
- der professionelle Selbstzweifel (vgl. Trescher 1993)

Hierdurch unterscheidet sich das psychoanalytisch orientierte heilpädagogische Reiten von anderen Maßnahmen im therapeutischen Reiten. Die Wahrnehmung der Gefühle setzt die Achtung derselben voraus. Sie verlangt, wahrzunehmen und zu fühlen, statt zu verdrängen. Und – es erfordert Aufwand. Es kostet Überwindung wahrzunehmen, Kraft, mit Hilfe von Supervision zu reflektieren, und Zeit, Notizen zu machen.

2.2.2 Stuten, Hengste und Wallache

Auch die Frage der Eignung von Pferden zu deren Einsatz im Rahmen des therapeutischen Reitens wurde in der Literatur beschrieben. Dies geschah überwiegend nach Kriterien von In- und Exterieur, d.h. nach Temperament, Gang- bzw. allgemeinen Bewegungsqualitäten, Rasse, Größe und Gebäude (vgl. Jenzer 1995 und von Dietze 1978). Vernachlässigt wurden *Aspekte der Geschlechtlichkeit* hinsichtlich des gezielten Einsatzes von Stuten, Wallachen und Hengsten in den verschiedenen Bereichen des therapeutischen Reitens.

Im nachfolgenden soll insbesondere die Brisanz des Einsatzes von kastrierten Hengsten, den Wallachen, und seinen möglichen Auswirkungen und Konsequenzen nachgegangen werden. Anhand zweier Beispiele aus der Praxis des heilpädagogischen Reitens werden Überlegungen zum geschlechtsspezifischen Einsatz von weiblichen Pferden, den Stuten

(=Mutter), und männlichen Pferden, den Hengsten und Wallachen (=Vater oder kastrierter junger Mann), entwickelt.

Die Frage *„Wer bevorzugt, hält oder reitet Hengste?"* wurde in den verschiedensten Fachorganen der Reiterwelt ausführlich erörtert – und es geschieht dies immer wieder, da ein solcher Artikel heftige emotionale Reaktionen verspricht. Gegner und Befürworter des Haltens und Reitens von Hengsten können als sich ideologisch völlig fremd gegenüberstehende „Lager" bezeichnet werden, denen eine Kommunikation miteinander nicht gelingt. Die hierbei zutage tretenden heftigen Emotionen lassen vermuten, daß die beim Hengst so deutlich gegebene Geschlechtlichkeit diese Reaktionen provoziert. Vielleicht kann sachlich festgehalten werden, daß in der Regel die Freude an genau dieser deutlich sichtbaren Männlichkeit Menschen dazu veranlaßt, die nicht immer einfache und gefahrlose Haltung von Hengsten der von Wallachen und Stuten vorzuziehen.

In erster Linie *unterscheidet den Hengst vom Wallach* die sexuelle Erregbarkeit, die durch (rossige) Stuten oder aufregende Situationen ausgelöst wird. Die primären Geschlechtsorgane (die Hoden fehlen dem Wallach) und die sekundäre Sexualität, d.h. die stärkere, ausgeprägtere Muskulatur, die häufigere Verwendung von starken Ausdrucksmöglichkeiten (Wiehern, Aufbäumen, Kopfschütteln etc.), kurz: Die sogenannten „Hengstmanieren" lassen den Hengst gegenüber dem Wallach als eine starke, oft auch intelligentere „Pferdepersönlichkeit" erscheinen.

Drei Kategorien von „Pferdemenschen", die *sich mit dem Hengst schmücken,* können hier grob unterteilt werden (Mischformen sind möglich):

- schwache Personen, die an der Stärke und Potenz des Hengstes teilhaben wollen und sich durch die Identifikation mit „ihrem" Hengst stärken bzw. stabilisieren
- das weibliche Geschlecht ablehnende Personen, die es als unter ihrer Würde erachten, „nur" eine Stute oder einen Wallach zu reiten. Hierzu paßt auch, daß die erhöhte Sensibilität der Stute in entsprechenden Reiterkreisen als „Zickigkeit" oder „Launigkeit" abgewertet und daraus gefolgert wird, daß Stuten nicht verläßlich einzusetzen seien (z.B. im Turniersport). Dies hat meist eine menschliche Vorgeschichte in unzuverlässigen oder unzureichenden frühen Beziehungen zu weiblichen Bezugspersonen bzw. zur eigenen Mutter
- Personen, die sich mit der deutlichen sexuellen und physischen Potenz des Tieres messen wollen oder müssen. Hierzu paßt der Wunschtraum vieler Reiterinnen und Reiter, daß ihr Pferd sich nur vom Besitzer bzw. der Besitzerin und sonst von niemandem reiten – und somit bezwingen und beherrschen –läßt. Literarische Analogien hierzu sind z.B. „Fury" oder auch „Blitz, der schwarze Hengst" (vgl. Wagenmann/Schönhammer 1994). Physiologisch gesehen, sind beim *Wallach* durch den Akt der Kastration die Hoden entfernt worden.

Umgangssprachlich bedeutet dies: Er ist „entmannt" worden. Die durch die männlichen Hormone hervorgerufene starke Bemuskelung und andere sekundäre Geschlechtsmerkmale, entwickeln sich vom Zeitpunkt der vorgenommenen Kastration an nicht weiter. Die typischen „Hengstmanieren" im Wesen des Pferdes verschwinden völlig oder bleiben lediglich in leichter Form bestehen. Psychologisch hat die Kastration die enorme Verringerung des sexuellen Triebes zur Folge sowie eine größere Ausgeglichenheit des Temperaments, zu deren offiziellem Zweck die Kastration fast aller männlicher Pferde vorgenommen wird.

Das Geschlecht des Pferdes hat „unübersehbare" primäre und sekundäre Geschlechtsmerkmale physiologischer und psychologischer Art. Stuten, Wallache und Hengste werden gezielt und nach den (unbewußten) Wünschen des Reiters bzw. der Reiterin ausgewählt und in verschiedenen Bereichen eingesetzt.

Die Geschlechtlichkeit von Tieren wird vom gesunden Kind schon im Alter von 16–19 Monaten intellektuell wahrgenommen. Kinder wollen z.B. wissen, ob eine Kuh eine „Mama-Kuh" oder eine „Papa-Kuh" ist. Demgegenüber wird das Pferd auch noch im späteren Alter eindeutig als männlich assoziiert. So wird auch in Bilderbüchern immer wieder diese kindliche Einstellung gespiegelt und bestätigt: Immer heißt es „die Kuh" und „das Pferd", also z.B. nie „die Stute". Auch wird in Bilderbüchern oft eine Stute mit ihrem Fohlen dargestellt und dennoch als „das Pferd" beschrieben. Dies widerspricht jedoch nicht der Tatsache, daß Kinder in einem späteren Alter „das Pferd" sowohl als männlich wie auch als weiblich erleben können, wie sich dies im heilpädagogischen Reiten immer wieder zeigt.

Die Zuordnung zu dem Geschlecht der Mutter und die Andersartigkeit, die Unterscheidung von ihr, ist außerordentlich wichtig (vgl. Schmauch 1993). Für das Kind ist im Alter bis zu 2 Jahren das Unterscheiden, Einteilen und Identifizieren eine psychische „Hauptaufgabe" (die auch im späteren und „hohen" Alter immer wieder gerne als Hobby gepflegt wird). Immer wieder taucht in diesem Alter die Frage auf, ob „Mama-Kuh" (bzw. auch alle anderen Tiere) und „Papa-Kuh" Milch geben. Die Frage der Ernährung hängt hier untrennbar mit dem Geschlecht zusammen. Das weibliche Tier kann direkt aus dem Körper heraus nähren, das männliche Tier dagegen nicht. So kann das Kind später durch Verdrängung oder Spaltung eigene Gefühle (z.B. Ängste, Neid, Haß u.a.) in männliche oder weibliche Tiere projizieren oder auch generell Tierarten damit identifizieren (alle Hunde sind böse).

Im späteren Alter dagegen kann das Kind ein Pferd sowohl als männlich als auch als weiblich erleben und sogar spezifische Ängste entwickeln, je nachdem, ob es im Kontakt mit einem männlichen oder weiblichen Pferd ist.

Ein Beispiel:
In einer Gruppe von 8 Kindern aus einer Schule für Erziehungshilfe (3 Mädchen/5 Jungen) im Alter von 10–12 Jahren, zeigte sich folgendes Phänomen: alle fünf Jungen hatten Angst vor Balou, einem schwarzen Wallach. Balou wirkt manchmal etwas griesgrämig, läßt aber alles mit sich machen – von Gruppenübungen auf ihm bis hin zum freien Galoppieren zu zweit. Insbesondere Vertrauensübungen und das Reiten in Trab oder Galopp an der Longe oder frei waren für alle Jungen stark angstbesetzt. Auf Vicky, dem zweiten Pferd, einer braunen Stute, traten die Ängste in dieser Form nicht auf. Die drei Mädchen zeigten keine Unterscheidung hinsichtlich beider Pferde, was Angstgefühle anging. Sie bauten u.a. eine Dreierpyramide auf Balou, fielen dabei durch Instabilität herunter und übten anschließend auf ihm weiter und galoppierten zu zweit auf dem Außensandplatz. Für die Jungen wäre dies unvorstellbar gewesen.

Meine erste Interpretation, mein Versuch im Rahmen der Teamreflexion einen verstehenden Zugang zu diesem Phänomen herzustellen, ging davon aus, daß die Gruppe „gut" und „böse" nicht nur auf die Pferde aufteilte, sondern auch auf die Pädagoginnen. Bei der Kleingruppenarbeit hatte die Leitung das Pferd Vicky und die Co-Leitung Balou. Wir gingen davon aus, daß es bei der Gruppe zu einer Aufteilung, d.h. Spaltung kam in „gute Mutter", Leiterin und das Pferd Vicky, und „böse Mutter", Co–Leitung und das Pferd Balou. Schwache und aggressive Anteile wurden auf die Co–Leitung und das Pferd Balou projiziert. Erst bei genauerem Hinsehen wurde deutlich, daß die Angst nur bei den Jungen bestand.

Geschlechtlichkeit und Geschlechtsunterschiede, Vorzüge und Nachteile waren immer wieder lautstark und „deftig" Thema für die Kinder, die sich in der Pubertät befanden (vgl. Schmauch 1993). Besonders Geschlechtsverkehr sowie die Auseinandersetzung mit weiblichem, männlichem und homosexuellem Verhalten wurde stark in der Gruppe thematisiert. Die Beziehungen der vielen Hunde auf dem Hof untereinander wurden detailliert beobachtet und bewertet bzw. eingeteilt: Spielten zwei Rüden miteinander, so waren sie gleich „schwul" – bei Hündinnen entsprechend „lesbisch".

Große Faszination übten alle Körpervorgänge auf die Kinder aus. Fressen, Koten, Harn–Lassen und auch der Umgang der Pädagogin mit diesen natürlichen Vorgängen – „Iih, die tritt ja in die Kacke (Pferdeäpfel)" oder „Sie machen sich die Hände schmutzig" (beim Hufeauskratzen) –, wurden aufmerksam beobachtet und mit den unterschiedlichsten Gefühlen begleitet, kommentiert. Es ist also unwahrscheinlich, daß den Kindern, hier insbesondere den Jungen, entgangen sein sollte, daß bei Balou die Hoden fehlten. Sollte dies doch der Fall gewesen sein – es wurde nicht direkt angesprochen, und die Kinder fragten auch nicht danach –, so kann vermutet werden, daß dies nicht gesehen werden „durfte", jedoch als Konflikt bestand und verdrängt werden mußte. (Vielleicht war es „taktvoll" von den

Mädchen, daß sie dieses Thema nicht „anschnitten" – oder es war ihnen kein Bedürfnis, weil ihnen der dahinter liegende Leidensdruck fehlte?!)

Es ist zu vermuten, daß hier eine latente Kastrationsangst (vgl. Fast 1991, S. 54 ff.) eine Rolle gespielt hat. Ein männliches Wesen, dem die Hoden fehlen, ist kastriert worden. Wem so etwas angetan wurde, der muß auch etwas „Böses" getan haben – ergo: Balou ist „böse".

Im Laufe der Zeit schafften es 4 der 5 Jungen, die Zuschreibung Balous als gänzlich „böse" durch reale Erlebnisse positiver Art mit ihm zugunsten einer realistischeren Einschätzung seines Wesens und seiner Eigenheiten aufzugeben.

Nicht bearbeitet blieb der geschlechtliche Aspekt, der uns erst in der Nachbereitung und Reflexion des Projektes auffiel. Es wäre zu überlegen, inwieweit die gleiche vehemente Spaltung beim Einsatz von zwei Stuten erfolgt wäre. Und es wäre sicherlich gut gewesen, per Deutung bzw. Verbalisierung der Tatsache, daß das Pferd kastriert ist, der Angst der Jungen Beachtung und Raum zu geben.

Eine weitere Möglichkeit der geschlechtsspezifischen Nutzung des Pferdes ist es, Kinder gezielt eine positive Erfahrung mit einem weiblichen Wesen, der Stute, oder einem männlichen Wesen, dem Wallach oder Hengst, machen zu lassen. Es sind hier Erfahrungen möglich wie: das weibliche bzw. das männliche Wesen hält mich aus, trägt mich, ist von mir kontrollierbar.

Beispiel:

Ein verhaltensauffälliges 12jähriges Mädchen, das unter extremen Haßgefühlen auf die Mutter bei gleichzeitiger starker Selbstentwertung (Selbstmordversuch, selbstverletzendes Verhalten) leidet, macht im Rahmen eines Projektes beim heilpädagogischen Reiten mit. Die schlechte Beziehung zur Mutter, die weder kompetent für die Tochter noch für sich selbst sorgen kann, manifestiert sich immer wieder in defizitären Beziehungen zu weiblichen Personen und der Ablehnung des Weiblichen schlechthin. Das Mädchen ist der Stute Vicky gegenüber besonders skeptisch. Immer wieder muß sie sich vergewissern, ob Vicky sie aushält, ob sie nicht zu schwer für sie sei, ob sie Vicky bei den verschiedenen Übungen und Mutproben nicht weh täte. Im Laufe der Zeit erlebt sie durch die positive Identifikation mit der Pädagogin, daß diese und auch Vicky starke weibliche Wesen sind. Sie macht die Erfahrung, daß die Stute sie trägt, sie erträgt, sie aushält und daß sie sich, ohne Rache fürchten zu müssen, mit ihr messen darf. Daß sie fordern kann, Einfluß ausüben kann, aber auch, daß sie lernt, zu fühlen, was mit Vicky ist, d.h. auch die Schwächen der Stute, z.B. Angst oder Ungeduld aushält, ohne wieder dem ohnmächtigen Haß auf alles Weibliche zu erliegen. Das Mädchen stabilisierte sich emotional im Laufe der Zeit zunehmend, was auch durch diese Erfahrungen im heilpädagogischen Reiten unterstützt worden sein kann.

Ich halte den Einsatz einer Stute für dieses Mädchen für überaus bedeutsam. Mit einem Wallach hätte solch eine tiefgreifende Identifizierung und Annahme von Weiblichkeit bei ihr selbst nur schwer (oder vielleicht auch gar nicht) so umfassend gefördert werden können.

Das erste Beispiel läßt sich subsummieren mit latenter Kastrationsangst und der Angst vor Männlichkeit und aggressiven Gefühlen bei Jungen, insbesondere in der Pubertät.

Der gezielte Einsatz von Wallachen könnte hier eine Antwort darauf sein. Möglich wäre es auch, die Jungen mit einem Hengst zu konfrontieren, wobei dies jedoch vermutlich eher bei einer Art Anschauung bleiben müßte, da es mit dem Einsatz von Hengsten im therapeutischen Reiten m.W. bisher nur in einem Fall (Meier-Trinkler 1994) dokumentierte Erfahrungen gibt und die Realität, d.h. der in der Regel potentiell gefährlichere Umgang mit Hengsten, hier enge Grenzen setzt. Aus diesem Grund werden im therapeutischen Reiten im wesentlichen Stuten und Wallache eingesetzt.

Das zweite Beispiel läßt sich zusammenfassen mit „Entwertung von Weiblichkeit" (vgl. Fast 1991, S. 21 ff.). Der gezielte Einsatz von Stuten kann per Identifizierung und „korrigierenden" neuen Erfahrungen zu einer positiven Integration abgespaltener weiblicher Anteile führen.

Als dritte Linie bietet sich der gezielte Einsatz von männlichen Pferden im Fall einer „symbiotisch verstrickten Beziehung" (vgl. Mahler 1992) an. Diese Beziehungskonstellation ist oft bei Müttern und deren schwerstbehinderten Kindern der Fall. Gerade hier wäre es z.B. im Rahmen der Hippotherapie überlegenswert, ob der Einsatz eines männlichen Pferdes gleichsam in seiner Funktion als „Drittem" in der ausschließlichen Beziehung therapeutisch genutzt werden kann (vgl. Schon 1995).

In letzter Zeit tauchten vermehrt Bemerkungen in aktuellen Berichten zum therapeutischen Reiten auf, in denen beschrieben wird, daß Stuten, insbesondere jene, die schon Fohlen hatten, sensibler in der Arbeit seien: „Die Tatsache, daß wir bevorzugt Stuten, die bereits ein Fohlen hatten, zu Therapiezwecken einsetzen, ist kein Zufall. Unsere Erfahrungen lehren und bestätigen uns immer wieder, daß diese Pferde ein höheres Maß an Aufmerksamkeit und aktiver Mitarbeit in das Therapiegeschehen einbringen" (Breiter 1995, S. 148).

Ich halte dies für eine interessante Überlegung. Auch ich hatte schon mehrmals den Eindruck, daß dies so ist. Dennoch sollte sehr vorsichtig mit solchen Äußerungen umgegangen werden, und es ist zu hinterfragen, ob hier eine Idealisierung stattfindet, ob z.B. die Pädagoginnen selbst vor nicht zu langer Zeit Mütter geworden sind? Bekannt sind auch „Pferdeonkel", also Wallache, die überaus fürsorglich jedes Fohlen „adoptieren" und die oft eine unglaubliche Sensibilität, besonders für Kinder, zeigen.

Vieles zum Einsatz von männlichen und weiblichen Pferden im therapeutischen Reiten ist noch unklar und spekulativ, insbesondere da das

Phänomen der „Ubertragung" im psychoanalytischen Sinne es einem Klienten auch möglich macht, eine Stute mit männlichen Eigenschaften oder mit dem Vater schlechthin zu assoziieren und zu identifizieren. Mehr noch: Es müßten weitere Überlegungen zu dieser Thematik angestellt werden, da es mir durchaus plausibel erscheint, das Pferd generell mit der Mutter gleichzusetzen bzw. zu assoziieren. Sie ist die erste, die das Kind (in ihrem Leib) getragen hat und mit ihr entstand der erste (Bewegungs-)Dialog.

Dennoch halte ich es beim therapeutischen Reiten insgesamt für sinnvoll und notwendig, sich in jedem Bereich, bei jedem Klienten, Patienten oder Reitschüler speziell zu überlegen, welches Pferdegeschlecht eingesetzt wird. Dabei hängt es im wesentlichen vom Klienten, seiner individuellen Geschichte und seiner Thematik ab, wie das Geschlecht des Pferdes erlebt wird. Entscheidend ist, daß das Geschlecht des Pferdes in der Beziehungsdyade bzw. -triade eine bedeutende Rolle spielt und dementsprechend Beachtung erhält. Die Frage der Geschlechterverteilung scheint sich bei einem eng begrenzten Pferdebestand zu erübrigen. Aber auch hier – z.B. bei der Erweiterung des Pferdebestandes – wäre perspektivisch zu überlegen, ob das nächste Pferd eine Stute oder ein Wallach sein sollte, um so die Variationsmöglichkeiten zu erweitern.

Auch für die Hippotherapie sind solche theoretischen Überlegungen sinnvoll. Die Schwere der (geistigen) Behinderung eines Kindes schließt keineswegs aus, daß weiblich und männlich (z.B. am Tonfall des Namens des Pferdes, also ob das Pferd z.B. Attila oder Laura heißt, und auch an Wesensspezifischem) als unterschiedlich erlebt werden. Gerade da die Versorgung Schwerstbehinderter fast ausschließlich von weiblichen Personen getätigt wird, könnte die Einführung eines Dritten, der männlichen Welt zugehörigen, bedeutsam sein.

2.2.3 Heilpädagogische Einzelarbeit

Anbahnung

Familie K. kam zu mir - unverabredet - auf den Reiterhof, wo ich heilpädagogisches Reiten anbiete. Vater, Mutter, der körperbehinderte 5-jährige Sohn und die 3-jährige nichtbehinderte Tochter begrüßten mich freudig. Etwas vorwurfsvoll meinte der Vater: „Wir dachten, Sie fangen früher an ... na ja, so haben wir uns schon mal ein bißchen umschauen können ...". Ich hatte noch Zeit vor der nächsten Stunde, und so ließ ich mich zu einem Gespräch verführen, weil die Familie nun schon einmal da war. Sie seien so begierig, das Pferd zu sehen, mit dem ich die Einzelarbeit mache, und daran interessiert, Näheres zu meiner Arbeit zu erfahren. Dies sagten sie, tatsächlich aber ergab sich dann – ich war nicht in der Lage, die freundlichen und mitteilsamen Eltern zu stoppen – ein fast einstündiges Gespräch, quasi „zwischen Tür und Angel", über die Schwierigkeiten ihres behinderten Sohnes und ihre großen Hoffnungen auf das heilpädagogische Reiten und – „natürlich" unbezahlt. Die Eltern erzählten sympathisch und offen, versäumten es aber auch nicht, mehrfach zu erwähnen, von wem ich ihnen empfohlen worden war und wie begeistert der Arzt und die Frühförderin von mir gesprochen hätten.

Diese Szene stammt aus meiner Anfangszeit im heilpädagogischen Reiten, in der ich zwar sehr wohl Vorstellungen davon hatte, wie ein geeigneter Einstieg in eine Fördermaßnahme aussehen sollte, jedoch zu Konzessionen eher bereit war, um erst einmal überhaupt Klienten für meine Arbeit zu bekommen.

Tatsächlich handelte es sich jedoch um den denkbar schlechtesten Einstieg, den meine Arbeit haben konnte. Die Familie, insbesondere der engagierte Vater, hatte bei mir rasch eine Schwachstelle eruiert, und ich ließ mich heillos verstricken. Ich bemerkte nicht, daß ich einer narzißtischen Verführung (die perfekte Pädagogin) erlag, und konnte auch im Rahmen meiner Reflexion nicht entdecken, daß sich noch vor dem offiziellen Erstkontakt alles das szenisch andeutete, was sich dann im Rahmen der Fördermaßnahme hochdramatisch darstellte. Um es vorwegzunehmen: Es kam zu einem Maßnahmenabbruch seitens der Mutter, die mir verschlüsselt vorwarf, ich hätte mit ihrem Mann „gemeinsame" Sache gemacht. Um die Förderung des behinderten Sohnes, der große Fortschritte gemacht hatte, ging es längst nicht mehr. Es blieb schließlich sogar eine nicht unerhebliche Rechnung offen. Die Eltern weigerten sich konsequent, die von mir geleistete Arbeit zu bezahlen. Massive Entwertung und Verleumdungen seitens der Mutter beendeten diese mißlungene Fördermaßnahme.

Wie konnte es dazu kommen?

Ohne es zu bemerken, war ich in die Konflikte des Ehepaares verwickelt worden. Da ich mich auf eine separate Zusammenarbeit mit dem Vater und seinem Sohn eingelassen hatte, konnten die Fortschritte des Kindes einerseits nicht von der Mutter anerkannt werden und andererseits fühlte sich die Mutter aus unserem „Arrangement" ausgeschlossen. Sie erlebte die Maßnahme als Angelegenheit meinerseits „mit ihrem Mann"; auf eine merkwürdige Weise hatte sie damit gar nicht unrecht. Mir machte die Zusammenarbeit tatsächlich viel Spaß, da nicht nur der Sohn binnen kurzer Zeit große Erfolge erzielte, sondern weil ich auch das Gefühl hatte, daß der Vater diese Entwicklung unterstützte und trug. Genau dieses Vorwärtskommen des Kindes (ohne die Mutter) war aber der Mutter nicht recht. Sie benötigte offensichtlich das von ihr abhängige Kind dringend zur eigenen Stabilisierung. Sie konnte sich nicht froh darüber sein, daß der schwer gehbehinderte kleine Sohn sich an der aktiven Fortbewegung im Rollstuhl freute, den der Vater dem Kind (gegen den Willen der Mutter) endlich besorgt hatte (vgl. zur Identitätsentwicklung behinderter Kinder Simone Korff-Sausse 1997). Sie mußte verbissen daran festhalten, daß eine besondere Fördermethode den Rollstuhl als Mittel der Passivität ächtete; ferner mußte sie auf eine permanente, in den Alltag integrierte Förderung des Kindes durch sie selbst bestehen. All dieses war im nachhinein aus der Begegnungsszene zwischen der Familie und mir auf dem Reiterhof ablesbar.

Aus diesen Erfahrungen heraus wurde für mich zukünftig die Einhaltung eines klar strukturierten Erstkontaktes zu einem unverzichtbaren Bestandteil meiner Arbeit. Inzwischen verfahre ich in diesem Punkt konsequent und lasse mich auf keine Ausnahmen ein. Sollten diese dann doch einmal gewährt werden, so sind sie für mich Betrachtungsgegenstand meiner Reflexion, um zu versuchen, das Anliegen der Eltern oder der Institution zu verstehen und um meine eigene emotionale Beteiligung zu erkennen und zu überdenken. Gerade im Rahmen der Entscheidungsfindung, ob ich mit der betreffenden Familie eine Zusammenarbeit aufnehmen kann und möchte, ist dies unabdingbar.

Der bewußte Umgang mit meinen Gegenübertragungsreaktionen, die sich z.B. durch Voreingenommenheit, Ärger, Ängste, Antipathie, Ungeduld, Sympathie u.a. zeigen können, ist ein wichtiger Bestandteil der eigenen Beziehungsfähigkeit. Sie kann im günstigsten Fall ermöglichen, Beziehungsfallen und Verzerrungen zu erkennen, um mit Distanz und Anteilnahme sowohl „in" der Beziehung als auch „außerhalb" von ihr bleiben zu können. Die persönliche Abgrenzungsfähigkeit ist eine wichtige Voraussetzung, um den Eltern ihre Widersprüche und Ambivalenzen bewußt machen zu können. Die Abgrenzungsfähigkeit ist das Pendant zur Empathie.

Gerade in der Anfangsphase der Beziehungen zeigen sich oft mögliche Fallen und Tendenzen. Sie wirken sich durch widersprüchliche Botschaften, manipulatives Verhalten, durch Verzerrungen und Verwirrungen im Kontakt aus und beeinträchtigen die Kommunikation. Sich diesem Geschehen aussetzen zu können und gleichzeitig den Verwirrungen standzuhalten, ermöglicht einen Einblick in die Dynamik der Familie. In der Arbeit mit dem Kind entstehen oft Veränderungen und Entwicklungen schneller als im Gespräch mit den Eltern. Ein Grund hierfür ist sicher, daß die Arbeit mit dem Kind wesentlich intensiver ist. Daher ist es entscheidend, die Bedeutung der Zusammenarbeit mit den Eltern nicht zu unterschätzen oder zu vernachlässigen. Es geht darum, sie die Beziehung des Kindes zur Pädagogin auch für sich selbst als Unterstützung und nicht als Bedrohung und Konkurrenz erleben zu lassen. Die Zusammenarbeit soll ihnen vermitteln, daß das Beziehungsangebot nicht darin besteht, ihnen die Pädagogin als eine bessere Mutter zu zeigen. Vielmehr sollte gemeinsam versucht werden, Verkrampfungen und Verzerrungen zu lösen und Formen zu finden, die Entwicklungen und Grenzüberschreitungen ermöglichen.

In der Regel erfolgt eine *Kontaktaufnahme* durch interessierte Eltern (meist Mütter) oder auch durch vermittelnde Institutionen wie Frühförderstellen, Kindergärten, Schulen, Ärzte oder andere Einrichtungen. Der erste Kontakt zu den Klienten ist immer ein *Telefongespräch*: Ich erkundige mich nach den genaueren Umständen der Anfrage und biete einen *Termin für eine Erstvorstellung* an.

Ein Beispiel:

Am Telefon bittet mich Frau Schneider um eine Erstvorstellung und Beratung für ihren 3-jährigen Sohn Peter. Sie suche eine Möglichkeit für heilpädagogisches Reiten für ihren hyperaktiven Sohn, der Down-Syndrom habe. Nachdem wir einen Termin vereinbart haben, bittet mich die Mutter darum, auch die 5-jährige Tochter mitbringen zu können - dies sei eine Hilfe für Peter, und außerdem wolle ihre Tochter unbedingt mit. Trotz meiner Ablehnung dieser Bitte bleibt es bei dem vereinbarten Termin.

Zum Termin erscheint die Mutter 15 Minuten zu früh. Aus dem Augenwinkel nehme ich wahr, daß Peter sich alles genau anschaut und sehr interessiert scheint.

Als die Stunde beginnt, schlägt Peters Stimmung um. Am Pferd und an mir scheint er nicht interessiert zu sein, es stört ihn, daß die Mutter mit mir spricht, und er beginnt, unruhig zu werden, und schreit. Nach 10 Minuten anhaltenden Schreiens biete ich der Mutter an, sich mit Peter auf die Stute Vicky zu setzen. Peter gestikuliert, schreit und wirkt auf mich getrieben und hektisch. In dem Moment, als die Mutter mit Peter am Aufsteigplatz auf Vicky aufsitzt, verändert er sich. Als wir in der 25 Meter entfernten Reithalle ankommen, schaut Peter ruhig, interessiert und hellwach um sich. Nach 10 Minuten im Schritt verlangt er von sich aus nach einer anderen Position (er saß der Mutter auf der Hüfte). Peter kuschelt sich mit dem Gesicht zum Bauch der Mutter ganz eng an diese. Nach kurzer Zeit ist er eingeschlafen und liegt ganz entspannt in embryonaler Haltung an Mutters Bauch gekuschelt. Die Mutter wirkt auf mich mit ihrem Sohn am Bauch wie „schwanger". Auch die Mutter wird ganz ruhig. Nach einigen Minuten wird sie nervös und beginnt, ihn aufzuwecken. Ich frage sie, warum sie dies macht. Sie antwortet: „Er ist so ruhig ..."

Ich bin immer bemüht, den Zeitraum zwischen der ersten Kontaktaufnahme und der Erstvorstellung bzw. dem Beginn der Maßnahme so kurz wie möglich zu halten.

Nach der Erstvorstellung informiere ich die Eltern darüber, daß sie innerhalb von zwei Wochen ein *schriftliches Gutachten* erhalten, in dem ich möglichst konkret darlege, was m. E. mit heilpädagogischem Reiten bei ihrem Kind gefördert werden kann. Dies schließt auch eine *Beratung* für andere Formen des therapeutischen Reitens ein sowie eine Adressenvermittlung. Sollte aus meiner Sicht eine Zusammenarbeit mit mir angezeigt sein, so beschreibe ich den Eltern auch konkret die Bedingungen (Zeitaufwand und -rahmen, Elterngespräche etc.), unter denen heilpädagogisches Reiten bei mir stattfinden kann. Wenn sich die Eltern dann für eine Zusammenarbeit entscheiden, erstelle ich einen *Förderplan*, in dem für den Kostenträger – Krankenkasse oder Sozialamt – nachvollziehbar wird, warum diese Maßnahme angezeigt ist. Je nach individueller Situation erfolgt dann die Beantragung der Maßnahme bei der Krankenkasse und/oder dem örtlichen Sozialhilfeträger. Ist die Kostenfrage geregelt (oft gehen Eltern auch in Vorleistung, bis eine Entscheidung durch den Kostenträger vorliegt), werden der Zeitraum und die Termine der Maßnahme festgelegt. Dies erfolgt mittels schriftlichem Vertrag.

Gutachten

Nach der Erstvorstellung erstelle ich ein 2 bis maximal 4 Seiten umfassendes schriftliches Gutachten. Um dieses zu formulieren, werden in der vorangegangenen Reflexion die Fragen nach der Indikation und der Ausgangshypothese sowie der Prognose im individuellen Fall vorläufig bestimmt. Darüber hinaus werden mit dem Gutachten das Arbeitsbündnis und die Arbeitsvereinbarung sowie eine eventuelle Vermittlung anderer Hilfen für den Klienten in schriftlicher Form festgehalten.

Durch meine Reflexion der ersten Begegnung mit dem Kind, über das ich vor der Erstvorstellung nur einige wenige mündliche Informationen von den Eltern habe, versuche ich, mir mit Hilfe des dann vorliegenden Elternfragebogens sowie ergänzender schriftlicher Dokumente (Untersuchungsergebnisse z.B. von sozialpädiatrischen Zentren, therapeutischen Fachkräften etc.) ein Bild von den Schwierigkeiten des Kindes zu machen. Hieraus resultiert dann in einem zweiten Schritt die Entscheidung, ob und wie das heilpädagogische Reiten mit welcher Zielsetzung, zeitlicher und inhaltlicher Prognose dem Kind bei der Bewältigung seiner Probleme dienlich sein könnte. Im Gutachten wird auch auf andere Formen des therapeutischen Reitens (Hippotherapie, Reiten als Sport für Behinderte) sowie Kontaktadressen, sofern ich der Meinung bin, daß andere Maßnahmen angezeigt sind, hingewiesen. Gleiches gilt auch für den Fall, daß ich zu dem Schluß komme, die vorliegende Problematik des Kindes und/oder der Familie bedürfe einer dringenden und intensiven Unterstützung und Hilfe. Üblicherweise empfehle ich dann eine Kontaktadresse für analytische Kinder und Jugendlichen–Psychotherapie.

Das Gutachten erfüllt darüber hinaus die Aufgabe, für die Eltern schriftlich die Bedingungen für eine Zusammenarbeit zu dokumentieren (Attest, Zeitrahmen, Elterngespräche, Kosten, Stundenausfallregelung u.a.).

Nachdem die Eltern sich auf das Gutachten hin für eine Aufnahme der Zusammenarbeit entschieden haben, wird von mir ein Förderplan für den zukünftigen Kostenträger (Krankenkasse oder örtliches Sozialamt) erstellt und ein schriftlicher Vertrag mit den verbindlichen Terminen vorgelegt. Nach der Unterzeichnung beginnt mit dem ersten Elterngespräch die Zusammenarbeit.

Das nachfolgende Beispiel dokumentiert ein individuelles Gutachten, welches ich für die Eltern des im zweiten Fallbeispiel „Männer pinkeln aus dem Penis und Frauen aus dem Popo" beschriebenen körperbehinderten Kindes „Tim" erstellte.

Ich schrieb, daß ich der Ansicht sei, das heilpädagogische Reiten in meinem Sinne könne für Tim förderlich sein. Dies beträfe insbesondere:

- die Bewegungskomponente der Reitbewegungen (Lockerung, Koordination, Gleichgewichtsschulung)
- die psychische Komponente des mühelosen Fortbewegens (im Gegensatz zu Tims Einschränkungen und Anstrengungen, verursacht durch seine Hemiparese)
- die psycho–emotionalen Auswirkungen der Einflußnahme auf das starke Tier und die Grenzerfahrungen durch das Wahrnehmen des Tieres als eigenständigem Subjekt und der Erfahrungen in der Beziehung zur Pädagogin

Weiter führte ich aus, daß Tim alle Voraussetzungen mitbringe, die es ihm ermöglichten, das Reiten als Sport für sich zu erlernen. Er sei intelligent, zielstrebig, habe eine rasche Auffassungsgabe und könne seine Behinderung gut kompensieren.

Ich sei der Meinung, daß das heilpädagogische Reiten, und dies bedeute im weitesten Sinne der Umgang mit dem Pferd in einem entsprechenden Rahmen, von Tim zur Bearbeitung seiner Beziehungskonflikte genutzt werden könne.

Tim könne beim heilpädagogischen Reiten nicht nur die Freude an dem mühelosen Fortbewegen erleben, sondern er würde über das Pferd und durch mich mit seiner Behinderung konfrontiert. Das Pferd sei nicht bereit, Kompromisse einzugehen: Wenn Tim etwas von ihm wolle, müsse er sich ihm gegenüber verständlich machen und durchsetzen, oder er würde mit dem Mißlingen der Durchsetzung seiner Interessen direkt in Berührung kommen. Diese Erfahrungen könnten starke Gefühle von Wut, Schmerz und Trauer auslösen.

Tim würde vielfältige Grenzen erfahren, und er müsse lernen, sie auszuhalten und sie zu akzeptieren. Am Tag der Erstvorstellung habe dies sich z.B. darin gezeigt, daß er anfänglich nicht bereit war, mich trotz mehrmaliger Aufforderung zu siezen. Er habe vielmehr erklärt, daß er alle Erwachsenen (Krankengymnastin, Lehrerin etc.) duze, er mache dies generell so. Erst als ich ihm klargemacht hätte, daß wir dann mit dem Reiten *sofort* aufhören würden, habe er mich gesiezt. Dies zeige, daß Tim bereit sei,

Grenzen anzuerkennen, und die Konsequenzen für sein Handeln zu übernehmen und zur Einschätzung von Nutzen und Schaden seines Verhaltens durchaus in der Lage sei. Grenzerfahrungen würde er darüber hinaus aber auch direkt durch das Pferd machen.

Tim würde beim heilpädagogischen Reiten verstärkt seine Gefühle wahrnehmen lernen. Dies beträfe insbesondere Gefühle von Hilflosigkeit, Ohnmacht und Unsicherheiten, die er m.E. zu verbergen versuche, indem er scheinbar dominant oder bestimmend/fordernd auftrete. Tim würde auch direkt mit seinen aggressiven Anteilen und Verhaltensweisen in Berührung kommen und im Umgang mit dem Pferd neue Lösungswege für sein Verhalten erarbeiten können. Tim hätte in einem unglaublichen Tempo vieles aufgegriffen und erlernt, wofür andere Kinder lange Zeit brauchten. Er könne das Pferd vom Boden und vom Pferderücken aus fast sofort lenken, alleine anhalten (durchparieren) und alleine antreiben (zum Losgehen veranlassen). Tim habe damit ein sehr hohes Niveau von Koordinationsfähigkeit physischer und psychischer Art gezeigt.

Problematisch erschiene mir dies allerdings dahingehend, daß er auf mich den Eindruck machte, „*er*" müsse die neue, ungewohnte und auch beängstigende Situation im Griff haben, gleichsam komplett die „Zügel in die Hand nehmen". Da es ihm aber auch viel Spaß gemacht habe, sei ich der Meinung, daß Tim genug Motivation mitbringe, um auch die „Durststrecken" einer eventuellen gemeinsamen Arbeit duchzustehen.

Abschließend benannte ich noch einmal deutlich, daß ich die physischen und bewegungstherapeutischen Aspekte bei Tim als willkommene Nebeneffekte erachtete, daß die Arbeit mit Tims psycho–emotionalen Problemen jedoch im Mittelpunkt stünde.

Sollte es zu einer Zusammenarbeit kommen, müßten die Eltern damit rechnen, daß es erst einmal noch zu einer Verstärkung von Tims problematischen Verhaltensweisen kommen könnte.

Im nachfolgenden beschrieb ich den Ablauf einer möglichen Arbeit mit Tim sowie die Bedingungen, die ich hierfür stellte bezüglich Zeitraum, Elterngesprächen mit beiden Elternteilen, Attest der Kinderärztin, Kleidung etc.

In der darauf folgenden Woche rief mich die Mutter an und bat um einen möglichst baldigen Beginn.

Rahmenbedingungen

Der Begriff „Setting" beinhaltet, daß eine klare Absprache betreffs Regeln und inhaltlicher Vereinbarungen getroffen wird. In der Regel wird dieser Begriff für die therapeutische und heilpädagogische Arbeit verwandt.

Das Setting meiner Arbeit mit Pferden ist ausschlaggebend für das fördernde Milieu, welches Kinder für ihre Entwicklungs- und Wachstumsprozesse benötigen. Ich gehe von sieben Schwerpunkten aus, die durch ihr Ineinanderwirken heilpädagogische Prozesse ermöglichen.

- *Die Verläßlichkeit:* Alle Beteiligten haben klare Daten zu den Terminen und den Uhrzeiten, an welchen das Reiten stattfindet. Der Ort, das Pferd, die strukturellen Vorgaben und die beteiligten Personen sind immer dieselben. Dieser Halt durch die bestehende Verläßlichkeit ist ein wesentliches Element, damit die Kinder Vertrauen fassen können und den eigenen Wert erleben.
- *Das Pferd und seine Ausrüstung:* Die eingesetzten Pferde sind von ihrem Wesen, ihren Bewegungen, ihrer Größe und anderen Faktoren her individuell auszuwählen. Nach Möglichkeit ist dann ein Pferdewechsel zu vermeiden. Im Falle der Krankheit des Pferdes ist zu überlegen, ob dieser Fakt in den heilpädagogischen Prozeß fördernd eingebunden werden kann oder ob im begründeten Fall ein „Ersatzpferd" herangezogen werden sollte. Der Einsatz eines weiblichen oder eines männlichen Pferdes ist reflektiert vorzunehmen. Das Pferd ist in der Regel mit Trense und geeigneten Hilfszügeln (Ausbinder, Wiener-Zügel etc.) sowie Therapiegurt ausgerüstet. Die Hilfszügel veranlassen das Pferd dazu, den Kopf in einer solchen Höhe zu tragen, daß sich der Rücken optimal entspannen und der Reiter bequem auf dem Pferderücken sitzen kann. Der Therapiegurt ist ein mit stabilen Haltegriffen versehener Ledergurt, der um den Bauch des Pferdes geschnallt wird und so dem Reiter einen sicheren Halt gibt. Der Therapiegurt hat dem Reiten mit Sattel gegenüber den Vorteil, daß der Reiter direkt auf dem Pferderücken sitzt und so Wärme und die Bewegungen intensiver erfahren kann. Darüber hinaus ist es so möglich, daß auch spezielle spielerische Bewegungsübungen auf dem Pferd gemacht werden können, was bei dem Einsatz eines Sattels nur sehr eingeschränkt möglich wäre.
- *Der Hof:* Die Gestaltung und die Ausstattung des Ortes sind für die Grundstimmung des Kindes und auch für den Erfolg der Arbeit bedeutend. Dies betrifft die Haltungsbedingungen der Pferde ebenso wie die offene Atmosphäre des Anwesens und seiner Umgebung (weitläufige Koppeln, Wald, Reithallen u.a.). Eine positive Grundhaltung des Besitzers des Reiterhofes gegenüber dem heilpädagogischen Reiten ist eine nicht zu unterschätzende Voraussetzung für die Arbeit.
- *Das Team:* In der Regel arbeite ich in der Einzelarbeit mit dem Klienten alleine. Sollte es aufgrund der Bedingungen (z.B. der Behinderung) des Klienten notwendig sein, eine weitere Person einzuführen, so ist dies in der Regel eine pädagogische Mitarbeiterin mit fundierter reiterlicher Kompetenz. Eine mögliche Abweichung hiervon ist die Einbeziehung eines Elternteiles des Klienten im Rahmen einer Frühfördermaßnahme oder wenn andere zwingende Gründe für eine (befristete) Einbeziehung sprechen. Die Heilpädagogin und die pädago-

gische Mitarbeiterin verfassen nach jedem Termin jeweils ein Protokoll (zum Verlauf der Stunde, zu einzelnen Szenen und zu psychomotorischen Aspekten).

- *Die Elternarbeit*: Die Zusammenarbeit mit den Eltern wird durch ein alle 4 Wochen stattfindendes Elterngespräch mit beiden Elternteilen begleitend zum heilpädagogischen Reiten des Kindes durchgeführt. Ausnahmeregelungen sind im begründeten und reflektierten Einzelfall möglich. Die Verweigerung kontinuierlicher Zusammenarbeit in Form der Elterngespräche führt in aller Regel dazu, daß die Maßnahme nicht begonnen wird.
- *Die Reflexion*: Die Arbeit ist begleitet von regelmäßigen Nachreflexionen einzelner Szenen aus den Stunden, die ich selbst und meine eventuelle Mitarbeiterin beobachten und erleben. Die Reflexionen finden im Rahmen von Supervision statt. Gegenstand der Analyse sind vor allem die eigenen Empfindungen während der Arbeit mit dem Kind und die vorliegenden Protokolle. Sie bilden zusammen mit den Elterngesprächen das Ausgangsmaterial für die weitere Planung. Mein Konzept geht davon aus, daß eine möglichst umfassende Planung sinnvoll ist, diese jedoch durch das aktuelle Geschehen vor Ort nur mit Intuition und Flexibilität umgesetzt werden kann.
- *Die Struktur:* Die Struktur der Stunden wird individuell entwickelt. Rituale im Rahmen der Begrüßung und Verabschiedung haben hier ebenso ihren Stellenwert wie vorgegebene und offene Arbeitsphasen, d.h. immer wiederkehrende Abläufe einerseits und Phasen, in denen das Kind seine Themen aus sich heraus darstellen kann, andererseits. Der Stellenwert des Erlernens des Reitens und des pflegerischen und spielerischen Umgangs mit dem Pferd ist individuell zu gewichten.

Die Entwicklung von Zielen ist eine unverzichtbare Arbeitsgrundlage und dient neben der Klärung des Arbeitsgegenstandes mit dem Auftraggeber, d.h. hier in der Regel den Eltern, zur Reflexion und Kontrolle von Ge- oder Mißlingen der Arbeit. Dies bedingt, daß es sich beim heilpädagogischen Reiten immer um eine befristete Maßnahme handelt, deren Fortführung von dem Erreichen oder Nichterreichen der Ziele abhängig ist.

Zusammenarbeit mit den Eltern

Die Zusammenarbeit mit den Eltern in Form von regelmäßigen Elterngesprächen ist sowohl ein wesentlicher als auch ein sehr „störanfälliger" Bestandteil der Arbeit. Durch die Abhängigkeit des Kindes von seinen Eltern erhält die Zusammenarbeit mit ihnen ihre große Bedeutung. Als Hauptbetreuer des kindlichen Entwicklungsprozesses sind sie im heilpädagogischen Reiten wichtige „Mit-Wirkende", beteiligt am Fortschritt, an den Erschwernissen und in extremen Fällen auch am Mißlingen der Arbeit.

Mit der Einwilligung zu den Elterngesprächen entscheidet sich die Familie, das Problem (z.B. die Verhaltensstörungen, die Behinderung, die

Beeinträchtigungen des Kindes) nicht nur isoliert als dessen Schwierigkeit zu definieren. Sie zeigt damit, zumindest vorerst, ihre Bereitschaft, auch die eigenen Empfindungen und das eigene Verhalten mit ins Gespräch zu bringen. Wichtig ist die Teilnahme von beiden Elternteilen, um einer möglichen Koalition bzw. Verbündung gegen den anderen Elternteil von vornherein vorbeugend entgegenzuwirken.

Im Anliegen, die Eltern für die Mitarbeit zu gewinnen und für eine aktive Teilnahme zu motivieren, sind entsprechend wichtige Grundlagen und Mitbedingungen enthalten, welche die heilpädagogische Arbeit ermöglichen, unterstützen und fördern können. Sind diese Voraussetzungen nur unzureichend gewährleistet, kann die Arbeit entsprechend erschwert oder sogar unmöglich werden.

In der Zusammenarbeit mit den Eltern liegt einerseits eine wichtige Quelle zu einem umfassenden Verständnis für das Kind; die Eltern sind aber als wichtige mittragende Bezugspersonen mit ihren eigenen Gefühlen an diesem Erkenntnis- und Veränderungsprozeß auch selber beteiligt. Oft brauchen auch sie Verständnis und Hilfe, damit sie die Entwicklung ihres Kindes zulassen und fördern können. Wie schwer diese Kombination herzustellen ist, zeigt die vergleichsweise hohe Abbruchrate generell bei Therapien oder heilpädagogischen Fördermaßnahmen mit Kindern (bis zu 50 Prozent, vgl. Petri und Thieme 1978) und anderen abhängigen Klienten (vgl. Diez Grieser 1996).

In ihrer Arbeit über den psychoanalytischen Ansatz bei geistiger Behinderung schreibt Simone Korff-Sausse (1997), daß mit der Existenz eines behinderten Kindes die narzißtischen Wünsche der Eltern verletzt würden. Nach ihrer Ansicht wird das behinderte Kind von einer doppelten Wunde gequält. Dies seien einerseits die Frustrationen, die von der Behinderung hervorgerufen werden, und andererseits müsse es zudem den Schmerz einer symbolischen Wunde ertragen, die es dem elterlichen Narzißmus zugefügt habe. Das behinderte Kind müsse sich deshalb nicht nur mit seiner Behinderung konfrontieren, sondern auch mit dem Schmerz, den es in seinen Eltern und in den Augen anderer auslöse. Zu den häufig vorfindbaren emotionalen Reaktionen (keineswegs nur der Eltern) zählt sie den „unaussprechlichen und unzulässigen Todeswunsch" (Korff-Sausse 1997, S. 61). Diese Sicht ermöglicht es, einen Zugang zu den oft verzweifelten Versuchen der Verleugnung der Behinderung von dem betroffenen Kind und seinen Eltern zu bekommen. „Es ist schwierig, eine Balance zwischen dem Wunsch nach Verleugnung der Behinderung und der Anerkennung des Bedürfnisses nach Illusion, das jeder hat, zu finden. Man oszilliert auf der einen Seite zwischen dem Risiko, die Illusion der „Normalität" zu festigen, und auf der anderen Seite dem Anspruch, die notwendige Hoffnung nicht zu zerstören. Es gibt Eltern und behinderte Kinder selbst, die gegen jeden und alles kämpfen, was bei den Professionellen Unmut hervorruft, da sie es nicht mögen, angezweifelt, widersprochen oder bekämpft zu werden. Illusion und Desillusion sind gleichermaßen notwendige Schritte. Für den zwanghaften Abwehrmechanismus des Vermeidens der psychischen Restrukturierung und der Konfrontation mit der schmerzhaften Realität der Behinderung muß ein hoher Preis gezahlt werden" (Korff-Sausse 1997, S. 66 f.).

Auf der Ebene der realen Zusammenarbeit mit Eltern ist es wesentlich, ob Eltern unterschreiben, daß sie bereit sind, regelmäßig an Elterngesprächen alle drei oder vier Wochen teilzunehmen. Wie oft kommt es zu Konflikten, wenn ein Kind nur zwecks Symptomkorrektur zur Förderung abgegeben wird, wie häufig passiert es, daß ausgerechnet dann, wenn sich wirklich eine Entwicklung bzw. Veränderung beim Kind abzeichnet, die Eltern diese Maßnahme abbrechen (müssen). Solche Prozesse sind durch einen Vertrag zwar nicht zu verhindern, aber er dient nicht zuletzt neben einer wichtigen Strukturierungshilfe auch als Schutz bzgl. der Planbarkeit und der Finanzierung im Rahmen freiberuflicher Tätigkeit. Wenn die Eltern sich z.B. aus psychodynamischen Gründen zu einem Abbruch entscheiden, muß dennoch die Maßnahme wie vereinbart bezahlt werden. Dies ist ein nicht unwesentlicher Aspekt für alle Beteiligten.

Die Familien, die ein behindertes Kind betreuen, erbringen eine bedeutsame gesellschaftliche Leistung, die von der Gesellschaft mehr oder weniger stillschweigend erwartet und gelegentlich auch gelobt, aber in ihrer Bedeutung kaum angemessen gewürdigt wird. Wie gut die Familien dieser Aufgabe gewachsen sind, hängt von vielen persönlichen, sozialen und materiellen Faktoren ab, die den Prozeß der Auseinandersetzung und Bewältigung bestimmen.

Auftrag, Erwartungen und Wünsche der Eltern

In der Kommunikation mit den Eltern oder den Institutionen, die um eine Einzelarbeit mit einem Klienten nachsuchen, ist es mir ein Anliegen, von den Betreffenden möglichst klar zu erfahren, was sie sich vom heilpädagogischen Reiten erwarten und erhoffen. Sicher ist dies oft nicht als Gegenstand des Gespräches behandelbar, vieles bleibt unausgesprochen, aber manches ist dann doch „zwischen den Zeilen" zu erspüren.

Für mich bedeutet dies, daß sowohl meine Methode möglichst transparent sein muß als daß auch die Ziele der Zusammenarbeit mit dem Klienten formuliert werden müssen. Wichtig ist es, daß bei den Eltern keine übertriebenen Hoffnungen geweckt werden dürfen. Je schwerer eine Behinderung ausgeprägt ist, desto kleiner ist in der Regel der Spielraum für Verbesserungen durch Therapie und Förderung. Hans-Georg Schlack führt hierzu aus: „Das gilt für alle ‚auf dem Markt' befindlichen Methoden und ist auch durch Steigerung von Umfang und Intensität des Therapieprogrammes nicht zu ändern. Diese Grenze zu akzeptieren ist schwer – für die

Eltern ganz besonders, aber auch für die Fachleute, die doch helfen und dabei auch erfolgreich sein wollen" (Schlack 1997, S. 18).

Die für die spätere Zusammenarbeit relevanten Themen sollten im Vorgespräch deutlich werden. Inhalte der Stunden, Elterngespräche, Bringen und Holen des Kindes, Dauer der Stunden und Dauer des Prozesses, Kosten und Abrechnungsrhythmen, dies alles bedarf der Klärung.

Erst nachdem die Beweggründe der Eltern, die sie zur ersten Kontaktaufnahme geführt haben, ihre Einstellungen zu den Problemen des Kindes, ihre Vorstellungen und Einstellungen zu einer möglichen Förderung klar geworden sind, teile ich ihnen meine Eindrücke und Ansichten mit.

Um eine Übertherapierung und damit auch Überforderung des Kindes möglichst auszuschließen, versuche ich, vor der Maßnahme zu erfahren, welche Förderungen das Kind zusätzlich regelmäßig erhielt und erhält. Therapieshopping, große Enttäuschungen über vorausgegangene „mißlungene" Maßnahmen oder eine hohe Unzufriedenheit mit dem Kind können so deutlich werden und dann in das Elterngespräch einfließen.

Gleichzeitig sichert das zu erbringende ärztliche Attest ab, daß heilpädagogisches Reiten nicht gegen die Bedenken eines Arztes durchgeführt wird und daß eine notwendige therapeutische Versorgung sichergestellt ist. Dies bedeutet: heilpädagogisches Reiten stellt nicht die Erstversorgung eines behinderten, von Behinderung bedrohten oder entwicklungsverzögerten Kindes dar. Im Einzelfall ist es eine geeignete Maßnahme zur Förderung des Kindes und kann in Kombination mit der Elternarbeit zu einer positiven Entwicklung führen. Eine Behinderung „heilen", eine Entwicklungsverzögerung „auflösen" und alle Probleme aus der Welt schaffen, das kann heilpädagogisches Reiten ebensowenig wie alle anderen Fördermaßnahmen.

Immer wieder zeigt sich, daß es schwierig wird, wenn der Klient, z.B. das Kind, persönliches Wachstum durch das heilpädagogische Reiten erlebt und dies dann für die Familie bedrohlich wird. Dies kann z.B. der Fall sein, wenn das Kind bisher das „schwarze Schaf" war und nun versucht, aus dieser Sündenbockrolle herauszukommen. Oder es zeigt sich, daß die Behinderung des Kindes für die Eltern oder einen Elternteil eine wichtige, stabilisierende Funktion hatte und mit der Entwicklung des Kindes das Gleichgewicht der Familie zu schwanken beginnt.

Manchmal kommt es bei solchen Maßnahmen zu einem Abbruch, manchmal kann dies im Rahmen der Elternarbeit angesprochen und intensiver als vorher möglich zum Gegenstand des Gespräches gemacht werden. Dies kann dann im Einzelfall dazu führen, daß die Familie Familientherapie oder ein Elternteil psychotherapeutische oder beratende Unterstützung für sich sucht. Manchmal muß auch erkannt werden, daß die zur Verfügung stehenden Mittel nicht ausreichen, daß man an Grenzen stößt, wo weitere Hilfe erforderlich ist, zum Beispiel durch die Empfehlung einer Psychotherapie.

Die Entscheidung seitens eines potentiellen Klienten (in diesem Fall sind dies stets die Eltern!) nach einer Erstvorstellung, die Zusammenarbeit abzulehnen, ist ebenso möglich, wie es geschehen kann, daß auch ich nach sorgfältiger Reflexion und Überprüfung meiner Gedanken und Gefühle zu der Einsicht komme, daß ich nicht mit dem betreffenden Kind und seinen Eltern arbeiten möchte oder kann. So kann es zum Beispiel der Fall sein, daß die mir zur Verfügung stehenden Pferde für einen betreffenden Klienten nicht die geeigneten Voraussetzungen mitbringen, der Klient in einer anderen Form des therapeutischen Reitens besser aufgehoben wäre oder auch meine emotionalen Fähigkeiten die Zusammenarbeit mit einem Klienten nicht zulassen. Weiter ist es jedesmal wichtig, abzuklären, inwieweit ich bei den gegebenen, manchmal auch weniger günstigen Bedingungen und Voraussetzungen eine Förderung verantworten kann, und mit welchem Angebot ich dies unter den gegebenen Umständen tun könnte.

Ablauf der heilpädagogischen Förderung

Das heilpädagogische Reiten dauert in den meisten Fällen ein Jahr bei einer Stunde pro Woche. Vor der Aufnahme des heilpädagogischen Reitens sowie nach je 4 Stunden und am Ende der Maßnahme findet ein Elterngespräch statt. Nach je 15 Stunden berate ich gemeinsam mit dem Kind und seinen Eltern, ob eine Fortführung sinnvoll und möglich sei. Nach einer zweiten Verlängerung setze ich in der Regel das Ende fest. Manchmal gibt das Kind nach 10 Stunden den Eltern eine Vorführung dessen, was es bis dahin reiterlich gelernt hat.

Die Maßnahme wird zumeist entweder vom örtlichen Sozialamt im Rahmen der Eingliederungshilfe oder von der Krankenkasse finanziell übernommen. Bis zur Klärung der Kostenübernahme müssen die Eltern in Vorleistung gehen.

Eine typische Stunde gliedert sich in:

- Begrüßung
- ggf. selbständiges Aufsteigen
- in der Halle auf dem Pferd im Schritt geführt werden (Lockerungsphase)
- leichte Anforderungen im freien Reiten
- Arbeit an der Longe, Sitz und Tempo
- Übungen auf dem Pferd
- das Kind kann sich zum Ausklang der Stunde etwas wünschen
- Absitzen und Verabschiedung

Die ersten Stunden finden ausschließlich in der Reithalle statt. Danach nutzen wir je nach reiterlichen Voraussetzungen und Wetter auch den Außenreitplatz und die Umgebung, z.B. Wiesen, Koppel mit Apfelbäumen, Schwemme, d.h. Wasserbecken, in das das Kind mit dem Pferd bis zum Bauch ins Wasser hineinreiten kann etc.

Die inhaltlichen Schwerpunkte bzw. das Motto der Arbeit sind: Reiten und Sprechen.

2.2.4 Zusammenarbeit mit Institutionen

Die Zusammenarbeit mit Institutionen ist ein etwas anderes Arbeits- und Beziehungsfeld als die Arbeit mit Familien. Hier stellen Pädagoginnen aus den Institutionen und Heilpädagogin -- neben den Eltern – dem Klienten gegenüber den Dritten bzw. Fremden dar. Sie sind dem familiären Feld in gleicher Weise fern, jedoch unterschiedlich in der Verantwortung und der jeweiligen Nähe zum Klienten. Das Arbeitsbündnis mit der einzelnen Lehrkraft ist nicht nur ein individuelles (wie etwa das der Mutter). Es ist ein in die professionellen Beziehungen innerhalb der Institution eingebundenes und damit ungleich komplexeres Verhältnis.

Dies hat eine ganze Reihe von Konsequenzen, und zwar für das Setting, das mit der Institution bzw. einer einzelnen Fachkraft gewählt wird. Es hat aber auch Bedeutung für den heilpädagogischen Prozeß. Während es bei dem Setting darauf ankommt, zu einer Arbeitsvereinbarung zu kommen, die neben einer Verläßlichkeit auch die Autonomie der heilpädagogischen Entscheidungen garantiert, geht es bei dem heilpädagogischen Prozeß um für den Klienten überschaubar definierte Beziehungsverhältnisse, in denen für ihn, aber auch für die Pädagogin eine sichere Begegnung möglich ist.

Dazu zunächst ein Ausschnitt aus dem Protokoll eines Kurses mit Kindern einer Schule für Erziehungshilfe:

„Nach der Pferdepflege in den zwei Arbeitsgruppen sollen bei einem Pferdespaziergang mit der gesamten Gruppe alle Kinder die Stuten Laura und Alana führen und auf beiden in Schritt und/oder Trab geführt werden. Max meutert – er will „alleine", quengelt und meckert so lange, bis ich ihn schließlich im Schritt gewähren lasse. Dann beginnt er, mit mir zu diskutieren, daß er unbedingt „ganz alleine wenigstens traben" wolle. Ich will mich nicht auf dieses Wagnis einlassen, erläutere ihm die Gründe und teile ihm meine Einschätzung zu seinen derzeitigen reiterlichen Fähigkeiten mit. Er ist darüber beleidigt, quengelt weiter und weint schließlich. Die anderen Kinder mischen sich ein und fordern von mir in merkwürdiger Einigkeit, daß Max zeigen solle, was er könne. Ich fühle, daß sie Max als „Großmaul" und als heimlichen Gruppenboß damit herausfordern wollen. Je mehr Max weint, desto mehr fühle ich mich kleinherzig und willige schließlich ein, daß er auf einem leicht bergauf führenden Hohlweg alleine auf Alana traben darf. Zur Sicherheit soll Laura geführt vorneweg traben. Alana trabt erst langsam hinter Laura her, und Max hält sich recht gut. Dann wird Alana schneller, und Max fällt doch herunter. Wir beruhigen Max, ich untersuche ihn. Die anderen Kinder verhalten sich ungewöhnlich

disziplinert und zeigen keinerlei Häme. Nach einiger Zeit steigt Max weinend wieder auf. Ich führe ihn auf Alana abseits von den anderen.
Ich: ‚Bin ich froh, daß Dir nichts Schlimmes passiert ist.'
Max: ‚Wirklich?'
Ich: ‚Ja, wie meinst Du das?'
Max: ‚Ich dachte, Sie freuen sich darüber, wie die anderen.'
Ich: ‚Nein, und die anderen Kinder freuen sich auch nicht. Die sind ganz doll erschrocken.'
Max: ‚Wirklich?'
Ich: ‚Ja!'
- Pause -
Max: ‚Hätte ich tot sein können?'
Ich: ‚Mmh, unter Umständen ja.'
Max ‚Wenn ich tot gewesen wäre, wäre dann der Reitkurs abgebrochen worden?' (Max grinst bei dieser Frage)
Ich: ‚Ich glaube ja. Aber weißt Du, trotz aller Sicherheitsvorkehrungen kann beim Reiten immer ein Unfall passieren.'
Max ‚So wie mit den Autos?'
Ich: ‚Ja, so ist das Leben.'
Danach gingen wir wieder zur Gruppe zurück. Max konnte sich bedauern lassen und nahm spöttische Bemerkungen der anderen Jungen souverän hin. Beim Abschied nimmt er meinen Arm und macht ‚Brennessel'. Dies geht so schnell, daß ich nur schmerzhaft aufschreien kann. Die anderen Kinder sitzen schon im Bus und winken mir bei dieser Aktion von Max fröhlich lachend zu."

Im Gegensatz zur heilpädagogischen Einzelarbeit ist es für die Pädagogin notwendig, sich mit jedem einzelnen Kind und dem Pferd in die Dimension eines Beziehungsdreieckes zu begeben sowie in eine Beziehung zur Gruppe einzutreten. Durch die wechselnden Beziehungen innerhalb der Gruppenmitglieder, durch die dynamischen Koalitionen, Verbündungen, Ausstoßungstendenzen und Inszenierungen, durch Phänomene wie Außenseiter in der Gruppe, Untergruppen, Paarbildungen, Rivalitäten, Konkurrenzverhalten etc. droht in der Arbeit mit der Gruppe so etwas wie ein „Gefühlschaos". In dieses Geflecht von Beziehungen gehören diejenigen, welche die Kinder untereinander und jeweils zur Pädagogin entwickeln, die Beziehungen zwischen den einzelnen Kindern und der Gruppe insgesamt und die Beziehungen, welche die gesamte Gruppe zur Pädagogin entwickelt.

Die Arbeit mit Gruppen im Rahmen des heilpädagogischen Reitens beinhaltet die Möglichkeit und auch Notwendigkeit, mehr als ein Pferd in der Arbeit einzusetzen. Je nach dem vereinbarten Schwerpunkt der Arbeit, der Zusammensetzung der Gruppe des Kurses etc. liegt dies nicht nur nahe, sondern kann auch Arbeitsgegenstand sein. Wenn eine solche Vereinbarung stattgefunden hat, z.B. daß der Aspekt der Pflege und Versorgung stark im Vordergrund stehen soll, ist es unsinnig, in einer Gruppe mit 8 Kindern mit nur einem Pferd zu arbeiten. Konkurrenz, Neid, Ohnmacht etc. werden sich im heilpädagogischen Reiten dann in der Regel nur so abbilden und wiederholen können, wie dies im normalen Alltag der Kinder auch der Fall ist. So ist es im Beispiel der Achtergruppe sinnvoll, in Zweierteams zu arbeiten, d.h. daß je zwei Kinder und ein Pferd kontinuierlich ein Team bilden.

Der Einsatz mehrerer Pferde bedingt aber, daß entsprechend viele im Umgang mit Pferden kompetente Betreuungspersonen in das Team eingebunden sein müssen. Manchmal können dies die Lehrer sein, manchmal ist es aber auch sinnvoll, daß diese außerhalb in einer mehr beobachtenden Position stehen können. Erweitert sich das Team, verändert sich auch die Arbeit und die „Zusammenführung" dessen, was sich beim Reiten mit dem einzelnen, mit der Gruppe, in bestimmten Szenen etc. ergeben hat, und wird aufwendiger und vielschichtiger. Die große Chance besteht darin, daß sich die Kinder einzelnen zuordnen können, damit aber auch spezifischen Konflikten (weiter hartnäckig) aus dem Wege gehen können. Als günstig hat sich der Einsatz von zwei Pferden in Gruppen bis zu maximal 8 Personen bewährt. Eine spezifische Gruppenzuordnung zu den Pferden und gleichzeitig auch Gruppenteilung ist machbar, einzelne Beziehungen der Kinder untereinander können so gezielt bearbeitet werden. Der nahe (oft notwendige, versorgende) Kontakt zur Leitung und Co-Leitung ist noch überschaubar und gegeben. Er erlaubt es den Lehrern, in eine beobachtende Position zu gehen, was eine große Chance für Pädagogen sein kann.

In allen Gruppenmaßnahmen ist eine Mischung aus Gruppen- und Einzelarbeit meines Erachtens sinnvoll. Die „Dreiecksbeziehung" zum Kind und „seinem" Pferd kann so aufgetankt werden, und es entsteht eine Bindung, die Konflikte in der Gruppe erträglich und aushaltbar werden läßt. Je nach dem inhaltlichen Schwerpunkt können dann die Beziehungen der Kinder untereinander, die Förderung der einzelnen oder die Arbeit mit Kleingruppen in den Fokus genommen werden.

Erstkontakt und weiteres Vorgehen

Meine Erfahrungen beziehen sich auf Schulen (für Erziehungshilfe und eine Schule für Blinde und Sehgeschädigte), Kindertageseinrichtungen und Wohnheime für Behinderte. Im weiteren Verlauf beziehe ich mich auf die Arbeit mit den Schulen, die auch den größten Anteil an der Arbeit mit Institutionen hatten.

In der Regel erfolgt eine telefonische Kontaktaufnahme durch einen Vertreter der interessierten Institution. Bei diesem Telefongespräch erkundige ich mich nach dem Interesse des Lehrers/der Lehrerin, und wir vereinbaren einen ersten Gesprächstermin.

Nach dem Telefonat erhält die Einrichtung, gerichtet an den Leiter/die Leiterin der Institution, ein Bestätigungsschreiben für den Gesprächstermin sowie einen detaillierten Fragebogen. In diesem Fragebogen geht es darum, für wen, mit welcher Zielsetzung, auf der Basis welchen Interesses oder welcher Konflikte das heilpädagogische Reiten zur Durchführung kommen soll.

In einem ersten Gespräch, bei dem in der Regel neben dem Lehrer/der Lehrerin auch die weiteren Bezugspersonen der Gruppe (Erzieherinnen, Referendar/innen etc.) teilnehmen, versuchen wir eine detaillierte Zielsetzung der Maßnahme zu erstellen. Diese ist unterteilt in die Ziele für die Gruppe, den einzelnen und die Interessen der Lehrpersonen. In diesem ersten Gespräch wird es dann auch absehbar, ob beide Parteien eine Zusammenarbeit wünschen oder nicht. Meist verabreden wir einen zweiten Gesprächstermin, bei dem die Einzelheiten der geplanten Maßnahme, insbesondere die Schwerpunkte des Kurses, vereinbart und geplant werden.

Mit der Arbeit kann dann im jeweils nächsten Schulhalbjahr begonnen werden, vorausgesetzt, es ist möglich, einen gemeinsamen freien Termin zu finden.

Rahmenbedingungen

Das Setting der Arbeit mit Pferden ist ausschlaggebend für das fördernde Milieu, welches die Kinder für ihre Entwicklungs- und Wachstumsprozesse benötigen. Ich gehe von sechs Schwerpunkten aus, die durch ihr Ineinanderwirken diese Prozesse in der Arbeit mit Gruppen ermöglichen.

- *Die Verläßlichkeit:* Alle Beteiligten haben klare Daten zu den Terminen und den Uhrzeiten, an welchen das Reiten stattfindet. Der Ort, die Pferde, die strukturellen Vorgaben und die beteiligten Personen sind immer dieselben. Für die Kinder, für die Trennungen, Bezugspersonenwechsel, undurchsichtige Situationen und ohnmächtige Positionen (Ausgeliefertsein, keine Einflußmöglichkeit) traumatische Qualitäten haben – was sowohl für die Klientel der Schulen für Erziehungshilfe als auch der Schule für Blinde und Sehgeschädigte zutrifft -, ist dieser Halt durch die bestehende Verläßlichkeit ein wesentliches Element, um Vertrauen fassen zu können und den eigenen Wert zu erleben.
- *Die Pferde:* Je nach dem Schwerpunkt des vereinbarten Kurses kommen zwischen einem und maximal 4 Pferde unterschiedlicher Farben, Gangqualitäten und unterschiedlichen Geschlechts zum Einsatz. Alle eingesetzten Pferde haben den für diese Arbeit notwendigen Ausbildungsstand und ergänzen sich von ihren Bewegungs- und Wesensqualitäten her.
- *Der Hof:* Die Gestaltung und die Ausstattung des Ortes sind für die Grundstimmung der Kinder und auch für den Erfolg der Arbeit bedeutend. Dies betrifft die Haltungsbedingungen der Pferde ebenso wie

die offene Atmosphäre des Anwesens und seiner Umgebung (weitläufige Koppeln, Wald, Reithallen u.a.). Natur, andere Tiere und „erwachsenenfreie" Zonen (im Falle der Schulen für Erziehungshilfe) sind notwendig, damit die Kinder eigene Interessen spüren und Erkundungen nachgehen können. Deshalb sind in den Kursen auch Phasen der Entspannung, der Umwelterkundung, des informellen Kontaktes zu Personen auf dem Hof, der Beschäftigung mit anderen Tieren, des Rückzuges und der Kontemplation vorgesehen. Die positive Grundhaltung des Besitzers des Reiterhofes gegenüber dem heilpädagogischen Reiten ist eine nicht zu unterschätzende Voraussetzung für das Gelingen der Arbeit.

- *Das Team:* Das Team besteht (bei Schulen) aus einem Lehrer und eventuell einem Referendar oder einer Erzieherin der Schule sowie der Heilpädagogin mit fundierter reiterlicher Kompetenz und Ausbildung und einer pädagogischen Mitarbeiterin (Studentin mit reiterlicher Kompetenz). Um einer Rollenverwirrung vorzubeugen, liegt die Verantwortlichkeit und Entscheidung, was beim Reiten geschieht, ausschließlich in meiner Hand in meist enger verbaler und nonverbaler Abstimmung mit der pädagogischen Mitarbeiterin. Lehrer und Referendar bzw. Erzieherin sind vorwiegend in der beobachtenden Position und haben flankierende Aufgaben zur Gewährleistung des Rahmens, wie z.B. die Kinder zu betreuen, die sich dem Geschehen auf dem Reitplatz entziehen, oder bei sehr heftigen Konflikten am Rande zu intervenieren. Beim Einsatz von 3 bzw. 4 Pferden sind geeignete, reiterlich kompetente Betreuungspersonen mit einzubeziehen. Ich selbst und die pädagogische Mitarbeiterin verfassen nach jedem Termin jeweils ein umfangreiches Protokoll (zu Verlauf, einzelnen Szenen und psychomotorischen Aspekten).
- *Die Reflexion*: Die Arbeit ist begleitet von regelmäßigen Nachreflexionen einzelner Szenen der Vormittage auf dem Reiterhof, die das Team beobachtet und erlebt hat. Die Reflexionen finden in Form einer kollegialen Supervision im dreiwöchentlichen Rhythmus à 3 Stunden statt. Gegenstand der Analyse sind vor allem die eigenen Empfindungen während der Arbeit mit den Kindern und die vorliegenden Protokolle. Sie bilden zusammen mit Vorinformationen aus dem Schulalltag das Ausgangsmaterial für die Planung der weiteren Termine. Die Planung liegt in der Hand des gesamten Teams und beinhaltet spezielle Angebote für einzelne oder die ganze Gruppe. Mein Konzept geht, wie erwähnt, davon aus, daß eine möglichst umfassende Planung sinnvoll ist, diese jedoch durch das aktuelle Geschehen vor Ort variabel gehandhabt werden muß.
- *Die Struktur:* Im individuellen Fall kann es günstig sein, die Arbeit in einen Vor- und einen Hauptkurs zu unterteilen. Dies hat den Vorteil, daß die Kinder im Vorkurs erste Erfahrungen mit Pferden sammeln

können und das Team eine individuelle Planung für den Hauptkurs leichter erstellen kann. Die Alternative hierzu ist, sich einen inhaltlichen Schwerpunkt zu setzen.

Am Ende des Kurses bietet es sich an, eine Vorführung vor geladenen Gästen, ein Reiterspiel z.B. in Form einer Reiter-Rallye oder einen anderen Abschlußpunkt zu setzen, die im Sinne eines „Arbeitsbündnisses" (vgl. Trescher 1993, S. 184) ein mit den Kindern vereinbartes Ziel des Kurses darstellt.

Wenn es nicht ausdrücklich anders vereinbart ist, gliedert sich jeder der Termine in Begrüßung, Großgruppenarbeit, Kleingruppenarbeit und/oder Einzelarbeit, Pause, Einzel- oder Gruppenarbeit, Mutproben, Pferdeversorgung und Verabschiedung.

Die Entwicklung von Grobzielen sowie individueller Feinziele ist eine unverzichtbare Arbeitsgrundlage und dient neben der Klärung des Arbeitsgegenstandes mit dem Auftraggeber zur Reflexion und Kontrolle von Ge- oder Mißlingen der Arbeit im Team.

Die nachfolgenden Grundelemente fließen in jede Kursarbeit ein, bekommen jedoch je nach vereinbartem Schwerpunkt des Kurses unterschiedliche Bedeutung.

Bereiche	**Grobziele**
Pferdepflege	– Beziehungsaufnahme – Versorgen – Verantwortung übernehmen – Erwerb von Fähigkeiten
Getragenwerden vom Pferd	– Ausgehalten werden/Halt spüren – Elementare Bewegungserfahrungen und Bewegungsdialog
Anfänge vom Reitenlernen	– Einfluß haben – Macht und Kontrolle ausüben – Selbstkontrolle empfinden – Koordination erhöhen
Einzel- und Gruppenübungen	– Selbstwahrnehmung intensivieren – Förderung von Bewegungsfähigkeiten
Kleingruppenarbeit	– Förderung von Konfliktfähigkeit – Erbringen einer gemeinsamen Leistung – Erkennen der eigenen Fähigkeiten und die der anderen
Mutproben	– Neues wagen – Grenzen überschreiten oder wahren

Zusammenarbeit mit Lehrern

In der Regel wenden sich Institutionen aus unterschiedlichen Motivationen dem heilpädagogischen Reiten zu. Es kann zum Beispiel sein, daß der Lehrer

- selbst gute Erfahrungen mit Pferden und dem Reiten hat und sich eine förderliche Wirkung für seine Klasse erhofft
- Positives über das heilpädagogische Reiten von Kollegen gehört hat und sich erhofft, daß auch seine Klasse davon profitieren kann
- verschiedene pädagogisch-therapeutische Angebote als Hilfe für die Gruppe mit mäßigem oder schlechtem Erfolg ausprobiert hat und sich vom heilpädagogischen Reiten die ersehnten Auswirkungen auf einzelne und die Gruppe erhofft
- von der Institution, z.B. dem Leiter der Einrichtung, aufgefordert oder angewiesen wurde, heilpädagogisches Reiten durchzuführen, obwohl er sich vom „Reiten" nichts erhofft und die Maßnahme eigentlich auch für überflüssig hält

Dieser Katalog von Ausgangssituationen wirkt sich auf die Kommunikation zwischen der Pädagogin und dem Lehrer aus, und das Gelingen einer Maßnahme hängt in der Regel davon ab, ob es möglichst frühzeitig zu einer deutlichen und direkten Kommunikation bzw. Klärung dieser Motive kommt. Dabei ist es nicht unbedingt hinderlich, wenn Zweifel am Erfolg der Maßnahme oder auch die negative Einstellung des Lehrers z.B. zu Tieren generell zum Thema werden. Wichtig jedoch ist es, daß die jeweiligen Grundhaltungen im Gespräch bewußt werden. Erst dann können überzogene oder heimliche Erwartungen oder verdeckte Konkurrenzgefühle ins Gespräch kommen und damit den Weg für eine Zusammenarbeit frei machen.

Selten ist es der Fall, daß das Thema „Pferd" von der Klasse aus zum bedeutungsvollen Thema und vom Lehrer aufgegriffen wird. In solchen Fällen ist die Motivation aller Beteiligten außerordentlich hoch.

In der Zusammenarbeit mit den Lehrern ist es wesentlich, zu einer Verständigung zu kommen. Dies hört sich einfach an, ist es jedoch in der Praxis ganz und gar nicht.

Nach meinen Erfahrungen überwiegt selbst bei besonders engagierten Lehrern, die sehr um ein Verständnis der Kinder bemüht sind, der „Lehrauftrag" der Schule, der ein Verstehen der Kinder und ihres Verhaltens zumindest hemmt. Dieses primär am Intellektuellen orientierte birgt in sich ein gewisses Konfliktpotential in der Zusammenarbeit. Der Lehrer trifft im heilpädagogischen Reiten auf eine Heilpädagogin, deren Wachstumsbegriff sich von dem eben genannten stark unterscheidet.

Hinzu kommt noch die Individualität des Lehrers, die Wertschätzung, die er dem heilpädagogischen Reiten, seinen Methoden und Grundannahmen entgegenbringen kann.

Nicht unerwähnt darf in diesem Zusammenhang bleiben, daß die Vorerfahrungen des Lehrers mit Pferden und dem Reiten das Vorgehen einerseits vereinfachen und oft auch gerade initiieren können. Andererseits schwelt jedoch auch ein Konfliktpotential, welches das möglicherweise konkurrierende Verhältnis noch sehr verschärfen kann.

Lehrer sind es oft nicht gewohnt, im Beisein anderer Kollegen zu unterrichten, so daß die sehr offene Situation im heilpädagogischen Reiten von den Lehrerkollegen unterschiedlich genutzt werden kann oder auch zur Verunsicherung beiträgt.

Die Ebene der Konkurrenz muß notwendigerweise in den Teamsupervisionen bearbeitet werden. Dem Lehrer muß es erfahrbar sein, daß ich nicht die „bessere Lehrerin" bin oder sein will, sondern daß wir nur *gemeinsam* eine Vertiefung des Verständnisses für den einzelnen oder die Gruppenprozesse erreichen können.

Eine offene und ehrliche Mitteilung über das Geschehen außerhalb des heilpädagogischen Reitens ist notwendig, um Situationen mit den Kindern auf dem Reiterhof verstehen und einordnen zu können. Findet eine solche kurze und präzise Kommunikation z.B. telefonisch am Vorabend der Maßnahme oder während die Kinder die Pferde putzen und satteln nicht statt, kann es geschehen, daß sich Konflikte lediglich verschärfen oder wiederholen, statt daß sie einer Bearbeitung zugänglich gemacht werden können.

In der Zusammenarbeit mit dem Lehrer entscheidet es sich, ob das heilpädagogische Reiten eine externe, isolierte Maßnahme ist, die vielleicht nur dazu dient, zu beweisen, wie offen die Institution ist (Schlagwort: außerschulischer Lernort), oder ob es wirklich zu einer Verknüpfung und Vertiefung des Verständnisses für die Kinder und die Gruppe kommt.

Im Zusammenhang mit dem emotionalen Erleben im Beziehungsdreieck sei am Rande hinzugefügt, daß der Umgang des Lehrers mit der Pädagogin und umgekehrt auch eine stellvertretende Funktion für die Kinder im Sinne einer Vorbildfunktion bekommen kann.

Ferner sei nur angedeutet, daß es nicht unerheblich ist, ob Pädagogin und Mitarbeiterin und Lehrer und Referendar oder Pädagogin und Mitarbeiterin und Lehrerin und Erzieherin im heilpädagogischen Reiten aufeinandertreffen. Günstig für alle Gruppenmaßnahmen, unabhängig ob Schule oder heilpädagogisches Reiten, wären gemischtgeschlechtlich geleitete Gruppen.

Auftrag der Institution

Eine Institution könnte man im Sinne des Übertragungsgeschehens zwischen Klienten und Mitarbeitern als eine Gruppe von Menschen verstehen, die sich unter dem Aspekt einer bestimmten sinnvollen Arbeit, aber auch zur Abwehr gemeinsamer unbewußter Ängste verbündet. Stavros Mentzos hat sich eingehend mit den persönlichen und institutionellen Problemen von Angst und Abwehr befaßt. Institutionen bieten seiner Auffassung nach eine hervorragende Möglichkeit, sich kollektiv Problemen gegenüber zu verbünden, die für die meisten Mitarbeiter von besonderer Brisanz sind:

> „Mit Hilfe sich gegenseitig verstärkender Identifikationen und durch die gemeinsame Fixierung und Gleichschaltung in bezug auf bestimmte äußere Verhaltensmuster, innere Einstellungen und Wertschätzungen (und zwar im Gegensatz oder in Abgrenzung zur Einstellung anderer Gruppen) gelingt es hier, eine Stabilität des Identitäts- und Selbstwertgefühls zu erreichen sowie eine Selbstdefinition herzustellen" (Mentzos 1988, S. 91).

Dieser dysfunktionale Aspekt von Institutionen ist deshalb hier in den Vordergrund gestellt, weil in der Zusammenarbeit mit Institutionsmitarbeitern sich die Irritationen auf das Verhältnis zu mir abbilden. Als Nicht-Insiderin besitze ich nicht die notwendigen Informationen, um die sich aus den innerinstitutionellen Beziehungen ergebenden unbewußten und bewußten Konflikte ins Kalkül zu ziehen. Noch kann ich als Pädagogin in dem „Spiel" der Institution mitwirken, dem der Klient jedoch ausgeliefert ist. Dadurch kann im Vergleich mit der Einzelfallarbeit eine weitaus komplexere und unverständlichere Beziehungssituation mit weitaus höheren Anteilen von Ohnmachtsgefühlen entstehen.

Institutionen sind nicht nur komplexe soziale Gebilde (vgl. Lapassade 1972). Der Auftrag der Institution Schule kann den Interessen und Zielen des Lehrers auch völlig entgegenlaufen (vgl. hierzu Fürstenau 1979 und Büttner/Finger-Trescher 1991). So ist es z.B. möglich, daß die Institution aus Darstellungsgründen bzw. in gemeinsamer unbewußter Abwehr von Insuffizienzgefühlen „auch" ein heilpädagogisches Angebot nach außen hin vorweisen will, ohne daß Veränderungen erwünscht sind. Oder es ist möglich, daß die Institution sich offen oder verdeckt, z.B. durch Sabotage, gegen das Engagement eines einzelnen Lehrers stellt und das heilpädagogische Reiten als „Hoppe–hoppe auf dem Pferd" verächtlich herunterspielt. Weiter ist es denkbar, daß nur der erfolgreiche, starke Lehrer Mittel im internen Finanzenverteilungskampf für eine solche Maßnahme erhält und dann auch dementsprechend „stark" etwas Vorzeigbares durch eine solche Maßnahme erzielen will.

Oder – und dies habe ich mehrfach erlebt – das heilpädagogische Reiten wird von der Institution als persönliche Allüre eines einzelnen Lehrers geduldet oder als Verlängerung des Sportunterrichtes angesehen und damit in seiner Bedeutung nivelliert. Für den Lehrer hingegen kann es existentiell sein, mit Hilfe dieser Maßnahme neue Wege im Umgang mit den Schülern, der Gruppe und vielleicht auch dem eigenen Weiterleben als Lehrer zu finden.

Je mehr interne Macht- und Kompetenzkämpfe in einer Einrichtung ausgetragen werden, desto problematischer ist es, eine konstruktive Form der Zusammenarbeit mit einer Einrichtung zu finden. Fatalerweise ist es seitens einer Einrichtung manchmal gar nicht erwünscht, daß sich Problemlagen verändern oder daß Kinder in andere Einrichtungen kommen, die für sie vielleicht geeigneter wären. Dies ist zum Beispiel der Fall, wenn ein Kind der Schule für Erziehungshilfe so stark psychisch erkrankt ist, daß eine gefahrlose Unterbringung für sich und andere Personen in der Einrichtung nicht mehr garantiert werden kann und eine Einweisung in eine Kinder- und Jugendpsychiatrie fachlich notwendig wäre. Dieses würde im Endeffekt zu einem finanziellen „Verlust" für die Einrichtung werden, die dadurch nicht nur einen Platz mehr frei hätte, sondern der vielleicht auch Förderzuschüsse für intensive Betreuungsformen gestrichen würden.

3. Heilpädagogische Praxis

3.1 Einzelarbeit

Die nachfolgenden drei Beispiele aus der Einzelarbeit mit Klienten sollen anschaulich machen, wie die individuelle Arbeitsweise und Förderung aussehen kann.

Das Fallbeispiel *„Und wenn er dann losläßt?"* stellt eine Frühfördermaßnahme dar. Hierbei wird gezeigt, wie das Pferd in der Unterstützung von Ablösungs- und Individuationsbestrebungen in der Mutter-Kind-Beziehung fördernd eingesetzt werden kann. Die Behinderungen der Kinder, die diesem Schwerpunkt zuzuordnen sind, waren mannigfaltig: körperbehinderte Kinder gab es ebenso wie entwicklungsverzögerte Kinder und geistig behinderte. Auffallend war der Anteil der frühgeborenen Kinder.

Im Fallbeispiel *„Männer pinkeln aus dem Penis und Frauen aus dem Popo"* wird das Pferd in seiner Funktion zur Überprüfung der Realität und zur Förderung der ICH-Entwicklung dargestellt. Dabei wird aufgezeigt, warum sich das Pferd so besonders gut dazu eignet, Grenzen zu erfahren und zu integrieren, und wie damit im Rahmen des heilpädagogischen Reitens als intermediärem Raum die ICH-Entwicklung gefördert werden kann. Das Beispiel illustriert auch, wie ein fördernder bzw. in diesem Falle „unkonventioneller Dialog" (Leber) aussehen kann. Hier lag der Schwerpunkt in meiner bisherigen Arbeit eindeutig bei den körperbehinderten und den sogenannten verhaltensauffälligen Kindern.

Das Fallbeispiel *„Nicht SIE sollen treiben"* versucht aufzuzeigen, wie durch den Einsatz des Pferdes in symbiotisch verstrickten Beziehungen Individuationsbestrebungen aufgegriffen werden und der Versuch der Förderung unternommen wird. Bei diesem Schwerpunkt basieren meine Erfahrungen im wesentlichen auf der Förderung von schwer mehrfachbehinderten und geistig behinderten Erwachsenen.

3.1.1 Benjamin: „Und wenn er dann losläßt?"

Nach einem Telefonat kam es zu einem Erstkontakt mit Benjamin und seinen Eltern. Benjamin war zu diesem Zeitpunkt 2;10 Jahre alt.

Die Eltern erhofften sich durch das heilpädagogische Reiten:

- Verbesserung des Gleichgewichtssinnes bzw. allgemeine Verbesserung der Motorik
- positive Erfahrungen durch den Kontakt zum Pferd
- Verbesserung der emotionalen Erlebensfähigkeit ihres Sohnes

Nach Aussage der Eltern verliefen sowohl die Schwangerschaft als auch die Geburt komplikationslos. Direkt nach der Geburt wurden umfangreiche Untersuchungen aufgrund der offenkundigen Behinderung Benjamins notwendig. Die Mutter sagte, daß sie, sofort als Benjamin auf der Welt war, wußte, daß „etwas" nicht stimme. Es wurde ein angeborener komplexer Herzfehler und eine Hemiplegie (vgl. Vogel 1987, S. 80 ff.) rechts festgestellt. Nach einer Operation, die Benjamin im Alter von einem Monat über sich ergehen lassen mußte, wurden ferner ausgedehnte zerebrale Embolien mit statusartigem Krampfanfall festgestellt. Im Laufe von Benjamins weiterer Entwicklung wurde eine allgemeine psychomotorische

Retardierung diagnostiziert. Durch all diese Umstände konnte Benjamin zum großen Bedauern der Mutter nicht gestillt werden.

Zum Zeitpunkt der Erstvorstellung konnte Benjamin nicht krabbeln oder laufen, bewegte sich nur auf dem Bauch robbend vorwärts und konnte sein rechtes Bein sowie seinen rechten Arm nur sehr eingeschränkt bewegen. Er sprach nur wenige Worte (Mama, Papa und einige wenige eigene Wortschöpfungen). In den letzten Monaten hatte er zwei Krampfanfälle gehabt, so daß eine Suche nach einer für ihn geeigneten medikamentösen „Einstellung" weiterging. Benjamin bekam wöchentlich Krankengymnastik nach Bobath[2], in Abständen noch zusätzliche Intensivförderung nach einer ungarischen Methode (Petö[3]), erhielt wöchentlich pädagogische Frühförderung und wurde von seinen Eltern regelmäßig zur Schwimmtherapie begleitet. Auf meine Nachfrage, warum die Eltern denn noch eine weitere Maßnahme zum jetzigen Zeitpunkt „dranhängen" wollten, äußerten diese, daß sie einerseits nichts an Förderung versäumen wollten und andererseits die Petö-Methode das „Reiten" so sehr empfehle.

Aus diesem Grund war es mir sehr wichtig, den Eltern in der schriftlichen Einschätzung (Gutachten) darzulegen, daß das heilpädagogische Reiten, wie ich es praktiziere, mehr als ein „bißchen auf dem Pferd bewegt werden" ist, welche Mitarbeit ihrerseits für eine Förderung notwendig ist und in welche Richtung dies gehen kann.

In dem Gutachten stellte ich zwei denkbare Varianten für Benjamin im therapeutischen Reiten dar : die Hippotherapie, d.h. eine krankengymnastische Behandlung auf dem Pferd, oder das heilpädagogische Reiten unter besonderer Berücksichtigung des Beziehungsaspektes. Als Ziele für das heilpädagogische Reiten nannte ich:

- psychomotorische Förderung durch das „Reiten" zur Unterstützung von Benjamins aktiven Fortbewegungsimpulsen

---

[2] *Bobath-Therapie* ist eine spezielle krankengymnastische Methode, die von dem Ehepaar *B. und K. Bobath* entwickelt wurde und in den letzten 20 Jahren zunehmende Verbreitung fand. Diese krankengymnastische Methode basiert auf bestimmten Übungsbehandlungen, um die negativen Auswirkungen eines geschädigten Zentralnervensystems auf die Motorik so gering wie möglich zu halten.

[3] Die von dem ungarischen Arzt *Andras Petö* (1893–1967) entwickelte *Konduktive Förderung* verbindet Erkenntnisse aus Neurophysiologie, Neuropsychologie, Physio- und Ergotherapie, Logo- und Motopädie, Heil- und Sonder-, Vorschul-, Grundschul- und Sozialpädagogik. Dies hat zur Konsequenz, daß das zerebral geschädigte Kind im Kontext seiner Altersgruppe bzw. nach dem Stand seiner Entwicklung Therapiemaßnahmen durchläuft, die mit erzieherischen und bildenden Inhalten vollzogen werden. Der Therapieplan wird nach Abstimmung mit dem Neuropädiater von *Konduktorinnen* als umfassender Entwicklungs-, Erziehungs- und Lernprozeß organisiert und in enger Zusammenarbeit mit den Müttern durchgeführt. Kritiker warnen vor einer komplett durchorganisierten 24–Stunden–Förderung für das Kind durch sehr stark nur am Erfolg der Förderung ausgerichtete Eltern.

Unterstützung der Verarbeitung von Benjamins postnataler Traumatisierung durch alternative Erfahrungsmöglichkeiten mit dem Pferd und Beziehungsangebote der Pädagogin

Der Erstkontakt

Während des Erstkontaktes war Benjamin zwar am Pferd interessiert, es schien ihm aber auch wichtig, Mutter und Vater „zusammenzuhalten". Er rief beide Namen – Mama und Papa – abwechselnd immer wieder, während er mit der Mutter gemeinsam auf dem Pferd saß und der Vater einen Meter vor den beiden herging. Ich fühlte mich aus diesem Arrangement ausgeschlossen. Durch Benjamins permanentes Rufen war keine Kontaktaufnahme von mir zu ihm oder zu seinen Eltern möglich. Benjamin ließ sich lustvoll von den Bewegungen des Pferdes schaukeln und reagierte erst nach einiger Zeit auf eine Frage von mir. Nachdem ich das Pferd angehalten hatte, fragte ich ihn: „Möchtest du weiterreiten?", und er antwortete: „Ja". Ich sagte ihm, daß er dazu „hoppa" sagen müsse. Während die Mutter mir noch erklärte, daß er nur wenige Wörter spreche und meine Erklärung intellektuell bestimmt nicht verstanden habe und daher auch nicht umsetzen könne, sagte Benjamin „hoppa". Daraufhin ließ ich das Pferd vorwärts gehen. Benjamin freute sich deutlich und lachte. Die Mutter war sehr irritiert. In der Folge zog sich der Vater immer mehr aus dem Geschehen heraus und verließ die Reithalle.

Benjamin reagierte noch weitere Male konkret auf Fragen und Aufforderungen (Festhalten des Zügels mit der behinderten Hand etc.) und zog sich gegen Ende der Stunde wieder sehr eng „in die Mutter zurück". Mit permanentem „Mama–Mama?" schloß er jede weitere Kommunikation aus. Ich hatte das Gefühl, daß es genug für ihn war.

Der Förderbeginn

Nach 7 Monaten (!) meldete sich die Mutter mit der Bitte, nun mit dem therapeutischen Reiten zu beginnen. Wir vereinbarten eine zeitlich begrenzte Maßnahme von zunächst 8 Stunden mit der Option, dann eventuell zu einem späteren Zeitpunkt hieran anzuknüpfen. Von diesen 8 Stunden fanden letztlich 5 Stunden statt. 2 Stunden mußte ich wegen einer Erkrankung meinerseits absagen, eine Stunde fiel wegen einer Erkrankung Benjamins aus.

Einen Tag vor der ersten Stunde rief mich die Mutter zweimal kurz hintereinander an, um sich nochmals wegen des Termins, der Uhrzeit und des Ortes zu vergewissern, obwohl ihr alle Informationen schriftlich vorlagen. In dem zweiten Telefonat fragte mich die Mutter völlig aufgelöst, ob es denn überhaupt einen Sinn habe, mit nur 8 Stunden anzufangen – ob denn nicht nur eine langfristige Maßnahme wirklich etwas bewirken könne. Ich stellte ihr ein Gespräch zur Klärung dieser Frage in der ersten Stunde in Aussicht.

Die nachfolgenden Beschreibungen der Stunden skizzieren nur grob den Ablauf und beschränken sich in der Darstellung auf die wesentlichen Szenen des Geschehens.

„Ja, Mama ist hier"

Ich bin überrascht, als die Mutter mit Benjamin erscheint. Benjamin sieht so anders aus als vor 7 Monaten. Er ist ganz „fesch" in Jeans und kariertem Hemd gekleidet und schaut im Gegensatz zu unserem ersten Kontakt gänzlich „nichtbehindert" aus.

Benjamin begrüßt mich nicht, zeigt sich aber interessiert an Vicky. Bei genauem Hinschauen wird deutlich, daß ihn eher die Decke und die Lederriemen (Trense, Gurt etc.) als das Tier interessieren. Benjamin sagt „hamham", was die Mutter dahingehend interpretiert, er wolle Vicky füttern. Er füttere Tiere sehr gerne. Die Mutter setzt Benjamin, den sie bisher die ganze Zeit getragen hat, direkt vor Vickys Hufe auf den Boden und geht einige Meter weg, um eine Tüte mit Karotten zu holen. Ich bin erstaunt über die Sorglosigkeit, mit der sie Benjamin in eine solch gefährliche Situation bringt, und passe auf ihn auf. Als die Mutter die Karotten bringt, fuchtelt Benjamin mit ihnen an Vickys Hufen herum. Die Mutter greift ein und füttert mit ihm Vicky. Während dies der Mutter Spaß macht, wirkt Benjamin völlig desinteressiert.

In der Folge beginnt Benjamin, aufgeregt in seiner Phantasiesprache zu plappern. Die Mutter greift jedes „Wort" auf und versucht jeder Äußerung einen Sinn zu geben. Benjamin jedoch achtet nicht auf die Bemühungen seiner Mutter, sondern wird immer schneller in seinen Assoziationen. Ich wundere mich über die liebevolle Geduld der Mutter.

Auf dem Weg von der Reithalle, in der immer die Begrüßung stattfindet, zum Aufsteigplatz, gebe ich Benjamin, der wieder von seiner Mutter getragen wird, den Führstrick in die Hand. Die Mutter greift sofort korrigierend und helfend ein und verhindert damit, daß Benjamin die Erfahrung machen kann, was passieren würde, wenn er den Strick fallen läßt.

Ich lasse die Mutter, während sie weiter Benjamin in ihren Armen hält, auf das Pferd aufsitzen. Benjamin reagiert mit Erstaunen, hört mit dem „Plappern" auf und schaut sich interessiert um. Insgesamt wirkt er auf mich in den Bewegungen des Pferdes sehr entspannt, er kann das rhythmische Geschaukeltwerden genießen. Auch in der Gangart Trab zeigt er sein Wohlbefinden: er lacht, hält sich selbst fest, soweit dies mit der rechten Hand geht, und will deutlich „mehr", als ich den Trab beende.

Zu Beginn der Stunde sitzt Benjamin wie ein Känguruhbaby mit Blick zur Mutter an sie geklammert vor ihr. Die Mutter sitzt locker und erzählt, daß sie als Kind schon geritten habe und selbst gerne wieder mit dem Reiten beginnen würde. Benjamin „redet" ohne Unterlaß. Manchmal scheint es, als kommentiere er alle Gegenstände – dann wieder wird deutlich, daß er gar nichts aus unserer realen Umgebung benennt. Die Mutter versucht all, seinen Äußerungen einen Sinn zu geben und ist unendlich geduldig im Erfragen und Interpretieren. Zwischendurch ist sie bemüht, mich teilhaben zu lassen, indem sie mir Benjamins „Geheimsprache" quasi übersetzt. Auf mein Nachfragen gibt sie zu, daß sie jedoch nie sicher ist, auch das erraten zu haben, was Benjamin nun wirklich meint. Eine gewisse Unsicherheit bliebe immer.

Nach 20 Minuten „kippt" die Situation: Benjamin fragt nun permanent – wie ein Echolot – „Mama–Mama?" und die Mutter antwortet jedesmal: „Ja, Benjamin und Mama sitzen auf Vicky." „Ja, Mama ist hier." Die beiden versinken immer mehr in einen Singsang mit endlosen Wiederholungen. Ich frage schließlich die Mutter, ob sie das nicht nerve? Die Mutter ist irritiert und sagt: „Manchmal schon, aber jetzt, hier ist alles neu, da braucht er es wohl." Benjamin verstummt.

In dieser Situation beginnt die Mutter bedauernd davon zu erzählen, daß sie Benjamin schon so vieles in seinem Leben nicht habe geben können. Ganz besonders schmerzhaft sei für sie gewesen, daß sie ihn nicht habe stillen dürfen. Vielleicht versuche sie deshalb so stark, eine gemeinsame Sprache mit ihrem Sohn zu finden und sich so ganz und gar auf ihn einzustellen. In diesem Moment betastet Benjamin die Brüste seiner Mutter, die dieses ganz überrascht abwehrt. Meinen Hinweis, daß Benjamin unser Gespräch scheinbar gut verstanden habe, wehrt sie ab: „So was Abstraktes kann er gar nicht verstehen". Es entsteht das gleiche Gefühl von Peinlichkeit wie in der Erstvorstellungsstunde, als Benjamin auch schon sehr klar verstanden hatte, um was es ging („Hoppa"-Sagen zum Losreiten) und was von ihm erwartet wurde. Es scheint so, als sei in diesem Moment etwas offensichtlich geworden, was nicht hätte offensichtlich werden dürfen.

Im weiteren Gespräch sagt die Mutter halb lachend, halb bedauernd, daß so vieles ganz anders gekommen sei, als sie es sich vorgestellt habe. Auch der kürzliche Eintritt in einen integrativen Kindergarten sei so anders als erwartet verlaufen. Die Mutter hatte sich eine lange, komplizierte und tränenreiche Eingewöhnungszeit vorgestellt. Tatsächlich kam Benjamin jedoch mit der Situation sehr gut zurecht, und es war mehr die Mutter, die ihren Trennungsschmerz zu verarbeiten hatte. Natürlich habe sie sein Verhalten auch entlastet, aber es hätte schon merkwürdige Gefühle in ihr ausgelöst. Benjamin habe sich seit dieser Zeit sehr entwickelt.

Gegen Ende der Stunde spreche ich ihre Angst an, 8 Termine würden nicht ausreichend bzw. sinnlos sein. Die Mutter wehrt ab. Das hätte sich erledigt, sie sei halt nur noch mal unsicher geworden. Ganz im Gegenteil - so intensiv habe sie sich das therapeutische Reiten gar nicht vorgestellt, und Benjamin habe wahnsinnig viele Eindrücke zu verarbeiten. Benjamin schaut mich bei der Verabschiedung an.

Ich frage mich, wer von beiden viele Eindrücke zu verarbeiten hat.

„Und wenn er dann losläßt?"

Zur zweiten Stunde bringt die Mutter eine Freundin mit, die während der gesamten Stunde zwischen der großen Hallentür und ihrem Auto auf dem Parkplatz hin- und herpendelt. Benjamin sucht sie mit Rufen und Blicken immerfort, wenn sie mal nicht da ist. Die Mutter fragt mich, ob mich dies störe. Ich verneine dies. Dennoch kommt es mir auch hier so vor, daß die Mutter zwar einerseits unsicher auf mich wirkt – sie fragt viel nach, vergewissert sich –, aber gleichzeitig gibt sie Bedingungen vor (bringt Freundin mit, kaut die gesamte Stunde über Kaugummi, nimmt ihrem Sohn mal mehr, mal weniger deutlich seine Aufgaben ab, ruft mich mehrmals an, obwohl ihr die Informationen schriftlich vorliegen etc.).

Beim Führen bitte ich die Mutter, ihren Sohn dies alleine machen zu lassen. Gereizt antwortet sie, sie habe ihm beim letzten Mal doch auch geholfen. Ich sage, daß ich dies schon gesehen habe, aber heute nun die zweite Stunde sei und er dies auch sicherlich alleine schaffen könne. Die Mutter fragt weiter: „Und wenn er dann losläßt?" „Nun, dann bleibt Vicky stehen, und wir beginnen wieder neu", antworte ich. Genauso kommt es. Benjamin erfaßt schnell, daß etwas passiert, wenn er losläßt. Im Laufe der Zeit (der Weg dauert diesmal nicht 2 Minuten, sondern 20 Minuten) begreift er, daß das Pferd ihm folgt und daß wir alle stehen bleiben, wenn er den Strick losläßt.

In dieser Stunde kommen wir alle drei in Kontakt miteinander: Benjamin läßt die Mutter erzählen, und ich kann ihr zuhören – die Mutter läßt Benjamin und mich kleine „Spiele" spielen. So reiche ich ihm z.B. die große Peitsche (mal in die rechte, mal in die linke Hand), und er läßt sie lachend auf den Boden fallen („Fort-da"-Spiel und gleichzeitig eine Fortführung der Erfahrung beim Führen des Pferdes). Unter „Schimpfen" hebe ich die Peitsche auf und reiche sie ihm erneut. Dieses Spiel spielen wir auch in Variationen eine längere Zeit. Auch die Mutter kann befreit mitlachen und knuddelt ihren Sohn liebevoll.

Als ich schließlich das Spiel beende, ist Benjamin enttäuscht und wütend zugleich. Die Mutter greift ein und versucht, ihn abzulenken. Ich bitte die Mutter, ihn ärgerlich sein zu lassen. Er habe ja allen Grund dazu. Nicht er wollte das Spiel beenden – sondern ich.

Ich frage Benjamin, ob er noch weiß, was er sagen muß, damit Vicky losgeht. Noch bevor seine Mutter etwas sagen kann, sagt er „hoppa". Die Mutter ist verblüfft und will sich an mich wenden. Ich fordere sie auf, ihrem Sohn und nicht mir zu sagen, daß sie überrascht ist.

Nach einiger Zeit gibt uns Benjamin deutlich zu verstehen, daß die Mutter vom Pferd absteigen soll. Er schubst sie regelrecht nach hinten, fuchtelt mit den Armen und bestätigt die Frage seiner Mutter, ob sie absteigen solle. Ich gebe Benjamin zu bedenken, daß dann die Mutter aber nicht gleich wieder hochkommt, sondern er erstmal alleine weiterreiten muß. Also steigt die Mutter ab. Als sie ihn vom Boden aus festhält, fängt er an zu schreien, will auch runterrutschen und bedeutet der Mutter, sie solle wieder aufsteigen. Mit meiner Unterstützung bleibt die Mutter jedoch auf dem Boden, und Benjamin ist verärgert.

Als ich vorschlage, daß Benjamin traben kann, wenn er möchte, will die Mutter es verhindern, sie meint, es sei doch zu gefährlich. Benjamin lacht dazu, und die Mutter läßt sich überzeugen, daß wir einen Versuch wagen können. Benjamin genießt das Traben genauso, als sei seine Mutter mit auf dem Pferd. Er lacht und will „mehr", sobald ich Vicky zum Schritt durchpariere.

Am Ende der Stunde verabschiede ich mich von Benjamin mit dem Hinweis, daß wir uns wegen der Ferien 3 Wochen nicht sehen würden. Benjamin schaut überrascht, und die Mutter erklärt schuldbewußt, das habe sie ihm noch gar nicht gesagt, das könne er ja doch nicht verstehen – oder etwa doch? Ich bestärke sie darin, daß er es sehr wohl verstehen könne, was seine Reaktion auf die Information auch zeige. Ich habe den Eindruck, daß die Stunden der Mutter sehr viel bedeuten.

Benjamin läßt sich von Vicky tragen

Die Mutter freut sich sehr, daß die Ferien vorbei sind und sagt, auch Benjamin habe sich sehr auf das Reiten gefreut. Benjamin läßt sich auf den Boden fallen. Er ist an der Hand der Mutter hereingelaufen gekommen und „schenkt" mir Sand, d.h. eine Handvoll Hallenboden. Ich bedanke mich für das Geschenk, und er wirft mit Sand nach mir. Die Mutter erzählt, dies sei auch ein Problem im Kindergarten und auf dem Spielplatz, weswegen sie zu letzterem gar nicht mehr hingehe – ob ich da nicht etwas tun könnte. Ich verneine dies und erkläre ihr, daß sein Verhalten hier für mich die Bedeutung hat, daß Benjamin am „Hin-und-her-Spiel" der letzten Stunde wieder anknüpft, nur daß diesmal er die Regeln setzt. Daraufhin lacht die Mutter und erzählt, daß er in den Ferien mit Oma, Opa und Vater immer „Pferd" gespielt habe und sehr böse geworden sei, wenn er „hoppa" gesagt habe und die „Pferde" dann nicht losgegangen seien. Sie habe sich aber aus dem Spiel herausgehalten und nicht wieder „übersetzt", und die „Pferde" hätten mit der Zeit auch so verstanden, was Benjamin gemeint habe.

Den Weg zum Aufsteigplatz läuft Benjamin an den Händen seiner Mutter und hat dabei auch den Strick in der Hand. Auf der Hälfte des Weges „streikt" er, und die Mutter nimmt ihn bereitwillig auf den Arm und trägt ihn den Rest des Weges.

Auch diesmal bin ich wieder anfangs aus der Kommunikation zwischen Mutter und Kind vollständig ausgeschlossen. Fast eine halbe Stunde lang plappert Benjamin in seiner „Geheimsprache", und die Mutter versucht geduldig und innig, alles zu entschlüsseln und dem Ganzen einen Sinn zu geben. Mehrfach versuche auch ich, an Benjamins bisherige Äußerungen und die Übersetzung seiner Mutter anzuknüpfen. Dies hat jedoch wenig Sinn. Die Mutter relativiert selbst, daß ein Wort nicht jedesmal dasselbe bedeute, und Benjamin duldet mich ganz offensichtlich nicht in dem Zwiegespräch. Immer dann, wenn seine Mutter und ich in Kontakt kommen, gehen Benjamins Äußerungen wie ein Trommelfeuer auf uns nieder. Ich teile der Mutter meinen Eindruck mit, daß Benjamin sie ganz in Beschlag nehmen will und dies auch erreicht. Benjamin lacht dazu, während seine Mutter sehr schweigsam wird.

Ich bitte die Mutter, wie schon in der letzten Stunde vor den F,erien wieder von Vicky abzusteigen. Benjamin nimmt dies hin und beginnt dann, seine Position zu verändern. Erst liegt er quer auf Vickys Rücken und strampelt dann so lange herum, bis er bäuchlings mit dem Gesicht zum Pferdeschweif liegt. Entspannt läßt er beide Arme rechts und links an Vickys Hinterschenkel herabhängen. Die Mutter sichert ihn von der Seite, während ich das Pferd führe.

Benjamin toleriert, daß mir die Mutter fast 15 Minuten von ihren aktuellen und früheren Ängsten um ihren Sohn erzählt, und wir haben beide den Eindruck, daß er sich immer mehr entspannt und sogar fast einschläft.

Benjamin wird ärgerlich, und seine Mutter weist ihn zurück

Benjamin begrüßt mich freudig mit Handschlag und streichelt Vicky das erste Mal von sich aus. Er führt Vicky den ganzen Weg von der Reithalle zum Aufsteigplatz. Seine Mutter unterstützt ihn dabei. Auf dem Weg treffen wir einen Mann mit einem Pferd, und Benjamin schaut ihnen sehr interessiert nach. Er scheint sehr zufrieden mit sich.

In der Reithalle sagt Benjamin statt „hoppa" zum Losgehen „ho". Ich lasse Vicky stehen. Nach dreimal „ho" sagt Benjamin von sich aus „hoppa", und die Mutter ist erstaunt. „Wenn nicht gleich alles beim ersten Mal gelingt oder ich nicht gleich alles richtig errate, ist Benjamin immer so sauer, daß er gar nichts mehr will oder äußert."

Kurz darauf deutet Benjamin mir an, daß er wieder das „Peitschenspiel" machen möchte. Ich verweigere es. Benjamin wird ärgerlich und ruft ab da nur noch „Mama-Mama?" in einer endlosen Folge, ca. 5 Minuten lang. Ich deute ihm dies so, daß er, wenn er nicht bekommt, was er möchte, dann eben gar nicht mehr mitmacht. In der Folge verbleiben wir tatsächlich, d.h. er, das Pferd, seine Mutter und ich, fast 10 Minuten auf einem Fleck.

Obwohl er danach Vicky wieder losgehen lassen konnte, blieb seine Mimik angespannt und deutlich verärgert. In der Phase, in der die Mutter wieder von Vicky abstieg, steigerte sich das „Mama-Mama?" wieder in ein nicht enden wollendes Stakkato. Die Mutter reagierte erstmals verärgert. „Jetzt hör doch mal auf – ich bin doch hier." Mir schien dies eine sehr passende Antwort und eine äußerst nachvollziehbare Gefühlsreaktion auf sein Verhalten zu sein. Benjamin war jedoch sehr erregt und zappelte auf Vickys Rücken herum. Die Mutter und ich machten ihn darauf aufmerksam, daß er wohl gleich herunterfallen werde, wenn er nicht auf sich achtgebe.

Und tatsächlich: Urplötzlich, fast flink ließ sich Benjamin direkt in die Arme der Mutter fallen. Diese erschrak, schaute Benjamin ins Gesicht und zischte: „Ich will Dich nicht." Sie setzte ihn mit einer Handbewegung wieder auf Vickys Rücken. Mir verschlug es die Sprache. Benjamin lag deprimiert auf Vickys Rücken. Die Stunde war zu Ende. Benjamin weigerte sich bei der Verabschiedung, mir die Hand zu geben. Statt dessen warf er mit Sand nach Vicky und mir und traf uns beide sehr zielsicher.

Erst als die beiden den Hof verlassen hatten, war es mir möglich, meine Eindrücke zu sortieren. Ich hatte das Bild, daß, als Benjamin auf die Welt kam, seine Mutter mit einem Blick sah, daß etwas „nicht stimmte", daß sie ihr Kind so nicht wollte. Ich stellte mir Benjamins Angst vor, als er plötzlich so alleine war und sich fallengelassen fühlte.

Schon vorher hatten sich die negativen Gefühle der Mutter ihrem Sohn gegenüber äußern können, die sonst unter der liebevollen, geduldigen, alles verstehen wollenden Haltung verborgen und zurückgehalten werden mußten.

Auch in den vorangegangenen Stunden waren das Thema der Trennung – das bin ich und das bist du – sowie die unterschiedlichen Wünsche und Gefühle immer deutlicher geworden.

Benjamin und seine Mutter verabschieden sich

Benjamin begrüßt mich, indem er mir von sich aus die Hand gibt und „hallo" sagt. Die Mutter und ich sind sehr erstaunt darüber. Ich spreche an, daß es heute die letzte Stunde sei. Die Mutter sagt sofort, dies habe sie ihm noch gar nicht gesagt, weil sie Angst verspürt habe, daß er verärgert darauf reagieren könnte. Benjamin ist tatsächlich verärgert. Er läßt sich auf den Boden plumpsen und wirft sich selbst Sand auf den Kopf.

Die Mutter hat ihre Schwiegermutter mitgebracht, die sich mehrfach physisch und psychisch in das Geschehen in der Reithalle „hereinzudrängen" versucht. Erst durch eine massive Intervention meinerseits bleibt die Schwiegermutter draußen vor der Reithalle. Ihrem Gesicht ist anzusehen, daß sie verärgert ist.

Benjamin führt Vicky den halben Weg zum Aufsteigplatz, dann will er nicht mehr und beginnt zu schreien. Die Mutter sagt ihm, daß sie das jetzt ärgere, was Benjamin wenig beeindruckt. Die Mutter nimmt ihn hoch und trägt ihn das letzte Stück.

Auch diesmal will Benjamin nicht „hoppa" sagen. Nach einiger Zeit übernehme ich es für ihn, was ihm sichtlich unangenehm ist. Er geht „gegen" die Bewegungen des Pferdes, läßt sich nicht schaukeln, sondern widersetzt sich. Durch sein „Mama-Mama?" versucht er, ein Gespräch zwischen mir und der Mutter zu unterbinden – die Mutter läßt ihn aber abblitzen und spricht auch direkt zu ihm: „Sei bitte still, wir haben hier etwas zu besprechen." Benjamin ist zunächst verärgert, wird dann aber immer ruhiger.

Die Mutter äußert ihre Ängste, nun, da es nicht weitergehen könne, etwas Elementares in der Förderung von Benjamin zu versäumen, und bittet mich um meine Einschätzung. Ich sage ihr, daß ich diesen Eindruck nicht teilen könne und daß Benjamin durch die begleitenden Maßnahmen und die damit verbundenen kontinuierlichen Beziehungsangebote m.E. gut versorgt sei.

Würde jetzt das heilpädagogische Reiten fortgesetzt werden, ginge es noch pointierter um die Bereiche Frustrationstoleranz und Eigenständigkeit sowie um die Verarbeitung des Gefühls der Getrenntheit von der Mutter. Dieses war für die Mutter das Schlüsselwort, um zu erzählen, was sich seit der vorherigen Stunde alles verändert habe. Sie sei Benjamin gegenüber viel ungeduldiger, verspüre Ärger über ihn. Ihr Mann und besonders die Schwiegermutter nähmen ihr das sehr übel und könnten sie gar nicht verstehen. Aber ihre Geduld sei langsam am Ende, sie wisse doch auch keine Antwort auf das dauernde: „Was hat er denn jetzt, was meint er denn jetzt damit?", und manchmal interessiere es sie auch gar nicht. Sie mache auch wieder mehr für sich alleine. Sie habe sich zudem überlegt, Reitunterricht zu nehmen. Sie habe es so sehr genossen, wieder auf einem Pferd zu sitzen. Und lachend fügte sie hinzu: „Und diesmal meine ich ganz klar mich." Sie überlege, ob sie eine Psychotherapie beginnen solle, um aus der „Verwicklung" mit ihrem Sohn herauszukommen: „Das ist doch nicht normal, daß ich mehr unter dem Kindergartenbeginn gelitten habe als mein Sohn." Ich bestärke sie in ihren Absichten, etwas für sich selbst zu unternehmen.

Wir verbleiben schließlich so, daß sich die Mutter melden kann, wenn andere begleitende Maßnahmen auslaufen und sie den Wunsch verspürt, das heilpädagogische Reiten für Benjamin fortzusetzen. Benjamin gibt mir nur widerstrebend die Hand zum Abschied und läuft, gestützt von den Händen seiner Mutter, den Weg zum Auto.

Das Wesentliche der Arbeit im Rahmen der geplanten 8 Stunden, wovon 5 Stunden durchgeführt worden waren, bestand in der Begleitung und Unterstützung der Ablösungs- und Individuationsprozesse von Mutter und Kind. Die Arbeit mit dem Pferd eignete sich hierfür sehr gut, da es besonders beim Gewahrwerden des Getrenntseins immer noch ein drittes Wesen – das Pferd – gab, welches die beiden trug und ertrug.

Optisch verdeutlichte sich die zunehmende Getrenntheit von Mutter und Sohn auch dadurch, daß beide körperlich immer eigenständiger wurden und der Sohn sich immer mehr selbst fortbewegte. Zu Beginn der Maßnahme trug die Mutter den Sohn überwiegend. Das Pferd half dadurch, daß es zusammen mit mir die „tragende Rolle" übernahm, und für beide so mehr Bewegungsspielraum entstand. Die in Gang gekommene Entwicklung war durch eine tragfähige Beziehung zwischen der Mutter und mir möglich gewesen.

Schon bei der Erstvorstellung wurde deutlich, daß die Mutter und auch der Vater dem Sohn vieles nicht zutrauten. Sie entwickelten zuviel Eigeninitiative und bewirkten damit, daß die Erfahrungsmöglichkeiten des Sohnes stark eingeschränkt wurden. Durch das Erleben, nicht mehr nur auf Mutter und Vater angewiesen zu sein, um sich mühelos fortbewegen zu können, konnte Benjamin Potenz, Kraft und Stärke schöpfen. In der Verbündung mit mir, die ich ihm intellektuelle Verständnisfähigkeiten und praktische Tätigkeiten zutraute, konnte er seine Stärken und Möglichkeiten ausprobieren.

Parallel dazu kam es bei der Mutter zu der Entdeckung, daß hinter ihrer liebevollen, interpretierenden und vom Verständniszwang getragenen Haltung auch starke Kontrollwünsche und negative Gefühle dem Sohn gegenüber verborgen waren. In kleinen Schritten wurden sowohl Benjamin als auch seiner Mutter das Getrenntsein immer bewußter. In der 4. Stunde kam es dann zu der dramatischen Szene, in der die Ablehnung der Mutter und die Ängste des Kindes szenisch dargestellt werden konnten.

Obwohl es durch unglückliche Umstände dann zu einer dreiwöchigen Ferienpause kam, konnten Mutter und Sohn dieses Erlebnis für sich positiv verarbeiten, bedurften nicht mehr der Hilfe von außen.

Daß die Mutter dann in einen Konflikt mit der Schwiegermutter und ihrem Mann geriet, zeigt, wie überfrachtet die Beziehung von Mutter und Sohn war. Die Enttäuschung über das behinderte Kind, die Wut, nicht alles verstehen oder verbessern zu können, die ohnmächtigen Gefühle – sie gehören auch auf die Ebene der Paarbeziehung und anderer naher Beziehungen in der Welt der Mutter. Durch den Versuch von Mutter und Sohn, in einem nicht getrennten Zustand zu verbleiben, deutlich symbolisiert in der Geheimsprache zwischen beiden, gelang es über drei Jahre, diese intensiven und zugleich bedrohenden Gefühle in Schach zu halten.

Der Schritt der Mutter, durch das Reiten und eine eigene Psychotherapie, für sich selbst eine Stärkung zu suchen, gibt dem Sohn auch perspektivisch die Möglichkeit, sich in seinen Potentialen weiterzuentwickeln.

Der erste aktive Trennungsimpuls wurde wahrscheinlich durch den Eintritt in den Kindergarten ausgelöst, und die Mutter suchte daher Hilfe im heilpädagogischen Reiten für sich selbst. Dies erklärt den relativ langen Zeitraum zwischen Erstkontakt und Förderbeginn. Die Mutter erlebte beim Kindergarteneintritt vermutlich ähnlich zwiespältige Gefühle wie in der Erstvorstellungsstunde. Zusätzlich scheint es so, daß sie ihre Pferdebegeisterung auf den Sohn verschoben hat und sich so von einer Verbindung von „Reiten" und „Therapie" Förderliches auch für sich erhoffte. Dies setzt sich dadurch fort, daß sie nun ihre eigenen Interessen erkannt hat und sie auch konkret für sich umsetzen kann: in das spaßbetonte Reiten und eine intensive Bearbeitung ihrer Gefühle durch eine Psychotherapie. Wäre der Trennungsimpuls nicht dagewesen, hätte er auch keine Unterstützung durch das heilpädagogische Reiten erfahren können.

Ungewöhnlich für diese Frühfördermaßnahme ist es, daß die Elterngespräche, die sonst alle vier Wochen stattfinden, nicht zustande kamen. Einerseits war dies ein Ergebnis der Umstände meiner Erkrankung und der von vornherein zeitlich stark begrenzten Maßnahme. Andererseits war es in diesem speziellen Fall so, daß durch die Notwendigkeit des Gespräches mit der Mutter während der Stunde vieles in der Interaktion zwischen Mutter und Kind deutlich wurde und bearbeitet werden konnte.

Die Übertragungen des Klienten führen unweigerlich in die Beziehungsdynamik seiner Familie hinein, dies vor allem auch deshalb, weil Elternteile häufig während der Reitstunden anwesend sind und so zu einem Teil des Settings werden. Das Symptom des Klienten erweist sich damit nicht nur als eine individuelle Behinderung, sondern es ist auch Ausdruck eines Familienproblems, das am Klienten in Erscheinung tritt. Die heilpädagogische Arbeit hat in der Reflexion des reiterlichen Geschehens und im Rahmen der psychoanalytischen Reflexion ihren ganzheitlichen Aspekt. In der Analyse der Gegenübertragung ist es daher wichtig, die Grenzen zwischen dem Auftrag (pädagogische Maßnahme für den Klienten) und den sich aus dem Beziehungsprozeß ergebenden Impulsen, auf die gesamte Familie einzuwirken, zu erkennen und zu respektieren.

3.1.2 Tim: „Männer pinkeln aus dem Penis und Frauen aus dem Popo"

Die Erstvorstellung fand während eines sehr heftigen Gewitters statt. Zwischenzeitlich konnten wir uns in der Reithalle nur durch Schreien verständigen. Tim schien dies weder zu beunruhigen, noch schien er es besonders wahrzunehmen.

Ich hatte mir den 8jährigen, blassen, schmalen Jungen nicht so vorgestellt, wie er tatsächlich war. Von seiner rechtsseitigen Hemiparese war wenig zu bemerken. Schüchtern, aber interessiert trat er mutig auf mich und die Stute Vicky zu. Dennoch „trieb" ihn die Mutter an: „Nun geh schon rein", zischte sie. Bei der Kontaktaufnahme zum Pferd streichelte er Vickys Bauch und fragte: „Ist da ein Baby drin?" Die Mutter lachte hierzu verächtlich, und sein Vater rief: „Konzentriere dich auf Frau Kupper!". Ich erklärte ihm, daß Vicky kein Baby im Bauch habe, woraufhin er sofort wissen wollte, ob denn da schon einmal eines drin gewesen sei. Ich verneinte dies. In diesem Moment erwischte Vicky Tim beim Fliegenverscheuchen mit ihrem Schweif. Tim zuckte zusammen und schrie: „DER hat mich geschlagen". Als sich die Eltern erneut einmischten und Tim aufforderten, nicht so weinerlich zu sein, bat ich die Eltern, in das angrenzende Reiterstübchen zu gehen.

Im weiteren Verlauf der Stunde versuchte Tim immer wieder, die „Zügel" sprichwörtlich in die Hand zu nehmen. Er wollte in einer Stunde alles lernen: Führen, Anreiten, Anhalten, Wenden, Rückwärtsreiten. Ging ich nicht sofort auf seine Forderungen ein, war er verärgert, wurde hektisch, verweigerte sich. Er war nicht in der Lage, eine gesetzte Grenze als solche zu akzeptieren. Als er mich duzte, wies ich ihn darauf hin, daß er mich siezen solle. Als er dies erneut ignorierte, fragte ich ihn, warum er dies tue. Seelenruhig erklärte er mir, daß *er* bestimme, wen er duze und sieze und *er* sieze niemanden. Alle, die Krankengymnastin, der Logopäde, die Lehrerin hätten klein beigegeben, ich würde dies sicher auch tun. Ich erklärte ihm, daß dies nicht der Fall sein würde und daß, wenn er dies noch einmal so handhabe, er dann sofort vom Pferd absitzen müsse. Tim war skeptisch, hielt sich in der Folge aber daran.

Bei Anforderungen, wie z.B. kleinen Übungen auf dem Pferderücken, reagierte er sofort mit Angst: „Das kann ich nicht, ich will runter." Als ich ihn einmal berührte, versteifte er sich automatisch und schrie gellend auf. Ich erschrak über seine heftige Reaktion.

Am Ende der Stunde wollte er nicht absitzen und kommentierte meine Unnachgiebigkeit knurrend mit: „Hier gibt's aber viele Regeln ..." Ich konnte ein Lachen nicht unterdrücken. Zum Abschied bestimmte er: „Ich komme nächste Woche wieder!" Als ich dies in Anwesenheit seiner Eltern verneinte, wurde er plötzlich ganz klein und „fiel in sich zusammen".

Die Eltern wollten von mir in Anwesenheit von Tim wissen: „Jetzt haben Sie ja gesehen, wie der ist, den muß man richtig rannehmen, was meinen Sie nun?" Ich erklärte den Eltern, daß sie von mir ein Gutachten bekämen und ich grundsätzlich nicht vor dem Kind darüber spreche.

Die Stunde hatte mich angestrengt. Tims ständiges Suchen nach Grenzen hatte die Wahrung der Grenzen besonders notwendig gemacht. Tims starkes Interesse am „Reiten" und der Durchsetzung seiner Wünsche dem Pferd gegenüber hatten mich jedoch auch sehr angesprochen. Auch war ich verblüfft über Tims Kompensationsfähigkeit: obwohl er die rechte Hand so gut wie gar nicht aktiv einsetzen konnte, hatte er intuitiv eine für ihn passable Zügelführung ergriffen. Auch das Antreiben des Pferdes, d.h. das Andrücken eines oder beider Beine an den Pferdebauch bei gleichzeitigem Aufrechtsitzen, „schaffte" er mit dem linken Bein so, als könne er beide Beine einsetzen (vgl. Vogel 1987, S. 80 ff.). Seine rechte Hand war stark „zerbissen": Eine offene, nässende, tiefe Wunde zog sich über den gesamten Daumenknochen.

Als unangenehm hatte ich die scharfen, eisigen Reaktionen der Eltern erlebt. Ich hatte den Eindruck, daß sie mir ihren „mißratenen" Sohn zur Reparatur abgeben wollten.

Der Erstkontakt

Am Telefon hatte mich Frau S. auf Empfehlung ihrer Kinderärztin um einen Erstvorstellungstermin für ihren 8jährigen Sohn Tim gebeten. Die Mutter führte kurz aus, was ihre Hoffnungen bezüglich des heilpädagogischen Reitens seien: Tim solle sich besser konzentrieren können und zu Kooperation befähigt werden, er solle sein Gleichgewicht finden, und seine Autoaggressionen sollten abgebaut werden. Tim sei von Geburt an spastisch behindert. Das eigentliche Problem habe aber gar nichts mit seiner Behinderung zu tun, sondern sei seine Hyperaktivität. Dies sei auch von mehreren Seiten so diagnostiziert worden. Ich wäre nun die letzte Hoffnung. Aber ich würde dann ja schon selbst sehen, was sie meine. Wir vereinbarten einen Erstvorstellungstermin.

Die diagnostischen Unterlagen von früheren Untersuchungen, die mir die Mutter mitbrachte, ergaben folgendes: Tim wurde mit einer spastischen, armbetonten Hemiparese rechts geboren, wobei dies erstmalig bei der U 5 auffiel. Danach folgten zunächst eine krankengymnastische Behandlung mit Bobath-Therapie (6.–7. Monat) und danach eine Umstellung auf Vojta-Therapie[4].

Nach Aussagen der Mutter hatte Tim weder eine Fremdel- noch eine Trotzphase durchlaufen.

Mit einem Jahr erfolgte eine Schielbehandlung sowie eine orthopädische Behandlung mit Nachtschiene und Einlagenerhöhung. Tim begann mit 15 Monaten zu krabbeln und mit 20 Monaten zu gehen. Im Alter von 2 Jahren fiel bei Tim eine Retardierung im Sprech- und Sozialalter auf. Mit 3 Jahren wurde bei Tim eine hyperkinetische Symptomatik diagnostiziert sowie eine Artikulationsstörung. Es folgte eine logopädische Behandlung. Zwischenzeitlich wurde die krankengymnastische Behandlung nach

---

[4] Auch die von *V. Vojta* entwickelte spezielle krankengymnastische Methode geht wie die *Bobath-Therapie* davon aus, daß das Gehirn des Kindes zu Beginn seines Lebens noch formbar ist. Mit strengen motorischen Übungsbehandlungen, die von der Mutter als Co-Therapeutin mehrmals täglich wiederholt werden müssen, werden – in der Regel aufgrund von Zwang und Schmerzen gegen den Widerstand des Kindes – neue Bewegungsmuster angebahnt.

Bobath wieder aufgenommen. Tim kam in einen heilpädagogischen Kindergarten und seine Eltern setzten für ihn eine Einzel-Integrationsmaßnahme in einem Regelkindergarten durch.

Mit 5 Jahren erfolgte zweimal eine zweiwöchige Gipsstiefelbehandlung wegen Spitzfuß rechts. In diesem Jahr erlitt Tim seinen ersten großen Krampfanfall und wurde eine Woche lang stationär medikamentös eingestellt. Im gleichen Jahr erfolgte eine Schieloperation.

Mit 6 Jahren fiel Tim durch starke Zappeligkeit, motorische Unruhe und Autoaggressivität auf. Durch starkes Engagement der Eltern und der ihn testenden Psychologin konnte eine Einzel-Integrationsmaßnahme in einer Regelschule erreicht werden (die Alternative wäre eine weit entfernte Körperbehindertenschule gewesen).

In einem ärztlichen Gutachten, welches angefertigt wurde, als Tim 7 Jahre alt war, wurde beschrieben, daß Tim beim Szenotest einen Bauernhof mit vielen Menschen und Tieren im Winter baute. Er wollte der junge Bauer sein und nicht der alte Mann; die übrigen Personen seien seine Gäste. Die Kuh stand im Mittelpunkt.

Im gleichen Gutachten wurde Tim, bezogen auf sein Mensch-Zeichenalter, als mindestens 1¼ Jahr im Rückstand diagnostiziert, da er bei beiden Zeichnungen „vergessen" habe, die Arme zu zeichnen. Es wurde weiter ausgeführt, daß Beine bei seinen Zeichnungen gefehlt hätten und daß Tim statt dessen einen Beinblock mit undifferenzierten Füßen gemalt habe. Eine Interpretation dieser scheinbaren „Vergeßlichkeit" Tims beim Malen erfolgte nicht. Das „Vergessen" wurde seiner nicht altersgemäßen Entwicklung zugeschrieben.

Tim regiert die Welt

Die ersten Stunden (1.–4. Stunde) lebte er noch in der Illusion, daß alles so sei, wie er es will. Er arbeitete sich an Grenzen ab und war verwundert, daß Grenzen nicht nachgaben, sondern daß er hier gestoppt wurde. Das gleiche galt für die Arbeit mit dem Pferd: Beim Reiten lernen reagierte er sofort mutlos und war drauf und dran, alles hinzuschmeißen, wenn er durch den geringsten Widerstand vom Pferd darauf hingewiesen wurde, daß er keineswegs „reiten" konnte. Neues erschreckte ihn zwangsläufig, und er reagierte mit übergroßer Angst, teilweise auch mit Panik. Dies betraf z.B. alle körperlichen Übungen auf dem Pferd, reiterliche Anforderungen wie Treiben, Zügelhilfen etc. sowie das Erleben von hohem Tempo. Tim war einerseits am Reiten und insbesondere am Trab und Galopp sehr interessiert. Er sah sich in seinen Träumen und Vorstellungen schon auf Vicky über Wiesen galoppieren. Andererseits traute er sich dies aber in der Realität vorerst noch nicht zu.

Der Vater dominierte anfangs die Gesprächssituation und trat belehrend und fordernd auf. Die Mutter war schneller in der Lage, ihre Beteiligung an Tims Problemen zu erkennen. Sie hatte starke Schuldgefühle dem Sohn gegenüber, da sie anfänglich gegen ihre Gefühle die für Tim mit Schmerzen verbundene Vojta-Behandlung mehrmals am Tag mit ihrem schreienden Sohn durchgeführt hatte. Als Tim wiederholt beim Anblick der Mutter gellend zu schreien anfing, kollabierte sie und brach in der Folge die Behandlungen ab. Dennoch war die Mutter nie über die Ablehnung des Sohnes hinweggekommen. Ich erlebte die Mutter als sehr offen dafür, auch eine andere, neue Sicht anzunehmen. Von Tim hatte ich den Eindruck, daß er sehr die Nähe und Wärme seiner Mutter suchte, während ich sie in den Situationen des Bringens und Abholens als abweisend und am Sohn desinteressiert erlebte.

Die Mutter kompensierte vieles durch Überbehütung: Tim durfte nicht Fußball spielen, nicht alleine zu Freunden oder den Schulweg gehen etc. Die Begründung war, daß er wegen seiner Spastik und seiner daher beeinträchtigten Fortbewegung viel zu verletzlich und gefährdet sei.

Der Vater dagegen konnte nur wenig über seine Gefühle offenbaren. Dennoch war es für ihn sicher eine große Entwicklung, seine Enttäuschung über den behinderten Sohn zuzugeben. Im alltäglichen Leben versuchte er, aus Tim einen „Mann" zu machen und schien hier persönlich wenig flexibel strukturiert zu sein.

Im Verlauf der Elterngespräche war es beiden Elternteilen möglich, offen die Probleme in der Familie anzusprechen. So gaben sie zu, Tim regelmäßig zu schlagen, da sie in ihrer Verzweiflung über den „Tyrannen" nicht weiter wüßten. Den sehr viel älteren Bruder Tims und seine 5 Jahre jüngere Schwester stellten sie als unproblematisch dar. Im Verlauf der Gespräche waren die Eltern in der Lage, Tims Problemen, die mit seiner Behinderung zusammenhingen, deutlicher ins Auge zu sehen. Sie waren in dem Bemühen um Normalität bei gleichzeitiger optimaler Förderung von der Existenz und den Auswirkungen von Tims Behinderung sehr weit abgekommen.

Die starken Leistungsanforderungen, die insbesondere vom Vater gestellt wurden, blieben bestehen. Dennoch konnten sich die Eltern an dem Spaß, den Tim beim Reiten lernen hatte, freuen und sahen seine Erfolge. Weniger gut konnten sie seine Schwächen und normalen Probleme aushalten. Hier galt es, die Eltern immer wieder auf *ihre* Wahrnehmungsstörung und Hyperaktivität (übermäßige Strenge, zu hohe Ansprüche/Ideale) in der Beziehung zu Tim aufmerksam zu machen.

Sich noch in der Illusion befindend, daß er reiten könne, begann sich Tim zunehmend mehr zu ärgern, wenn Vicky etwas nicht tat, was er wollte. Das Therapiepferd Vicky widersetzte sich Tims Hilfen auffällig oft, obwohl diese als Hilfen deutlich genug waren. Tim ärgerte sich immer mehr, wenn Vicky nicht sofort losging, anhielt, die Richtung wechselte und anderen Aufforderungen von ihm nicht prompt nachkam. Sein Ärger steigerte sich bis hin zur Wut und verpuffte dann. Tim war nicht in der Lage, Vicky auszuschimpfen. Sein Schimpfen war nicht mehr als ein lächerliches Piepsen. Auf meine Frage, was er denn mache, wenn er sich sonst ärgere, antwortete Tim, daß er sich dann in die rechte Hand bisse. Die nässende, z.T. mit alten Narben übersäte Wunde auf seiner rechten, behinderten Hand hatte ich schon in der Erstvorstellung bemerkt. Ich bot ihm an, Heilsalbe darauf zu streichen, worauf er erschreckt antwortete: „Nein, nicht, das muß so sein!” (2. Stunde).

In der 4. Stunde nutzte ich eine kleine Verletzung von Vicky dazu, Tim anzubieten, sie mit Salbe einzureiben. Tim fragte mich, wozu dies gut sein solle, und wir sprachen über den Heilungsprozeß und seine Unterstützung. Im Anschluß an das Gespräch fragte ich ihn, ob er auf seine offene Wunde an der Hand auch Heilsalbe möchte, was er mit „ja” beantwortete. Ich rieb seine Hand mit der Salbe ein, und Tim erzählte mir, daß er in der rechten Hand sowieso nichts fühle, sie sei tot für ihn. In der nächsten Stunde ließ ich Tim auf Aufforderung hin vermehrt die rechte Hand benutzen. Aufgrund seiner mittelschweren Spastik gelang ihm vieles nicht, wie z.B. Karotten von einem Ständer abzunehmen und sie dem Pferd zu verfüttern. Mit einiger Übung schaffte er es aber immer öfter. Ich bemerkte, daß Tim sehr wohl sensibel in der Hand war. Auf leichtes Streicheln sagt er prompt: „Iih, das kitzelt.” In dieser Stunde begann Tim von sich aus, danach zu fragen, ob ich die Salbe wieder dabei hätte, und rieb sich selbst damit ein. Dies wurde in den weiteren Stunden zu einer fast feierlichen Handlung. Ab der 10. Stunde verlangte er nicht mehr nach der Salbe. Dem war in dieser Stunde vorausgegangen, daß mich Tim ganz dicht vor mir stehend gefragt hatte: „Bleibt meine Hand immer so?” Ich hatte Tim eine realistische Antwort gegeben. Er könne zwar mit Übungen verhindern, daß sich der Zustand der Hand verschlechtere, er müsse aber lernen, mit der Behinderung seiner rechten Seite zu leben. Diese Antwort hatte ihn sehr nachdenklich gemacht. In dieser Stunde verabschiedete er sich von mir, indem er mir seine rechte Hand gab. Von da an verabschiedete er sich bis zum Ende der Maßnahme immer in dieser Weise.

In der allerletzten Stunde der Maßnahme fiel mir auf, daß seine Hand erneut stark malträtiert war. Tim bemerkte meinen Blick darauf und antwortete: „Das mußte sein. Aber ich habe zu Hause jetzt selber Heilsalbe. Das wird schon wieder.”

Die zerbissene, gehaßte, rechte behinderte Hand wurde stellvertretend für alle aggressiven Regungen bestraft. Dies stellte für Tim lange die einzige Spannungsabfuhr in bezug auf seine Behinderung dar. Erst durch ein realistischeres Erleben war er auch zu Trauer fähig. So sprachen wir lange über seinen Wunsch, später einmal Springreiter zu werden und an einer Olympiade teilzunehmen. Letztendlich war seine Behinderung der Grund, daß er dieses Ziel niemals erreichen würde, und er hatte allen Grund dazu, sich in seinem Leben über vieles zu ärgern, was zwar andere – aber nicht er vermochten.

Hier lag auch die Wurzel dafür, daß Tim sich anfangs gegen alle Regeln stellte. Wenn das, was für alle galt, nicht für ihn galt, warum sollten dann Regeln auch für ihn gelten?! So stellte er sich außerhalb aller Normen und war unglücklich.

Je mehr Tim sich der Auseinandersetzung mit seiner Behinderung und seiner Aggressivität stellen konnte, um so mehr verschwanden diverse Symptome. So war seine Hundephobie verschwunden. Zuvor hatte er alle Hunde als ihn potentiell anfallende Monster erlebt. Er war in der Lage, allgemeinen Regeln nachzukommen, er siezte seine Lehrerin und bestand nicht mehr permanent auf Sonderregelungen in der Schule etc.

Pferde scheißen Äpfel

Während Tim mir etwas von sich (3. Stunde) erzählte, hatte ich das Pferd angehalten. In dieser Pause äppelte Vicky. Tim nahm diesen Vorgang sehr bewußt wahr, lachte verschämt und fragte mich: „Was war DAS denn?" Ich fragte ihn, was er denn meine, und er antwortete, er habe keine Ahnung. So drehte ich Vicky herum, daß er die dampfenden Pferdeäpfel auf dem Hallenboden sehen konnte. Tim schaute und sagte: „ Erst sind die rot oder grün, und dann kommen die so raus." Ich fragte nach, aber Tim meinte es tatsächlich so, wie er es gesagt hatte. Er war der festen Überzeugung, daß Vicky vorhin Äpfel gefressen hatte und deshalb nun „hinten" auch Äpfel rauskämen. Tim informierte mich darüber, was ich durch die Eltern schon wußte, daß er weder Obst noch Gemüse essen würde, und stellte dies so in den Raum, als habe es einen unbedingt logischen Zusammenhang.

Ich erklärte Tim, was mit der Nahrung im Körper alles passiert, wie Bauch, Magen und Darm zusammengehören. Tim hörte interessiert zu und schlußfolgerte dann richtig: „Dann ist da was anderes als Äpfel drin!" Ich hob einen der Pferdeäpfel auf, teilte ihn und zeigte Tim Spelzen von Hafer und anderes zu identifizierende Material. Tim schaute andächtig und lächelte. Ich fragte ihn, ob er auch mal anfassen wolle. Tim flüsterte: „Ja!" Ein glückliches Lächeln ging über sein Gesicht, als er den noch warmen Pferdeapfel in seiner Hand hielt. Dann schaute er mich unvermittelt an und fragte: „Und jetzt?" Ich forderte ihn auf, „das Kacka" zurück auf den Boden zu werfen.

Tim war bis zum Stundenende sehr bei der Sache. Auch wenn Vicky nicht sofort das tat, was er wollte, ließ er sich nicht entmutigen. An der Longe genoß er das Traben und bemerkte sorgenvoll, daß er Vicky aber nicht weh tun wolle. Dies war das erste Mal, daß er sich freundlich um das Pferd, die Stute, die Mutter, sorgte.

„Die will Sie beißen"

In der darauffolgenden Stunde (4. Stunde) war das Pferd außerordentlich schlecht gelaunt. Während der Phase, in der Tim auf Vicky verschiedene Übungen absolvierte, wollte sie mich beißen, d.h. sie schnappte gereizt nach mir. Tim war davon ganz begeistert und wunderte sich darüber, daß ich das Pferd deswegen nicht schlug. Ich erklärte ihm, warum ich glaubte, daß Vicky so übel gelaunt sei, und daß doch jeder mal ärgerlich und ekelhaft sein könne.

„Die Vicky ist die Vicky Leandros"

In der nächsten Stunde (5. Stunde) fragte mich Tim, während er auf Vicky im Schritt an der Longe ritt, ob ich wisse, wie die Vicky „richtig" hieße. Nachdem ich dies verneinte, erzählte er mir, daß Vicky in Wirklichkeit „Vicky Leandros" sei. Ich fragte nach, und Tim führte aus, daß diese Sängerin ein Lied mit dem Titel „Timi – wir reiten nach Lodz" gesungen hätte und daß er diese Sängerin sehr liebe, weil sie ja auch mit ihm nach Lodz reiten wolle. Realiter ist der Titel des von Tim abgeänderten Liedes „Theo, wir fahr'n nach Lodz".

Tim jedenfalls amüsierte sich köstlich über seinen Einfall und sang Teile des Liedes lauthals, während er auf Vicky im Schritt und Trab an der Longe ritt.

Tims Übertragung seiner Liebesgefühle auf Vicky und auch mich war eine stabile Basis für unsere weitere Zusammenarbeit. Zu der Zeit, als Tim Vicky in „Vicky Leandros" umtaufte, befand sich seine Mutter für 4 Wochen zur Kur an der Nordsee. Tim vermißte sie sehr und konnte diese schmerzlichen Gefühle in den nächsten Stunden immer deutlicher spüren.

Tim sortiert die Welt

In den weiteren Stunden (6.-21. Stunde) begann Tim, sich in bemerkenswerter Weise auf verbaler und reiterlicher Ebene mit der Realität auseinanderzusetzen. Auf der reiterlichen Ebene bemerkte er z.B., wenn er ins Rutschen kam und zog sich selbst wieder ins Gleichgewicht. Tim probierte vieles aus, seine Wahrnehmungsstörung löste sich auf: Er realisierte Aggressionen bei sich selbst und auch die Lust an ihnen. Er nutzte das heilpädagogische Reiten im Sinne eines intermediären Raumes und begann, drängende Themen zu verbalisieren. Diese Themen waren die Frage nach „männlich" und „weiblich", „Woher kommen die Babys" etc.

Im weiteren Verlauf (15.–18. Stunde) setzte sich Tim mit den Geschlechtsunterschieden und der Frage „Woher kommen die Babys" auseinander. Es ergab sich, daß diese Gespräche immer an der Longe stattfanden, nachdem Tim ausgiebig getrabt und galoppiert war. Die Gespräche dauerten zwischen 5 und 20 Minuten. Ähnlich dem Gespräch über die Pferdeäpfel wollte Tim wissen, wie es denn nun wirklich sei.

Nachdem Tim mir von seiner Operation am Auge und am Penis – er war der festen Überzeugung, am Penis operiert worden zu sein, weil er ihn immer angefaßt habe – erzählt hatte, behauptete er, daß Männer aus dem Penis pinkelten. Ich stimmte ihm zu. Dann führte er weiter aus, daß Frauen aus dem Popo pinkelten. Ich widersprach ihm. Tim wurde sauer und „versteifte" sich auf seine Behauptung. Wir sprachen dann über Scheide, Klitoris, Urinieren bei Männern, Frauen und Tieren. Ich fragte ihn, wo er denn denke, daß die „Flati" herauskämen. Tim überlegte eine Weile. „Bei Männer und Frauen?" „Ja." „Hier" – er deutete auf den Rücken. „Oder aus dem Loch." Tim hatte keine Namen für Teile des Körpers. Wir sprachen über alle Körperöffnungen. Dann fragte er: „WIE heißt das bei Frauen?" „Scheide?" „Ja, genau, das. SCHEIDE." Nach einer längeren Schweigepause wechselte Tim das Thema und behauptete, Krokodile und Alligatoren seien Allesfresser, sein Papa habe das gesagt, deshalb stimme es auch.

In der darauffolgenden Stunde griff er dies wieder auf und behauptete, er sei ein Krokodil: ein Allesfresser. Ich erklärte ihm, was Allesfresser, Pflanzenfresser und Fleischfresser seien, und daß ein Krokodil eben ein Fleischfresser sei, so wie er. Daraufhin lachte er und sagte, daß er heute Wurst, Pommes und sogar irgend so ein Grünzeug gegessen habe ...

Tim fragte mich, ob die Luft, die er an seinem Ohr im Trab spürte, ein „Ohrfurz" wäre. Wir redeten ausgiebig übers Furzen und ob Pferde auch furzen könnten etc. Dann fragte Tim, wo denn die Pferdebabys rauskämen. Nachdem ich es ihm erklärt hatte, behauptete er: „Ich nicht. Ich bin aus dem Popo von meiner Mama rausgekommen." Da Tim auf meine weiteren Fragen nicht antwortete, sagte ich ihm, daß dies nicht stimme. Wohl hatte er schon einmal einen „Strich" bei seiner kleinen Schwester in der Badewanne gesehen, aber der sei ganz klein. Am Ende der nachfolgenden Erörterung meinte Tim, er werde später mal die Vicky heiraten. Ich fragte ihn, ob er meine, wirklich ein Pferd heiraten zu können. Er überlegte und fragte mich, wen er denn sonst heiraten könne. Ich gab ihm zu bedenken, daß er sich vielleicht einmal in ein Mädchen oder eine junge Frau verlieben könne. Tim beendete diesen Gedanken und sagte: „Ja, und mit der bekomme ich dann Kinder."

In der nächsten Stunde ging es dann darum, wie denn die Babys in den Frauenbauch hineinkommen.

Tim hatte nicht nur keine Namen für die Körperöffnungen, sondern er war nachhaltig verwirrt. Vermutlich war er der Ansicht, daß Frauen, da sie keinen Penis haben, eben nur aus der Körperöffnung urinieren und gebären könnten, die er von sich auch kannte: den After. Diese unkorrigierte Kastrationsvorstellung – Tim war zu Beginn der Maßnahme 8 Jahre alt (vgl. hierzu Leber 1972) – konnte Tim im Anschluß an die vorausgegangene Assoziation, er sei am Penis operiert worden, weil er diesen immer angefaßt habe, ins Gespräch bringen. Die Phantasie bzw. Tims Erleben lassen die Vermutung zu, daß er diese Operation als „Sühne" für seine Onanie, d.h. in seinem Erleben Verkommenheit bzw. Triebhaftigkeit, erlebt hatte. Die sich anschließende Assoziationskette von Krokodilen (die scharfe Zähne haben und gewaltig zu- und abbeißen können), ob diese Pflanzen-, Fleisch- oder Allesfresser seien, deutete im Prinzip schon an, daß er Differenzierungen aufzunehmen bereit war. Der ödipale, strafende, allwissende Vater thronte mächtig über seinen Denkhemmungen.

Interessanterweise übernahm ich in der Gegenübertragung genau diese Verwirrung und Unsicherheit, die Tim real begleiteten: ich war mir im Anschluß an diese Stunde tatsächlich nicht mehr sicher, ob Krokodile Fleisch- oder Allesfresser sind!

Tim arrangiert sich mit der Welt

Den letzten Stundenblock (22.–30. Stunde) nutzte Tim dazu, sich immer mehr mit der Realität zu arrangieren. Dies betraf sowohl seine reiterlichen Fähigkeiten, die ihn zwischenzeitlich in die Lage versetzten, Vicky in der Reithalle wie auch im Außengelände selbständig in allen drei Gangarten zu reiten, als auch die Auseinandersetzung mit dem baldigen Ende der Maßnahme und der damit verbundenen Trennung von mir und Vicky. Tim verhielt sich in dieser Phase sehr gefühlsbetont. Er konnte verschiedene Gefühle wie Liebe, Zorn, Wut, Trauer, Erregung, Schüchternheit etc. stärker zulassen. Tim war zu Recht stolz auf sich und seine Entwicklung.

„Eigentlich werde ich Eisenbahn–Lokomotiv-Führer"

In den letzten Stunden machte Tim nochmals enorme Fortschritte im Reiten: er galoppierte auf dem Außenreitplatz, stellte sich auf das stehende Pferd, vervollständigte sein Repertoire an Hufschlagfiguren, d.h. fest vorgegebenen Linien im sogenannten Dressurviereck (z.B. „Durch die ganze Bahn wechseln" oder „Auf dem Zirkel geritten") und traute sich vieles zu. Er konnte seine Angst bewußter wahrnehmen und abwägen, wann etwas zu gefährlich wurde und wann er es nochmal probieren konnte. Immer wieder sprach er davon, daß er gerne weiter hierher zu mir kommen würde. Ich hielt ihm dagegen, daß ich keine Reitschule betriebe, sondern daß Kinder mit seelischen Problemen zu mir kämen und wenn diese nicht mehr so sehr darunter litten, sie auch woanders reiten könnten. Dieser Gedanke gefiel ihm. Er war in der Lage, den Gedanken weiterzuspinnen und malte sich aus, daß er vielleicht einmal Reiterferien machen könnte oder daß in seiner Nähe auch eine Reitschule sein könnte. Tim glaubte, auch woanders weiter reiten zu können, und traute sich zu, einer von vielen in einer Gruppe zu sein. Er fragte mich nach meiner Einschätzung, ob er denn mit seiner Behinderung auch in eine normale Reitschule gehen könne. Ich versicherte ihm, daß ich für einen potentiellen Reitlehrer aufschreiben würde, welche Hilfsmittel und welches Pferd er benötige, und daß ich der Meinung sei, daß er, wenn diese Bedingungen gegeben seien, sehr wohl in eine Reitschule gehen könne.

Tim gab zu, daß er ja auch noch andere Hobbys habe, wie z.B. Fußball. Aber wenn er groß wäre, dann wolle er Reitlehrer werden, so wie ich. Ich fragte ihn, ob das wirklich stimme. Er darauf: „Na ja. Eigentlich nicht. Ich werde Eisenbahn-Lokomotiv-Führer ..."

Familiendynamik

Je gesünder Tim wurde, desto kränklicher wurde die Mutter. Rückenschmerzen, grippale Infekte, eingeklemmter Nerv in der Halswirbelsäule, Kuraufenthalt und vieles andere brachten die Mutter für Tim wieder in unerreichbare Ferne, und seine Sehnsucht nach ihr brach schmerzhaft auf.

Einige Ereignisse am Rande der letzten Stunden stimmten mich sehr nachdenklich darüber, inwieweit die Eltern ihren behinderten Sohn aus seiner besonderen Rolle entlassen konnten. Seiner zum Maßnahmenende hin auftretenden erhöhten „Zappeligkeit" bzw. nervösen Anspannung begegneten sie trotz eines vorausgegangenen Gesprächs zu diesem Themenschwerpunkt nicht mit Verständnis für das Maßnahmenende und die Gefühle, die solch eine Trennung auslösen kann, sondern sie gaben dem Sohn in Übereinstimmung mit einem neuen Arzt Psychopharmaka. Des weiteren überlegten sie, welche Förder- oder Therapiemaßnahme die entstehende „Lücke" auffüllen könnte. Sie konnten sich im Gegensatz zum Sohn nicht damit anfreunden, daß eine Trennung stattfinden würde und der Sohn nun vielleicht stabil genug sein könnte, sich gut weiterzuentwickeln. Die nächste Maßnahme, begleitend zur medikamentösen „Versorgung" des Sohnes, sollte eine spezielle Psychomotorikgruppe für hyperaktive und wahrnehmungsgestörte Kinder sein. Sie zogen jedoch auch noch andere Therapien in Betracht.

Da ich bei Tims Eltern sowohl bei der Erstvorstellung als auch im Laufe der Elterngespräche immer wieder den Eindruck hatte, daß sie „kein gutes Haar" an ihrem Sohn lassen konnten bzw. seine positiven Impulse und sein so großes Bemühen um Erfüllung ihrer Ansprüche an ihn nicht wahrzunehmen in der Lage waren, hielt ich meine Einschätzung und meine Stellungnahme zu Tims Entwicklung für die Eltern in schriftlicher Form fest und übergab sie ihnen am Ende des letzten Elterngespräches. Dies war mir wichtig, um ihnen schwarz auf weiß meinen Standpunkt mitgeben zu können, da ich andernfalls davon ausgehen mußte, daß die Eltern lediglich das im Gespräch wahr- und mitnahmen, was in ihr Bild von Tim paßte. Nun ist dieser Weg auch keine Garantie dafür, daß die Eltern mehr erkennen, aber mir schien diese Positionierung für Tim nach der Reflexion meiner Gegenübertragungsgefühle notwendig. Neben diesem Schreiben übergab ich den Eltern einen zweiten Brief, in welchem ich für einen künftigen Reitlehrer in einer „normalen" Reitschule die Bedingungen auflistete, die es Tim ermöglichen würden, an einem Reitunterricht teilzunehmen. Diese Bedingungen umfaßten die Anforderungen an das Pferd, reiterliche Hilfsmittel und auch die didaktischen Eckpunkte, die für Tim gewährleistet sein müßten.

In dem Schreiben für die Eltern führte ich aus, daß Tim alle drei zu Beginn der Maßnahme vereinbarten Ziele erreicht hatte. Diese waren:

- die Konfrontation mit seiner Behinderung und den entsprechenden Gefühlen
- das Erfahren von Grenzen
- das Erleben und Aushalten von Gefühlen (insbesondere Hilflosigkeit, Unsicherheit und Ohnmacht)

In einem für mich nicht erwarteten Tempo habe er Grundkenntnisse im Reiten erlangt. Tim könne Richtung und Tempo des Pferdes in der Halle und auch im freien Gelände bestimmen und habe Spaß am Trab und Galopp. Nach anfänglichem Zögern habe Tim Voltigierübungen erlernt und habe zudem Spaß an Mutproben, wie z.B. dem Sprung über ein kleines Hindernis, Stehen auf dem Pferd etc., entwickelt.

Er habe Interesse, Mut und Begeisterung ebenso gezeigt wie Spaß und Ärger, und es sei auch häufig zu Konflikten gekommen. Anders als im Alltag hätte Tim hier z.T. neue Erfahrungen machen können. Sein Selbstvertrauen sei durch die realen Fähigkeiten, die er im Umgang mit dem Pferd und beim Reiten erlangt hatte, gewachsen. Die Beziehung zu mir habe nach der ersten Zeit ihren „Kampfcharakter" verloren und sich seitens Tim durch zunehmenden Humor ausgezeichnet. In der Endphase hätten erneut Unsicherheit und Ärger dominiert.

Was im Rahmen des heilpädagogischen Reitens für Tim erreicht werden konnte, haben wir m. E. erwirkt. Nun sei eine Fortführung im Sinne der Normalisierung angezeigt. Tim könnte in einer normalen Reitschule mit anderen Kindern das Reiten als Hobby für sich weiter erlernen.

Dies würde die physischen und für ihn sehr förderlichen Aspekte automatisch beinhalten, ohne daß deswegen die Fortsetzung der Krankengymnastik überflüssig würde.

Kritisch merkte ich an, daß ich das Ausprobieren anderer therapeutischer Möglichkeiten als problematisch ansähe, da dies immer wieder eine besondere Situation mit besonderen Beziehungen in einem zeitlich befristeten Rahmen sein würde.

Wenn Tims Verhalten im Alltag, in der Familie, der Schule und anderswo starke Probleme zur Folge hätte, würde ich dringend zu einer Kinderpsychotherapie raten. Aus meiner Sicht resultierten, wie ich es auch in den Elterngesprächen angedeutet hätte, Tims Verhaltensprobleme nicht aus einer Wahrnehmungsstörung oder aus dem Ansatz des hyperkinetischen Syndroms, sondern hätten ihre Wurzel in seiner Behinderung und in seiner deshalb besonderen Lebenssituation. Maßnahmen, die sich seiner Symptome annähmen, wie z.B. Medikamente, Körpertherapien etc., gingen m.E. am Brennpunkt vorbei, wenngleich sie die für die Familie belastende Situation vorübergehend zu entspannen vermögen. Weiter gab ich als Ursprung für die Problematik Schuldgefühle, unterdrückte Aggressionen und im Alltag Überlastung auf allen Seiten an.

Abschließend empfahl ich den Eltern, bevor die Situation zu eskalieren drohe und der Druck immer größer werde, Kontakt mit dem Institut für analytische Kinder- und Jugendlichen-Psychotherapie aufzunehmen, um die Möglichkeit der Aufnahme einer Psychotherapie für Tim sowie eine begleitende Elternberatung abzuklären. Parallel dazu empfahl ich, es Tim zu ermöglichen, das Reiten als spaßbetontes Hobby für sich zu pflegen.

Trotz meines Bemühens konnte ich mir nicht sicher sein, ob es mir gelungen war, den Eltern zu ein bißchen mehr Milde in der Beurteilung ihres behinderten Sohnes zu verhelfen. So wie es im ärztlichen Gutachten schon detailliert beschrieben worden war, hatte ich wie auch bei der fehlenden Interpretation von Tims angeblicher „Mensch-Zeichenalter-Retardierung" das Gefühl, daß zwischen der Wahrnehmung und dem Verstehen bzw. dem Einordnen dieser Wahrnehmung das wesentliche Bindeglied fehlt. Im ärztlichen Gutachten wurde bezüglich des Szenotests genau beschrieben, daß Tim der junge Bauer sein wolle (der alte Bauer, der Vater, ist nicht da), der viele Gäste empfängt, und daß die Kuh (die Mutter) total im Mittelpunkt seiner Welt stehe. Es fand auch Erwähnung, daß sich dies alles im Winter (in der immer leicht „frostigen" Atmosphäre der Eltern gegenüber ihrem behinderten Kind) abspiele. Und auch beim Zeichenalter-Test wurde gut beobachtet. Es fehlt jedoch die Übersetzung der vom Kind so plastisch dargestellten Szene. Tim „vergißt" nicht, die Arme zu zeichnen, und er „vergißt" auch nicht, die Beine zu malen, sondern gestaltet stattdessen einen Beinblock mit undifferenzierten Füßen: eben seine Füße, so wie er sie erlebt. Er kann nicht so schnell rennen wie andere, er darf nicht Fußball spielen, er kann sich nur unter Mühen rechts den Handschuh anziehen etc. Seine Gliedmaßen sind real anders, und dies fand Ausdruck in seinen Zeichnungen.

Vielleicht konnte ich die Eltern von Tim unterstützen, ein kleines Stück in die Richtung der Wahrnehmung dieses Bindegliedes zu gehen. Bei der konkreten Förderung von Tim bin ich mir nicht nur wegen seiner erzielten Erfolge im Reiten, sondern auch durch seine gewachsene Beziehungsfähigkeit zu Vicky und mir und der Fähigkeit, seine Gefühle zu äußern, sicher, daß er auf seinen Füßen besser stehen und gehen kann als zu Beginn der Maßnahme.

3.1.3 Sabrina: „Nicht SIE sollen treiben"

Mit dem folgenden Beispiel soll verdeutlicht werden, wie im Rahmen des heilpädagogischen Reitens die sehr ambivalenten Beziehungsstrukturen zwischen einer 25jährigen mehrfach schwerstbehinderten Frau und ihrer Mutter, die auf früheste pathologisch-symbiotische Beziehungsmuster zurückzuführen sind, szenisch zur dargestellt wurden. Das Beispiel zeigt zudem auf, inwieweit die verdrängte und dadurch unverarbeitet gebliebene Auseinandersetzung der Mutter mit der Behinderung ihrer Tochter und den damit verbundenen Kränkungen, Enttäuschungen und Schuldgefühlen sich auf den Verlauf und die Dynamik der Maßnahme ausgewirkt hat.

Nach Auskunft der Mutter, Frau M., war die Entwicklung von Sabrina bis zu ihrem 2. Lebensjahr unauffällig und ohne Komplikationen verlaufen. Ihre sprachliche und geistige Entwicklung bis zu diesem Zeitpunkt wurden von Frau M. sogar als „überdurchschnittlich" bezeichnet. Im Alter von 2 Jahren erkrankte sie aber an einer infektiösen Hirnhautentzündung. Sabrina habe diese Erkrankung, die später zu einer starken geistigen Behinderung führte, beinahe nicht überlebt. Infolge der Krankheit trug sie zudem eine Lähmung der linken Körperhälfte davon, und sie hatte immer wieder epileptische Anfälle (vgl. zum heilpädagogischen Reiten mit epilepsiekranken Kindern und Jugendlichen Wehrli 1995 und Lawrenz-Wolf 1998). Sabrina kann sich nur in schleppender Weise vorwärtsbewegen, und ihre körperliche Beweglichkeit wird noch von einer fortschreitenden mittleren Skoliose („Rundrücken") stark beeinträchtigt. Nach Einschätzung ihrer Mutter sei Sabrina intellektuell auf dem Stand eines Kleinkindes. Wegen dieser massiven Behinderung ist Sabrina völlig auf die Pflege und Versorgung anderer angewiesen. Diese Aufgabe wird ausschließlich von ihrer Mutter übernommen. Der Vater und der 1½ Jahre jüngere Bruder haben sich stark von Sabrina zurückgezogen.

Frau M. hatte Sabrina seit dem 10. Lebensjahr mmer wieder therapeutisches Reiten ermöglicht. Dabei hatte es sich überwiegend um Hippotherapie gehandelt, d.h. um eine krankengymnastische Behandlung auf einem (geführten) Pferd. In wenigen Ausnahmen, wenn ihr Allgemeinzustand dies erlaubt hatte, erhielt Sabrina auch heilpädagogisches Reiten. Dabei wurde deutlich, daß sie zu einfachsten Übungen auf dem Pferd fähig war, wenn dieses sich im Schritt oder Trab vorwärts bewegte.

Außer Krankengymnastik auf dem Pferd erhielt Sabrina keine weitere gezielte therapeutische Förderung, weil ihre Mutter eine überwiegend skeptische und ablehnende Einstellung gegenüber Ärzten, Pädagogen und anderen Fachleuten entwickelt hat.

Sabrina lebt noch im Elternhaus und besucht tagsüber eine Werkstatt für Behinderte.

Die Ziele und der Rahmen

Ich vereinbarte mit Frau M. im Anschluß an einen Erstkontakt zunächst 30 Termine mit ihr und ihrer Tochter, nachdem der Antrag zur Kostenübernahme der Maßnahme von der Krankenkasse bewilligt worden war. Das heilpädagogische Reiten sollte einmal wöchentlich stattfinden. Eine wichtige Zielsetzung in Absprache mit der Mutter sollte sein, daß Sabrina in ihrer Selbstwahrnehmung sensibilisiert und zu mehr Initiative und Eigenaktivität ermutigt werden sollte. Zunächst war es notwendig, Sabrina aus ihrer stark ausgeprägten Verweigerungshaltung und ihrer sehr depressiv getönten, tendenziell autistischen Zurückgezogenheit herauszulocken. Frau M. beschrieb diese Grundhaltung ihrer Tochter, indem sie deren Verhalten als „bockig" und „stur" charakterisierte.

Rückblickend fällt auf, daß ich es entgegen meiner sonstigen Gepflogenheit versäumt hatte, parallel zum heilpädagogischen Reiten regelmäßige Elterngespräche zu vereinbaren. Als ich dies später nachholen wollte, nachdem bereits mehrere Stunden mit Sabrina stattgefunden hatten, reagierte Frau M. mit großem Unverständnis und entschiedener Ablehnung darauf. Sie wies in aggressiver und gereizter Weise darauf hin, daß die Krankenkasse bzw. sie selbst schließlich nur „das Reiten" und nicht „irgendwelche Gespräche" bezahlen würde.

Das heilpädagogische Reiten erstreckte sich insgesamt über den Zeitraum von zwei Jahren. Die Stundenfrequenz betrug eine Zeitstunde pro Woche. Insgesamt fanden 58 Stunden statt.

Die Maßnahme wurde von mir beendet, da ich aus privaten Gründen meine Berufstätigkeit für längere Zeit unterbrechen mußte.

Das heilpädagogische Reiten fand grundsätzlich als Einzelarbeit in einer Reithalle statt, die während der Stunde ausschließlich von mir genutzt wurde, um eventuelle Störeinflüsse von außen so gering wie möglich zu halten.

Nach einer kurzen Begrüßung führte Sabrina mit meiner Unterstützung das Pferd zu einem speziellen Aufsteigplatz und „kletterte" so selbständig wie möglich auf das Pferd. Ihre Mutter und ich mußten ihr dabei allerdings massive Unterstützung geben. Erst wenn sie bereits das Pferd bestiegen hatte, wurde sie von mir in die Reithalle geführt. Nach der Stunde saß Sabrina in der Halle ab und führte anschließend das Pferd in seine Box zurück. Die Bewältigung dieser Aufgabe war allerdings sehr stark von ihrer jeweiligen Tagesform abhängig.

Die Stunde war in der Regel in drei Teile gegliedert:

- Sabrina wurde im Schritt auf geraden und leicht gebogenen Linien geführt. Frau M. ging meistens nebenher. Sie versuchte dabei, in ständigem Körperkontakt mit ihrer Tochter zu bleiben. Für mich war nicht immer erkennbar, ob sie Sabrina abstützen wollte oder ob sie nicht vielmehr selbst einen Halt brauchte und suchte. Gleichzeitig redete Frau M. ohne Unterbrechung und berichtete mir in assoziativer Weise über aktuelle Ereignisse, Probleme, Ärger etc.
- Nach ca. 10 Minuten, die Sabrina zur muskulären und emotionalen Aufwärmung benötigte, sollte Frau M. ihre Tochter loslassen, damit ich mit ihr alleine weiterarbeiten konnte. In dieser Phase stellte ich konkrete reiterliche Anforderungen an Sabrina. Frau M. fiel es sehr schwer, sich aus diesem Geschehen herauszuhalten. Es drängte sie immer wieder, sich verbal und handelnd in die Kommunikation zwischen Sabrina und mir einzumischen. Oft mußte ich Frau M. deswegen in entschiedener Weise in die Schranken weisen, was mir aber dennoch nicht immer gelang.
- Nach 20 Minuten veränderte ich gewöhnlich die Arbeitsintensität. Wir variierten das Tempo des Pferdes vom Schritt zum Traben und zurück, oder wir arbeiteten an einem anderen Thema weiter.

Sabrinas reiterliche und psycho-emotionale Entwicklung

Das „Reitenlernen" beschränkte sich während des heilpädagogischen Reitens darauf, daß Sabrina nach 2 Jahren schließlich in der Lage war, das Therapiepferd Laura selbständig anzureiten, anzuhalten und in Ansätzen einen Richtungswechsel initiieren zu können. Sie lernte, das Pferd in der Halle eine ganze Bahn zu reiten, an der Longe zu traben, teils die Zügelführung zu übernehmen sowie das Pferd rückwärts gehen zu lassen. Sie führte diese Handlungen in Interaktion mit mir aus und bewies damit, daß sie meine Aufforderungen und Aufgaben, die ich ihr stellte, nicht nur verstand, sondern auch prompt in Aktivität umsetzen konnte. Dies bedeutet gleichzeitig, daß sie in der Lage war, dem Pferd ihren Willen mitzuteilen, und daß sie auch unvermeidbare Frustrationen zunehmend besser aushalten konnte, wenn das Pferd nicht sofort ihre Wünsche befolgte. Sie setzte auch dann mit meiner Unterstützung ihre Bemühungen fort, indem sie z.B. dem Pferd eine erneute Hilfengebung vermittelte. Diese Fähigkeiten stellen für jemanden, der immerhin von seiner Umgebung als schwer geistig behindert eingestuft wird, eine große Leistung dar.

Meine Einschätzung, daß ihr Sprachverständnis wesentlich besser ausgebildet war, als gemeinhin vermutet wurde, fand durch das Verhalten und die Reaktionen von Sabrina immer wieder eine Bestätigung. Sie konnte einfache Anforderungen unverzüglich umsetzen und antwortete zum Teil auch mit spontanen Reaktionen auf das Verhalten und Bewegungen des Pferdes. Wenn sie die an sie gestellten Aufgaben und Anforderungen manchmal verweigerte, schien mir das weniger in ihrem fehlenden Verständnis als in ihren, zum Teil nachvollziehbaren, Widerständen begründet zu sein. Es wurde auch deutlich, daß sie nur wenig Erfahrung damit hatte, daß ihren Äußerungen, in welcher Weise auch artikuliert, eine Bedeutung beigemessen wurde. Ihre weitgehende Stummheit kann somit nicht nur als Ausdruck ihrer intellektuellen Überforderung und ihrer Verweigerungshaltung verstanden werden, sondern als Ergebnis von wiederholt gemachten Erfahrungen, durch eigene Aktivitäten keinen wirklichen Einfluß auf die Außenwelt ausüben zu können. Sabrina, die überwiegend stumme, passive und in sich zurückgezogene geistig Behinderte, begann während der Stunden, sich zunehmend zu öffnen und zu sprechen! Ich nahm ihr Sprechen jedoch nicht nur eingeschränkt auf verbale Äußerungen wahr, sondern verstand darunter auch ihre durch Handlungen und Verhalten zum Ausdruck gebrachten Mitteilungen. Wie verletzlich sie aber war, über wie wenig vertrauensvolle und verläßliche Beziehungserfahrungen sie verfügte, wurde daran deutlich, daß Sabrina mir in den ersten Stunden nach längeren Unterbrechungen, die durch Krankheit oder Urlaub bedingt waren, grundsätzlich nicht die Hand gab, jeden Blickkontakt vermied und mindestens zwei Stunden brauchte, bis sie wieder die ersten Worte an mich richtete.

Anhand von einigen Ereignissen und Szenen sollen verschiedene Aspekte, die sich im Verlauf des heilpädagogischen Prozesses herauskristallisierten, dargestellt werden. Sie betreffen u.a.:

- die unbewußte Einstellung der Mutter zum heilpädagogischen Reiten
- die unvollständig gebliebene Klärung des Behandlungsauftrages und der damit verbundenen Frage nach der eigentlichen Klientin
- die ambivalenten Gefühle der Mutter zur Tochter und ihre durch Übertragungsreaktionen in Erscheinung getretenen Resonanzen zur Maßnahme und auf meine Person bezogen
- die nur schwer zu zügelnden Versuche der Mutter, sich immer wieder in den heilpädagogischen Prozeß zwischen Sabrina und mir einzumischen

„Für die gibt es doch keine passende Reithose!"

Bereits während der Erstvorstellung hatte Sabrina eine sehr enge und zum Reiten völlig ungeeignete Hose an. Frau M. reagierte äußerst gereizt und verärgert, als ich sie darauf ansprach. Sabrina habe diese Hose schon immer beim Reiten getragen, und bisher habe sich auch noch niemand darüber beschwert. Im Verlauf der Stunden bemerkte Frau M. selbst, daß die enge Hose ihre Tochter nicht nur beim Aufsitzen deutlich erkennbar behinderte. In der 8. Stunde sprach sie mich darauf an und äußerte in knurrendem Ton: „Für die gibt es doch keine passende Reithose!" Während sie dies sagte, blickte sie ihre Tochter verächtlich von der Seite an. Danach hatte Sabrina immer eine Trainingshose an, wenn sie zu mir kam. In der 41. Stunde überraschte mich Frau M. mit der Mitteilung, daß sie für Sabrina eine Reithose bestellt habe. Ab der 48. Stunde trug Sabrina endlich eine passende Reithose.

In der Art und Weise, wie Frau M. mit dem Thema der richtigen bzw. angemessenen Bekleidung umging, wird m.E. ihre äußerst ambivalente Grundeinstellung zur Maßnahme des heilpädagogischen Reitens deutlich. Einerseits ermöglichte sie ihrer Tochter Erfahrungen von Initiative, Aktivität und Beweglichkeit, zu der sie aufgrund ihrer schweren Behinderung sonst nicht in der Lage gewesen wäre. Andererseits sorgte sie nicht für eine vollständige Ausrüstung. Die Symbolhaftigkeit dieses (nur) scheinbaren Widerspruchs wird vor dem Hintergrund einer Wiederholung der unzureichenden Versorgung Sabrinas durch ihre Mutter nur allzu deutlich. Neben einer unübersehbaren sadistischen Komponente repräsentierte die die Beweglichkeit in starkem Maße einschränkende, enge Hose nicht nur die reale Eingeschränktheit von Sabrina – und dadurch auch ihrer Mutter –, sondern auch die Angst (Enge) der Mutter vor einem potentiell in Gang kommenden Ablösungsprozeß Sabrinas von ihr. Frau M. benötigte scheinbar nicht zuletzt die ihr von außen gesetzte Aussicht auf Beendigung der Maßnahme und die damit unvermeidlich bevorstehende Trennungssituation, um Sabrina in angemessenerer Weise als bis dahin auszustatten bzw. zu versorgen.

„Nicht SIE sollen treiben"

Während der Stunden versuchte Frau M. immer wieder, sich mit lautstarken Zwischenrufen einzumischen. Mit abwechselnd aufmunternden, ermahnenden und schimpfenden Worten wollte sie ihre Tochter zu einer aktiven und gehorsamen Mitarbeit bewegen. Zudem wollte sie auch mir mehrfach vorschreiben, wie ich mich zu verhalten habe. Frau M. gab mir dabei zu verstehen, daß sich niemand außer ihr selbst wirklich in Sabrina einfühlen könne. Sie vertrat den Standpunkt, es sei zwecklos, ihre Tochter hinsichtlich ihrer Äußerungen ernst zu nehmen. Sabrina könne meistens die verbal an sie gerichteten Fragen, Aufforderungen und Ansprüche doch nicht verstehen. Als ich wieder einmal meine Arbeit unterbrach, um Frau M. zu bitten, sich ruhig zu verhalten und sich nicht einzumischen, ließ sich in Sabrinas Gesicht deutlich deren Unmut und Verärgerung über diese Störung ablesen. Sie weigerte sich danach zunächst einmal konsequent, das Pferd durch eigene Aktivität, d.h. durch den Einsatz reiterlicher Hilfen in Bewegung zu setzen. Ich gewährte ihr Zeit, um ihre Unentschlossenheit bzw. ihren Widerstand für sie bewußter erfahrbar werden zu lassen. Für

Frau M. war dies unerträglich, und sie versuchte erneut, zu intervenieren. Erst nachdem ich ihr in scharfem Ton zugerufen hatte: „Nicht SIE sollen treiben, sondern Ihre Tochter!", hielt sie sich für den Rest der Stunde zurück. Sabrina „blühte" dagegen sichtlich auf, nachdem ich ihre Mutter so unfreundlich und unmißverständlich in die Schranken gewiesen hatte. Sie begann nun ihrerseits, mehr zu sprechen, kommentierte ihre Handlungen, äußerte Wünsche und verhielt sich insgesamt sehr kooperativ.

In dieser Szene wird besonders deutlich, welche Strategien Frau M. einzusetzen versuchte, um die durch die bewußte Konfrontation mit der Behinderung ihrer Tochter ausgelösten Gefühle entweder abzuwehren und zu verdrängen oder doch zumindest in erträglichen Grenzen zu halten. Sie mußte immer wieder das Gefühl haben, das Geschehen zu kontrollieren, was ihrem Verhalten sehr stark zwanghafte Züge verlieh. Sie war zu wenig von ihrer Tochter abgegrenzt, weswegen sie diese nie wirklich loslassen und sich selbst nicht als von Sabrina getrennt erleben konnte. Aus diesem Grund war es zudem für sie unvorstellbar, daß Sabrina von jemand anderem außer ihr selbst richtig verstanden werden könnte. Dahinter vermute ich einen großen Leistungsdruck und permanente Angst vor eigenem Versagen. Meine vergleichsweise heftige Reaktion, zu der ich mich durch das abwertende und übergreifende Verhalten von Frau M. verleitet bzw. gezwungen fühlte und die als Ausdruck einer projektiven Identifikation mit Sabrina verstanden werden kann, ließ im Anschluß an diese Stunde meinerseits das Gefühl entstehen, eine Grenze überschritten zu haben. So sehr ich von den positiven Auswirkungen meiner Grenzziehung auf Sabrinas Verhalten beeindruckt war, so sicher war ich mir gleichzeitig, daß Frau M. die nächste Stunde ausfallen lassen oder sogar die Maßnahme insgesamt abbrechen würde. Diese Befürchtung wurde allerdings nicht bestätigt, ließ jedoch die Frage aufkommen, wer eigentlich die Klientin war.

Einhalten oder Laufenlassen

In der 32. Stunde äußerte Sabrina während der Arbeit an der Longe den Wunsch: „Auf Toilette gehen!" Frau M., die ihren Ärger und Unmut über ihre Tochter bereits die ganze Stunde über unverhohlen zum Ausdruck gebracht hatte, antwortete, bevor ich etwas sagen konnte, in scharfem Tonfall: „O nein, meine Liebe!" Sabrina wiederholte einige Minuten später ihr Bedürfnis mit den o.g. Worten. Darauf wurde sie von ihrer Mutter in barscher, wütender Weise angezischt: „Fräuleinchen - das kannst du jetzt einhalten, klar!" Ich selbst reagierte sehr unschlüssig. Bis zum Ende der Stunde waren es nur noch 10 Minuten. Der Gang zur Toilette wäre deswegen gleichbedeutend mit einer vorzeitigen Beendigung der Stunde gewesen. Da Sabrina auf meine Frage, ob sie es noch etwas aushalten könne, mit einem zaghaften und wenig überzeugenden Ja geantwortet hatte, führten wir die Stunde wie geplant zu Ende.

Im Anschluß an diese Stunde fühlte ich mich sehr beschämt. Hatte ich nicht von Anfang an Sabrina versprochen, daß ich alle ihre Äußerungen ernst nehmen würde. Ich war verärgert über Frau M. und über mich selbst. Ich hatte mich nicht eindeutig gegen die elementare körperliche Enteignung gestellt, welche Sabrina durch ihre Mutter erfuhr. Sabrina gegenüber empfand ich große Schuldgefühle. Auch das Wissen darüber, daß die Szene eine typische Konfliktsituation zwischen Sabrina und ihrer Mutter war, änderte daran nur wenig. Ich war bis dahin bereits mehrfach Zeugin ähnlicher und vergleichbarer Auseinandersetzungen zwischen den beiden gewesen.

Aus der Distanz betrachtet, scheine ich im Sinne einer komplementären Gegenübertragung gehandelt zu haben, d.h. ich fühlte und reagierte in der dargestellten Szene mehr wie die Mutter. – Wirklich ein Wunder?

Frau M. hatte von sich aus in Variationen immer wieder das Thema „Trennung" angesprochen. Sie beharrte aber auf ihrer grundsätzlichen Überzeugung, daß niemand Sabrina auch nur annähernd so gut wie sie selber versorgen könne. „Und aus Geld heraus, da kann auch keine Menschlichkeit entstehen", lehnte sie jede alternative Lebensform für Sabrina außerhalb des Elternhauses ab. Andererseits beklagte sie sich über fehlende Unterstützung und ihre Überbelastung und brachte mit anklagenden Worten ihre Ängste und Besorgtheit über Sabrinas Zukunft zum Ausdruck. In der 45. Stunde brachen ihre sonst meist zurückgehaltenen negativen Gefühle in besonders heftiger Weise aus ihr heraus. Ausgelöst wurden ihre angestauten Gefühle von Wut, Haß, Empörung und Hilflosigkeit dadurch, daß sowohl die Krankenkasse als auch das zuständige Sozialamt eine weitere Kostenübernahme für das heilpädagogische Reiten endgültig abgelehnt hatten. In Anwesenheit ihrer Tochter äußerte sie unter Tränen ihre Befürchtung, daß ohne entsprechende Maßnahmen, wie z.B. das heilpädagogische Reiten, Sabrina schließlich als totaler Pflegefall enden würde. Sie malte mit drastischen Worten das Schreckensbild, daß Sabrina völlig gelähmt im Rollstuhl „landen" würde. Ich hielt das Pferd an, um Frau M. daran zu erinnern, daß wir diese Probleme nicht während der Stunde, sondern zu einem späteren Zeitpunkt und in Ruhe besprechen könnten. In diesem Moment holte Sabrina mit ihrem linken Bein weit aus und schlug es dem Pferd in die Seite, worauf dieses sich sofort wieder in Bewegung setzte. Frau M. rief in fassungslosem Ton: „Ein Wunder! Haben Sie das gesehen – so deutlich mit dem gelähmten Bein ..."

Ich war über Sabrinas Verhalten keineswegs so überrascht wie Frau M., denn ich hatte bereits einige Male beobachten können, daß Sabrina, wenn sie wirklich wollte, ihr linkes Bein aktiv einsetzen konnte. So war ihre Reaktion weniger ein Wunder als eine durchaus angemessene Antwort auf den deprimierenden Lebensentwurf, den Frau M. vor ihrer Tochter und mir ausgebreitet hatte. Sie drückte durch ihr Handeln nicht nur ihren Protest dagegen aus, sondern demonstrierte gleichzeitig auf eindrucksvolle Weise die irrtümliche Sicht ihrer Mutter. Bezeichnenderweise verflog die Euphorie von Frau M. über die Fähigkeit Sabrinas sehr schnell. Der im ersten Moment freudigen Wahrnehmung der nur scheinbar totalen Lähmung des linken Beines folgte prompt der Ärger über ihre Tochter, von der sie sich scheinbar getäuscht fühlte. Wegen einer Lappalie steigerte sich Frau M. kurze Zeit später derart in einen verbal geäußerten Vorwurf gegen ihre Tochter hinein, daß blanker Haß spürbar wurde.

Ich selbst fühlte mich nach dieser Stunde sehr angestrengt und wie „gelähmt". Mir fehlte jede Eingebung, wie ich den beiden helfen könnte, aus ihrer gegenseitigen Verstrickung herauszufinden.

Die Amsel und die Meise

Zu Beginn der 20. Stunde hatte sich Frau M. in der bereits zuvor geschilderten Art und Weise störend und aufdringlich in die Interaktionen zwischen Sabrina und mir eingemischt. Sie war in ihrem Redeschwall fast nicht zu bremsen. Trotz mehrfacher Aufforderungen meinerseits, sich an die Vereinbarung zu halten, sich während der Stunde weitestgehend aus dem Ablauf herauszuhalten, begleitete sie die Handlungen ihrer Tochter mit abwechselnd anfeuernden oder drohenden und kritischen Zurufen. In dieser angespannten Situation verblüffte mich Sabrina damit, daß sie ihre Aufmerksamkeit plötzlich etwas völlig anderem zuwandte. Sie hatte gerade ihr Pferd angehalten, und ich forderte sie zum Weiterreiten auf. Da bemerkte ich, daß sie ganz aufmerksam nach oben in die Reithalle hinein horchte. Ich folgte ihrem Blick und entdeckte nun ebenfalls eine hoch oben im Gebälk der Halle sitzende Amsel, die zart vor sich hinträllerte. Auch das Pferd war darauf aufmerksam geworden, und wir hörten einen kurzen Moment gemeinsam und andächtig dem Singen der Amsel zu. Währenddessen redete Frau M., einige Meter von uns entfernt stehend, ohne Unterlaß weiter. Sie nahm nicht einmal zur Kenntnis, daß unsere Aufmerksamkeit ganz woanders war. Statt dessen beschwerte sie sich bei mir darüber, daß ich ihr keine Antwort gegeben hätte. Ich erzählte ihr von der Amsel, die inzwischen fortgeflogen war. Sie wischte dies mit einer verächtlichen Handbewegung weg und berichtete aber nun ihrerseits von einer kleinen Meise, die sie beim Öffnen der Verandatür ihres Hauses vorgefunden hätte und auf welche sie beinahe getreten wäre. Der Vogel und sie seien darüber so erschrocken gewesen, daß die Meise gar nicht fortgeflogen sei.

Am zweiten Teil dieser Szene fällt auf, daß im Unbewußten der Mutter ihre Tochter durch die Meise symbolisiert wird. Ersetzt man jeweils die Meise durch Sabrina, liest sich die Szene so: Frau M. hat ihre Tochter nur unzureichend wahrnehmen können, worauf diese in eine lebensbedrohliche Situation geraten ist. Erst im letzten Moment konnte eine schwere Verletzung, wenn nicht gar Tötung der Tochter verhindert werden. In dem nicht nur selbst erlebten, sondern auch auf die Meise/Tochter projizierten Entsetzen über diesen Vorgang und der daraus resultierenden Erstarrung bzw. Lähmung werden die tiefsitzenden Ängste von Frau M. deutlich. Diese Ängste mögen aber nicht nur dem Gewahrwerden der eigenen aggressiven und feindseligen Gefühle gegenüber Sabrina gegolten haben, sondern auch ihrer großen Sorge entsprungen sein, inwieweit und wie lange sie ihre Tochter noch ausreichend zu versorgen vermag.

Im ersten Teil beeindruckt vor allem Sabrinas Beobachtung und Beachtung eines Vorganges, der sich außerhalb des „reiterlichen" Geschehens ereignete. Ihr Interesse für die Amsel erlebte ich nicht als Versuch, sich der aktuellen Interaktion und Beziehung zu mir zu entziehen. Ich führte es vielmehr auf eine gewachsene Sensibilisierung Sabrinas für Wahrnehmungen ihrer unmittelbaren Umgebung zurück. Im Gegensatz zur Mutter konnte nicht nur ich, sondern sogar das Pferd an diesem Erlebnis teilhaben!

Unbewußt hatte Frau M. aber die Intensität und Intimität der Situation offensichtlich sehr wohl erfaßt, die sie mit ihrem Verhalten am liebsten zerstört hätte. Mit ihrer prompt geäußerten Assoziation hinsichtlich ihres eigenen „Vogelerlebnisses" verdeutlichte sie, daß ihr der Zugang zu den dahinter liegenden Bedeutungen dieser Szene nicht völlig verschlossen geblieben war.

Familiendynamik

Nach dem Ende der Maßnahme fragte ich mich, ob die Ziele erreicht worden waren und was an ihr gelungen sei. Auch wenn ich nicht davon ausgegangen war, daß nach einer 25jährigen symbiotischen Beziehung radikale Veränderungen zu erwarten waren, so hatte mich das Deutlichwerden des Stillstandes und der Gewalt, die in dieser Beziehung herrschten, doch erschreckt. Zudem erlebte ich es als Problem, daß auf jeden aktiven Impuls von Sabrina zwangsläufig eine drastische Maßnahme der Mutter gegen die Tochter erfolgte (Haare abschneiden, konkrete Tätlichkeiten, Abführmittelmißbrauch, Überlegungen bezüglich Sterilisation, verbale Abwertung vor Dritten etc.). In vielen Fällen fühlte ich mich schuldig an der „Bestrafung" von Sabrina.

Andererseits war es faszinierend, zu erleben, wie vorhandene Impulse in der erwachsenen Tochter frei werden konnten. Dies betraf zwar nur kleine Aspekte, die sich jedoch, wie Frau M. berichtete, auch in Sabrinas Lebensumfeld bemerkbar machten. Dennoch ist zu fragen, ob das Leiden der Tochter nicht vertieft wurde durch das Erleben einer Alternative und ob ich damit nicht zu leichtfertig bei ihr den Ausbruch einer psychischen Erkrankung riskiert hatte.

Im Fall von Sabrina kam ich zu der Auffassung, daß der Spaß und die Entwicklung, den sie in den Stunden durch das Reiten, den Kontakt mit dem Pferd, die Beziehung zu mir und meiner pädagogischen Mitarbeiterin erleben konnte, die Maßnahme und damit auch die damit verbundenen negativen Reaktionen rechtfertigten.

Für mich war die Arbeit ohne eine begleitende Form der Supervision nicht denkbar. Ohne die Möglichkeit einer Reflexion und Entzerrung der Gefühle, die Frau M. in mir auslöste, wäre es entweder zu einem vorzeitigen Abbruch gekommen – oder ich hätte sicher so emotional überreagiert, daß Frau M. die Maßnahme von sich aus beendet hätte. Genau diese zwei Varianten waren in der Geschichte der Klientin schon mehrfach angelegt.

Die immense Abwertung, die mir Frau M. durch Sprache und Gesten vermittelte, war für mich fast unerträglich. Der einzige Zugang für mich war der, mir die Gefühle vorzustellen, unter denen sie einerseits litt – mit denen sie sich aber andererseits auch recht gut arrangiert hatte. Die Heftigkeit meiner Gefühle, die ich oft die ganze Woche noch mit „herumschleppte", der Widerwillen vor der nächsten Stunde, die Wut über meine eigene Unfähigkeit, Frau M. zu begrenzen, ließen im Rahmen der Reflexion u.a. Rückschlüsse auf die Heftigkeit der Gefühle von Frau M. zu. Immer wieder konnte ich nach erfolgter Reflexionsarbeit ein Stück auf Frau M. zugehen, und nach besonders heftigen Stunden konnte so auch immer wieder Frau M. einen Teil ihrer Gefühle von Bitterkeit, Zorn, Enttäuschung und Schmerz ausdrücken. Oftmals geschah dies auf körperlichem Weg. So erschien Frau M. mit bandagiertem Handgelenk, sie erzählte von ihren Rückenschmerzen, ihrer chronischen Ohrenentzündung sowie dem Fehlen von Tränenflüssigkeit usw. Es war für mich schwer erträglich, diese Klagen nur anzuhören, da Frau M. auch mit sich keineswegs sorgsam umging. Über die Beschwerden sprach sie zwar, aber sie suchte keinen Weg der Linderung, z.B. durch einen Arztbesuch. Die sogenannten „Hausmittel" genügten ihr für sich selbst.

Auch wenn das tägliche Leben für Frau M. in Hinsicht auf Arbeitsbelastung und emotionale Belastung kaum zu ertragen war, so war es dennoch sie, die an dieser Beziehung festhielt. Die Tochter wäre in der Lage gewesen, in einer entsprechenden Einrichtung zu leben und eigenständige Beziehungen aufzunehmen. Die Mutter wäre zu einem Leben ohne die Tochter meines Erachtens nicht in der Lage gewesen. Sie hatte die Tochter zu ihrem Lebensmittelpunkt gemacht.

Alles, was sie über ihre Situation erzählte, z.B. das fehlende Engagement ihres Mannes, die Beziehung zum Sohn, die Beurteilung derer, die sich wenigstens z.T. professionell um ihre Tochter in der Werkstatt für Behinderte und in Freizeitmaßnahmen kümmerten, ließen nicht den Schluß zu, daß sie hier „Einmischung" bzw. die Anerkennung eines Dritten duldete.

An dieser Stelle ist zu fragen, warum Frau M. eigentlich Sabrina das „Reiten" ermöglichen wollte. Dies hatte zum einen sicher einen medizinisch-therapeutischen Aspekt. Da Sabrina in einer herkömmlichen Krankengymnastik nicht mitarbeitete, war es notwendig, eine andere Form des

„Bewegtwerdens" und der Förderung der körperlichen Aktivität zu suchen. Der andere Aspekt war, daß Frau M. die Wertschätzung, die ich ihrer Tochter entgegenbrachte, auch selbst gutgetan hatte.

Dieses läßt sich auch an dem Thema „Geld" darstellen, welches von der ersten Stunde an immer wieder aufkam. Frau M. erwartete, daß öffentliche Stellen die Maßnahme bezahlten. Als dies nach 50 Stunden nicht mehr erfolgte und auch schriftliche Eingaben und Widersprüche nicht den gewünschten Erfolg hatten, wollte sie die Maßnahme abbrechen. Ich gehe davon aus – soweit ich einen Einblick in den Lebensstandard der Familie bekommen hatte –, daß es nicht an fehlenden Finanzen scheitern sollte. Indes, die Mutter konnte und wollte nicht für etwas, was der Tochter Spaß bereitete, eigenes Geld ausgeben. Das war es ihr offensichtlich nicht wert. In letzter Konsequenz hatte sie sich dennoch für die Fortführung des „Reitens" entschieden. Kurz bevor ich einen Settingwechsel vornehmen wollte, ergab es sich, daß ich für längere Zeit meine Tätigkeit unterbrach und so das Ende der Maßnahme in Sicht kam. Sabrina reagierte auf das nahende Ende depressiv: Sie ließ sich in den letzten stattfindenden Stunden nur noch vom Pferd tragen, nahm aber zu ihm wie in der Anfangsphase kaum Kontakt auf und sprach nicht mehr.

Frau M. versuchte bis zum letzten Moment, die Illusion einer Fortführung der Maßnahme aufrechtzuerhalten. Für sie waren Trennung und Ende ein so schwieriges Thema, daß sie dies auch hier ausblenden mußte.

Durch das Pferd kam es zwischen Mutter und Tochter zu einer konkreten räumlichen Trennung, so gering sie in den einzelnen Situationen auch war. Dennoch „thronte" Sabrina über der Mutter, bewegte sich mühelos und war im Strudel anderer Beziehungen. Die Mutter hatte zwar keine Angst vor Pferden, aber sie hätte sich auch nie auf eines selbst hinaufgewagt.

Allerdings ist es auch nicht zu unterschätzen, wie sehr Frau M. an der Aufwertung der Tochter partizipierte. Nach einem Jahr erzählte sie mir, daß sie die Fotos, die ich in unregelmäßigen Abständen von Sabrina auf dem Pferd aufgenommen hatte, jedem zeige und daß „die Leute" dann immer ganz fassungslos wären, wenn sie sähen, daß sie, die Mutter, nicht übertrieben habe, was ihre Tochter alles beim „Reiten" beherrsche.

Ich glaube, daß die große Bedürftigkeit von Frau M. in vielen Jahren weder adäquat von ihrer Familie noch von anderen Personen oder auch Institutionen bemerkt und beantwortet worden war. Ich erlebte Frau M. als sehr einsam, allein gelassen und davon bedroht, unter der großen Belastung der Pflege der Tochter physisch und psychisch zusammenzubrechen. Andererseits schien sie keinerlei Hilfen anzunehmen und wirkte durch die Belastung eher „am Leben gehalten", denn ausgelaugt.

Ich vermute, daß es für Frau M. eine lebenslange Bürde ausmacht, daß ihre Tochter nach anfänglich normaler bzw. überdurchschnittlicher Entwicklung krank und danach so schwer behindert wurde. Auch wenn sie objektiv sicher weiß, daß die Krankheit nicht durch ihr Verschulden ausbrach, so liegt es doch nahe, starke Schuldgefühle bei der Mutter zu vermuten.

Die Feststellung, daß es eigentlich die Eltern sind, die der Hilfe bedürfen, ist ein sehr häufiges Resultat einer intensiven heilpädagogischen Arbeit nicht nur beim heilpädagogischen Reiten. Gleichwohl sind nicht die Eltern die Klienten. Sollte sich die Gelegenheit ergeben, daß die Eltern für sich selbst um Hilfe nachsuchen, dann sind Überlegungen notwendig, in welchem Setting eine Hilfe aussichtsvoll sein könnte. Oft gehen die Gedanken spontan in Richtung Therapie (man selbst bewegt sich ebenfalls an der Grenze zu einer therapeutischen Maßnahme). Die Frage ist jedoch, welche Alternativen es überhaupt gibt. Um dieses herauszufinden, bietet sich eher die Empfehlung einer Beratungsstelle an als die Adresse eines Therapeuten (den man zufällig kennt).

3.2 Zusammenarbeit mit einer Schule für Erziehungshilfe

Schulen für Erziehungshilfe gibt es bundesweit mit individuellen Ausrichtungen. Die Gemeinsamkeiten der Kinder, die eine Schule für Erziehungshilfe besuchen, bestehen darin, daß bei ihnen ein sonderpädagogischer Förderbedarf festgestellt wurde, der an den zuständigen Regelschulen nicht oder nicht mehr berücksichtigt werden konnte. Die Wege der Kinder verlaufen dann über die Schule für Kranke, über die Kinder- und Jugendpsychiatrien, gelungene oder fehlgeschlagene Integrationsmaßnahmen an Grundschulen in die Schule für Erziehungshilfe mit oder ohne angeschlossene Heimunterbringung. Die Aufnahme in die Schulen für Erziehungshilfe erfolgt in mehr oder weniger guter Zusammenarbeit mit den Eltern und den zuständigen Sozialarbeitern im Rahmen von detaillierten Hilfeplänen. Als Gründe für die Meldungen zur Überprüfung des sonderpädagogischen Förderbedarfs gelten hauptsächlich Gruppenunfähigkeit, Lernverweigerung, Gewalt gegen Mitschüler, Stören des Unterrichts, Hyperaktivität und Schulschwänzen.

Die Kinder haben in der Regel folgende Probleme:

- Beziehungen zu anderen aufzubauen und aufrechtzuerhalten
- Konflikte einzugehen und konstruktiv auszutragen
- Eigenverantwortung und Verantwortung für andere und Aufgaben zu übernehmen
- Verbindlichkeiten einzugehen und einzulösen
- Vorgänge in ihrer unmittelbaren Umgebung wahrzunehmen und zur eigenen Person in Bezug zu setzen
- eigene Bedürfnisse zu erkennen, zu artikulieren und umzusetzen
- Bezug zum eigenen Körper und zu seinen Bewegungen herzustellen

Der schulische Alltag ebenso wie der Heimalltag ist in der Regel von täglichen massiven Konflikten begleitet, von vielen unschönen, gewaltsamen und anstrengenden Situationen, wenn z.B. einzelne Kinder in Konflikten ihre Kontrolle verlieren oder sich die Problematik der Geschwisterrivalität in der Gruppe stark in den Vordergrund drängt. Die Aufgabe der Lehrer ist es hierbei, die Rahmenbedingungen zu garantieren, einzelne und die Gruppe vor Übergriffen, Gewalt, Destruktion zu schützen, die Gruppe zu versorgen und Gruppenprozesse beratend zu begleiten.

Die vorausgegangenen Beziehungserfahrungen der Kinder haben diese in der Regel traumatisiert. Diese Erfahrungen übertragen sie auf ihre Lehrer, was zu heftigen Konflikten in der Schule führt. Ausgehend davon, daß Zuwendung und Liebe, die in der Vergangenheit den Kindern von ihren Eltern vorenthalten wurden, durch die Gegenwart von Pädagogen nicht kompensiert werden können und daß in früher Kindheit erlittene Wunden in späteren Jahren nicht geheilt werden, sondern lediglich durch neue Erfahrungen in den Hintergrund treten können, ist es die Zielsetzung des heilpädagogischen Reitens, mit dem und durch das Pferd Situationen zu schaffen, in denen sich die Kinder zusammen mit anderen neu und positiv erleben können.

In der alltäglichen Praxis der Schulen für Erziehungshilfe finden Auseinandersetzungen der Kinder mit den sie betreuenden Erwachsenen ständig statt. Die Pädagogen sind Projektionsflächen, Übertragungs- und Identifikationsobjekte für die Kinder. Hierin liegen, wie vielfach beschrieben, Ansatzmöglichkeiten für neue Erfahrungen. Je älter die Kinder werden, desto mehr Probleme treten in dieser pädagogischen Beziehung auf, weil die Bedürfnisse und Wünsche, die meist aus der frühen Kindheit stammen, mit zunehmendem Alter in ihrer ursprünglichen Form nicht mehr zu erfüllen sind. Zudem ist das Verhältnis der traumatisierten Kinder zu Erwachsenen durch Mißtrauen und Angst geprägt, so daß neue Erfahrungen mit Pädagogen und Lehrern nur sehr schwer und in einem langwierigen Prozeß zu erlangen bzw. zu vermitteln sind.

Beim heilpädagogischen Reiten wurde deutlich, daß die Kinder sich gegenseitig zu einer Vielzahl kompensierender Erfahrungen und Erlebnisse verhelfen konnten, die, allein durch Erwachsene vermittelt, so nicht möglich gewesen wären. Sie erfuhren durch einzelne Kinder und durch die Gruppe Zärtlichkeit, Zuwendung, Unterstützung, Bewunderung, Solidarität, Bestätigung, Korrektur, Spiegelung und Moral, kurz all das, was Eltern ihren Kindern geben könnten und was diesen Kindern größtenteils vorenthalten wurde. Diese Erfahrungen machten sie in einer für ihr jeweiliges Alter typischen Weise.

In der Arbeit mit Gruppen der Schulen für Erziehungshilfe machte ich mit den Lehrern die Erfahrung, daß bei der Beschäftigung mit den Themen „Pferde" und „Reiten", dem die Kinder mit Begeisterung und Interesse begegneten, die Bereitschaft der Kinder groß war, auch verborgene und unbewußte Anteile ihrer Persönlichkeit, ihrer Probleme und ihrer Konflikte zu zeigen und zentrale Szenen aus der Entstehung ihrer Störungen symbolisch und szenisch darzustellen.

Neben der Entwicklungsgeschichte der Kinder, dem familiären Hintergrund, den institutionellen Vorerfahrungen, der aktuellen Lebenslage und anderen Determinanten spielen auch die Konstellationen in der Lerngruppe und die Möglichkeiten des einzelnen Kindes, dort seine Wünsche und Interessen unterzubringen, eine wichtige Rolle. In der Auseinandersetzung mit den im heilpädagogischen Reiten entstandenen Erfahrungen konnten die Kinder ihre Gefühle und ihr Erleben schrittweise in Sprache fassen.

Die Fallbeispiele

Die nachfolgenden Beispiele aus der Arbeit mit einer Schule für Erziehungshilfe sollen die heilpädagogische Gruppenarbeit mit Pferden darstellen und plastisch werden lassen, welche unterschiedlichen Arbeitsweisen, Abläufe und inhaltlichen Schwerpunkte zum Einsatz kommen und Bedeutung erlangen.

Die Falldarstellung *Anna: „Eins vor, zwei zurück" – der Weg aus der Hemmung* zeigt die Entwicklung eines Mädchens im heilpädagogischen Reiten über einen Zeitraum von 2 Jahren. Die Arbeit mit „Anna" und ihrer Klasse einer Schule für Erziehungshilfe erstreckte sich über drei Kurse:

1. Kurs: „Akrobatik mit Pferden" (April – Juli 1995)
2. Kurs: „Gymkhana-Reiterspiele" (April – Juli 1996)
3. Kurs: „Zeit mit Pferden" (Oktober – Dezember 1996).

Der erste Kurs *„Akrobatik mit Pferden"* wird sehr ausführlich durch die Schilderung der einzelnen Stunden und deren Nachbereitung dargestellt, während die zwei darauffolgenden Kurse in einer Nachbetrachtung zu Annas Entwicklung kurz skizziert werden. Abschließend versucht ein Ausblick die Entwicklungsförderung durch das heilpädagogische Reiten darzulegen. Die Informationen zur Vorgeschichte des Mädchens sowie die Einschätzung zum Verlauf der Maßnahme wurden vom damaligen Klassenlehrer erstellt. Somit dokumentiert dieses Fallbeispiel auch, wie eine sehr förderliche Zusammenarbeit von Lehrer und Heilpädagogin aussehen kann.

Das zweite Fallbeispiel *Sharif: „Ich bin der Boß" – auf der Suche nach Halt* richtet den Fokus besonders auf den Aspekt der Entwicklungsförderung durch die Beziehungsangebote im Dreieck Kind–Pferd–Pädagogin, wobei in diesem Beispiel auch die Hunde des Hofes eine (die Beziehung zu den Pferden erweiternde) wichtige Bedeutung hatten.

Beide Falldarstellungen zeigen auf, wie die Förderung der Ich-Entwicklung in der Arbeit mit Pferden möglich wird.

3.2.1 Anna: „Eins vor, zwei zurück" – der Weg aus der Hemmung

Die Vorgeschichte

Aus dem Bericht des Klassenlehrers konnte ich vor dem Beginn des heilpädagogischen Reitens u.a. folgendes entnehmen: Anna kam nach einer mißlungenen Integrationsmaßnahme an der Grundschule ihres Heimatortes im Alter von 10 Jahren an die Schule für Erziehungshilfe. In dem Sonderpädagogischen Gutachten über Anna wurde zusammenfassend festgestellt, daß Annas Gehemmtheit, partieller Mutismus, d.h. Stummheit, ihre durchgehende Leistungsverweigerung und die teilweise aggressive Einforderung von Aufmerksamkeit ihren Ursprung in einer ambivalenten Mutter-Kind-Beziehung habe. Das Kind übernehme in der Übertragungssituation Konflikte der Mutter aus deren eigener Kindheit. Die Mutter habe abwertende und angsterzeugende Beziehungserfahrungen gehabt, die sie immer wieder erlebe und so aus ihrer Abwertung nicht herauskomme. Aus verschiedenen Untersuchungsverfahren der sonderpädagogischen Begutachtung ging hervor, daß Anna den starken Wunsch hatte, impulsive, aggressive Gefühlszustände zu harmonisieren. Sie sei hin- und hergerissen zwischen Aggression und ängstlicher Gehemmtheit. Deutlich depressive Züge wurden in ihren Äußerungen festgestellt. In dominanten analen Thematiken wurden Hinweise auf eine rigide Sauberkeitserziehung und eine hohe Leistungserwartung gesehen. Schlechte Schulleistungen und niedrige Grundbegabung wurden auf eine Lernhemmung zurückgeführt.

Anna wurde anfangs von den Kindern ihrer Klasse, vor allem von den Mädchen, mit Interesse aufgenommen. Am Unterricht beteiligte sie sich selten aktiv. Ihre Bewegungen und ihre Körperhaltung wirkten auf die Lehrer ungelenk, ohne Spannung und oftmals verkrampft. Es schien ihnen, als ob sie beim Laufen über ihre eigenen Beine fallen könnte. Sie schloß sich oft durch ihre Gestik von der Außenwelt ab. Anna nahm nur zögerlich zu anderen Kindern Kontakt auf. In den Pausen isolierte sie sich. Sie beobachtete aber genau, was in der Kindergruppe geschah. Aus der Begutachtung ging weiter hervor, daß Anna bei der Arbeit in der Lerngruppe sehr durch ihre starke Zurückhaltung und ihre Mißerfolgserwartung an guten Arbeitsleistungen gehindert werde. Sie verfüge über wenig Vorstellungsvermögen und Phantasie. Die meiste Zeit wirke sie teilnahmslos und ohne Antrieb. Leistungsanforderungen durch Lehrer begegne sie in der Regel mit erhöhter Passivität.

Der Klassenlehrer hatte einige Bedenken, daß Anna nicht in das Projekt „Akrobatik mit Pferden" integriert werden könnte. So wie sie sich im Sportunterricht zeige, müsse befürchtet werden, daß sie weder genügend Gleichgewichtssinn noch Bewegungskoordination und Körperspannung aufbringen könne, um auf einem Pferd sitzen zu können. Auch seien ihre Ängstlichkeit und ihr geringes Selbstbewußtsein Faktoren, die sie an einem derartigen Vorhaben scheitern lassen könnten. Erschwerend kam hinzu, daß sie bisher keinerlei Erfahrungen mit Pferden hatte. Da die anderen Kinder der Klasse bereits mit den Pferden und mir sowie der pädagogischen Mitarbeiterin vertraut waren, müsse angenommen werden, daß sich hier wieder eine Kluft zwischen Anna und der Klasse ergeben würde. So beschlossen wir, behutsam an die Sache heranzugehen und zu beobachten, wie das Angebot auf sie wirkte.

Termin Nr. 1

Ich erlebte Anna das erste Mal: Ein schlaksiges Mädchen mit hölzernen Bewegungen, die Augen niedergeschlagen, nur auf Aufforderung mit leiser, brüchiger Stimme antwortend. Sie stand mir gegenüber – und gleichzeitig hatte ich das Gefühl, daß sie gar nicht da sei.

Ich begrüßte sie – sie streckte mir ihre Hand entgegen, jedoch ohne Händedruck. Ich dachte: „Oje, ist die lasch." Anna weckte in mir widersprüchliche Gefühle – einerseits wollte ich ihr helfen, sie stützen, mit einbeziehen, und andererseits fühlte ich mich auf Distanz gehalten, „weil nichts kam."

Die anderen Kinder hatten durch ein Vorprojekt (geführter Ausritt und erste Bewegungsübungen zu Pferde) einen Vorsprung an Erfahrungen, Kontakten mit den Pferden und in der Beziehung zu mir und zu Katrin Jahnke, der pädagogischen Mitarbeiterin und Co-Leiterin, an die sie nun anknüpfen konnten. Daher bat ich Anna, mit mir gemeinsam ein paar Meter zu meinem Auto zu gehen, um noch Materialien zu holen und so einen ersten direkten Kontakt herstellen zu können. Ich fragte Anna, ob sie Tiere bzw. Pferde mag:

Anna: „Weiß nicht."
Ich: "Hast Du schon einmal auf einem Pferd gesessen?"
Anna: „Nein."
Ich: „Hast Du Angst davor?"
Anna: „Weiß nicht. Ich kann das nicht."

Ich holte die Longierpeitsche aus dem Auto und gab Anna eine andere Gerte. Die Idee dabei war, daß sie einerseits etwas zum Festhalten hatte (als Ersatz für den „Vorsprung" der anderen Kinder) und andererseits damit ganz handfest etwas von meiner Kraft abbekam. Meine Hoffnung dabei war, sie damit gut für ihren Einstieg in die Gruppe und den Beginn ihrer Beziehung zu den Pferden zu „rüsten".

Vom Gefühl her war ich skeptisch, wie ihre Integration gelingen sollte, und meine Haltung Anna gegenüber war die, sie erst einmal zu schonen, nicht zu fordern, ihr Zeit zu lassen.

Anna jedoch hatte dies nicht nötig. Ich traute anfangs meinen Augen nicht – sie machte alle Übungen wie die anderen Kinder. In der ersten und zweiten Arbeitsphase ließ sie sich von den Pferden (der Stute Vicky und dem Wallach Balou) im Schritt und Trab tragen, sie stellte sich auf den Pferderücken, sie absolvierte diverse modifizierte Voltigierübungen, die „Mühle", das entspannte „Liegen" auf dem Pferd, das „Knien". Anna äußerte Empfindungen: „Ich trau' mich nicht"; „Das ist schön"; „Ich will noch mal." Sie zeigte mir, daß eine spezielle Sonderrolle oder gar Schonung für sie unnötig war. In der dritten Arbeitsphase dann geschah noch Erstaunlicheres: Anna traute sich zu, sich vom Pferd im „dritten Gang", dem Galopp an der Longe, tragen zu lassen, wobei sie sich geschickt und gelöst den Bewegungen des Pferdes anpassen konnte. Und: Anna gelang es, ohne Hilfestellung alleine auf das Pferd zu kommen. Das war eine große Leistung – bisher hatte dies aus der Gruppe nur Petra geschafft.

Konflikthaft zeigte sich das Verhältnis zu den anderen beiden Mädchen der Klasse, Jenny und Petra. Die beiden grenzten sich stark von Anna ab, wollten nichts mir ihr zu tun haben. Anna konterte dies durch ihre enormen Leistungen, was den Haß der beiden anderen vergrößerte. Mir schien, daß hier sehr subtile Prozesse abliefen. Anna „vergaß" den Namen des einen Mädchens, mit der sie zusammen eine Übung auf dem Pferd machte, was diese fast zur Weißglut brachte: „Ich will nicht mit der, die ist Scheiße – ich heiße Jenny, die weiß das doch."

Annas Beziehung zum Pferd zeigte sich mir am deutlichsten in der Einzelarbeitsphase. Sie genoß den Einfluß auf das Tier und war eine aufmerksame Schülerin. Schnell begriff sie, wie sie das Pferd anreitet (in Bewegung setzt) und durchpariert (anhält). Die Durchsetzung ihrer Wünsche bereitete ihr keine Probleme. Angst zeigte sie, wenn das Pferd „von sich aus" reagierte, z.B. wenn es stehen sollte und von sich aus einen Schritt zur Seite trat oder mit dem Kopf wackelte oder schnaubte. Dann flammte fast Panik auf, die jedesmal von ihr stereotyp verbalisiert wurde: „Ich habe Angst, ich kann das nicht." War sie vom Pferd abgesessen, so drehte sie ab – ohne Gefühlsäußerung, ohne sich vom Pferd zu verabschieden, ohne es noch einmal anfassen zu wollen. So, als sei sie „ausgeknipst" wie ein Lichtschalter.

Auch eine Verabschiedung von mir oder Katrin gab es nicht – Anna war einfach weg. Sie hatte sich in den Bus gesetzt, während die anderen Kinder uns und die Pferde noch „umlagerten", gar nicht mehr weg wollten oder „nur noch einmal" zu diesem oder jenem Hund oder Pferd zum Tschüs-Sagen gehen mußten.

In der Teamreflexion war der Klassenlehrer verblüfft, wie aktiv sich Anna gezeigt hatte – dies stünde im krassen Gegensatz zu seiner bisherigen Wahrnehmung von ihr. Wir freuten uns sehr darüber und waren froh, daß Anna scheinbar das Reiten als Ort für sich nutzen konnte. Meine anfängliche Euphorie über Anna hatte sich schon während meiner ersten Nachbereitung gelegt, als wieder meine zwiespältigen Gefühle aus unserer ersten Begegnung auftauchten. Diese bildeten sich auch in Annas Beziehung zu den Pferden ab, die nur in der machtvollen Position, d.h. *sie* bestimmt Tempo und Richtung, für sie erträglich waren. Ihre offensichtliche Beziehungslosigkeit zu den Pferden (und auch zu mir?) stimmten mich bedenklich. Positiv stimmte mich das Verhalten der Pferde Vicky und Balou, die beide auf Anna so reagiert hatten, daß Annas Äußerungen als eindeutig von ihnen empfunden wurden.

Wir planten für den weiteren Verlauf, den Mädchen für ihre Konkurrenzkonflikte Platz einzuräumen. Ab dem zweiten Mal sollte es eine 15minütige Arbeitsgruppenphase geben, in der die jeweiligen AGs Kunststücke für die Aufführung am Ende des Projektes erarbeiten und üben sollten. Die drei Mädchen sollten durch das Aufeinander-Angewiesen-Sein auf dem Pferd ermuntert und gezwungen werden, ihre Konflikte auszutragen und Lösungen zu finden. Wir waren gespannt, welche Übung sich die drei aussuchen würden.

Termin Nr. 2

Anna humpelte als letzte auf den Reitplatz. Sie könne nicht mitmachen, sie sei verletzt, gestürzt, alles schmerze – sie könne das Bein nicht bewegen. Die anderen Kinder reagierten sauer und abfällig: „Die tut doch nur so." Dies war auch mein Eindruck, wenngleich sie wirklich gestürzt war und auch eine Wunde am Bein hatte. Ich war traurig – und enttäuscht. Trotz Aufforderung beteiligte sich Anna in der ersten Arbeitsphase nicht. Einmal probierte sie es, schrie und jammerte aber, als ich ihr aufs Pferd helfen wollte. Wir vereinbarten, daß sie pausierte.

Bei der 2. Arbeitsphase – den Arbeitsgruppen – wollte sie keinesfalls mitmachen. Dennoch entwickelten die drei Mädchen zusammen den Plan, für die Aufführung eine Pyramide zu dritt auf Balou zu üben. Sie freuten sich zusammen darüber, daß gewiß keine andere AG solch eine Leistung zustande brächte, von der die Zuschauer dann auch bestimmt beeindruckt sein würden.

Nach anfänglichem Zögern willigte Anna ein, mitzuproben und wenigstens das Pferd zu führen, während Jenny auf dem Pferd saß und Petra hinter ihr auf dem Pferd stand. Anfangs waren alle drei etwas ängstlich - dann machte es allen spürbar Spaß. Anna führte Balou sicher und gefühlvoll mit Blickkontakt und Rücksicht auf die beiden anderen Mädchen. Das nächste Mal wollten sie zu dritt üben.

Nach der Pause geschah folgendes: Anna hatte sich die lange Longierpeitsche genommen (was für alle Kinder verboten war) und ließ sie laut knallen. Die Pferde und Kinder erschraken – vorher war es eine entspannte Situation gewesen. Die Gruppe brüllte sie an – Anna bezog fast Prügel von den anderen Kindern, die jedoch schnell wieder mit Bemerkungen wie „Die ist doch eh doof" von ihr abließen.

Anna reichte mir zum Abschied die Hand, schaute mich nicht an, kein Händedruck, keine Spannung, keine Kraft. Ich wünschte ihr gute Besserung.

Der Termin hatte mich tief deprimiert. Ich dachte, daß Annas Verletzung als Selbstbestrafung für die aufgeflammte Konkurrenz zu den Mädchen – und auch Jungen diente. Ich war traurig bei dem Gedanken, daß sie sich selbst zur Invalidin machte, um sich damit vor noch Schlimmerem zu schützen. Ich hielt die äußere Verletzung dabei nicht für das Wesentliche, sondern eher als einen nach außen hin sichtbaren und dadurch vertretbaren Versuch, eine Begründung für ihre innere Verletzung zu geben.

Von daher hatte die Gruppe mit ihrer Aggression „Die tut ja nur so" nicht unrecht, wenngleich auch das „Nur–so–Tun" Ausdruck bestehender Verletzung war. Deutlich wurde die Konkurrenz noch mal, als Petra mit teuflischem Grinsen alleine aufs Pferd kam und Jenny sagte: „Ich will das auch!" Anna stand stumm daneben – sie, die so problemlos aufs Pferd kam und nun kommentarlos neben diesem (und neben sich?) stand. Immerhin konnte sie das Zusammensein mit den anderen beiden in der AG ertragen und sogar Spaß daran finden, zu dritt eine besondere Übung zu planen.

Hoffnungsvoll stimmte mich auch die Szene mit der Peitsche, die ich so verstand, daß Anna sich wehrte und doch noch einen Weg fand, ihre Aggressionen gegen die anderen auszudrücken. Da sich die Gruppe deutlich gegen sie gestellt hatte, ließ sie symbolisch die Gruppe (= „die Puppen") tanzen. Und sie verstand es gut, alle anderen Kinder sowie zwei Pferde, den Lehrer, den Referendar, Katrin und mich damit gleichsam zu „treffen".

Auffällig schien mir dabei auch zu sein, daß sie sich über das Verbot, die lange Longierpeitsche zu benutzen, hinweggesetzt hatte. Sie hatte von mir dazu zwar nicht die Erlaubnis, aber ich denke, sie ging davon aus, daß ich sie nicht empfindlich zurechtweisen würde, da ich es war, die ihr zu Beginn der ersten Stunde die Gerte mit durchaus symbolischer Wirkung gegeben hatte. Ich erlebte dies als eine Antwort Annas auf mein Angebot und damit analog als einen Ansatz einer positiven Übertragungsbeziehung, deutlich durch ihre Identifizierung mit mir als Besitzerin der langen Longierpeitsche (Potenz).

Termin Nr. 3

Anna war immer noch verletzt. Bei einigen Übungen in der ersten Arbeitsphase machte sie mit, aber nicht bei allen.

Bei der Arbeitsgruppe drängten die anderen beiden Anna, mitzumachen – sie müßten doch jetzt mit dem Üben langsam anfangen. Anna wollte erst nicht und führte, wie beim letzten Mal, Balou. Dann endlich war sie doch bereit, mitzumachen. Jenny saß auf Balou, Petra saß auf Jennys Schultern, und Anna saß hinter den beiden ebenfalls auf Balou. Es gelang gut. Wir vereinbarten, daß sie es das nächste Mal in der Bewegung, das heißt, während Balou im Schritt vorwärts geht, weiter übten.

Die drei wollten noch nicht vom Pferd. Ich ließ sie zu dritt noch einige Zeit auf Balou auf dem Reitplatz alleine im Schritt reiten (alle drei saßen hintereinander). Die anderen Kinder bestaunten die drei teils sehr heftig.

In der 3. Arbeitsphase wollte Anna erst wieder nicht. „Nein, keinen Galopp, ich hab‘ Angst, ich kann das nicht", dann willigte sie doch ein. Plötzlich fing sie an, gellend zu schreien – mehrmals hintereinander, sehr laut und gequält. Ich fragte sie, ob wir aufhören sollten – sie: „Nein!" Nach einer Pause galoppierte sie wieder (ihr Pferd galoppierte mit meiner stimmlichen Hilfe Balou hinterher – Katrin rannte zur Sicherheit nebenher) und Anna wollte immer mehr und immer mehr und immer schneller. Sie lachte und genoß den „Galopprausch" in vollen Zügen.

Ich freute mich, daß es Anna gelungen war, mit den beiden anderen Mädchen nicht nur die Übung gemeinsam zu gestalten, sondern auch, daß sie lustvoll das Reiten zu dritt auf Balou erleben konnte.

Ihr Schreien beim Galopp hatte mich erst erschreckt – was waren das für gequälte, archaische Schreie? Was war ihr angetan worden, welches Leid hatte sich da an die Oberfläche geschrien? Der Übergang vom Schmerz bzw. Leid zur Lust des Galoppgenusses, d.h. Kraft und Schnelligkeit lustvoll zu spüren, die dynamischen, durchaus sexuell erregenden Gefühle des gemeinsamen Berauschtseins (Pferd und Mädchen) auskosten zu können, war fließend.

Termin Nr. 4

Die 1. Arbeitsphase bestand in Übungen der Gesamtgruppe auf Vicky. In raschem Wechsel und hohem Tempo machten alle den Grundsitz (Reitsitz) mit Abgang über die Seite des Pferdes, den „toten Mann" bzw. die „Frau", wie ein Indianer quer über dem Pferd liegend mit dem Abgang vom Pferd mit einem Bocksprung über dessen Kruppe und die „Mühle". Diese Übungen sollten auch bei der Aufführung gezeigt werden – und die Kinder nahmen deutlich aufeinander Bezug. Anna machte als ein Mitglied der Gruppe mit, mußte aber keine besondere Rolle einnehmen.

In der Arbeitsgruppe probierten die drei Mädchen verschiedene von ihnen ausgedachte Positionen auf dem von Jochen (einem Jungen aus der Klasse) geführten Balou aus. Ich ging zur Sicherung und Unterstützung neben dem Pferd mit.

1. Übung

Jenny saß auf Balou, Petra saß auf Jennys Schultern, und Anna stand hinter den beiden auf Balou. Die Übung gelang gut - aber: Anna wollte an Petras Position.

2. Übung
Anna saß auf Jennys Schultern, Petra stand hinter ihnen. Die Übung gelang – aber Petra sprang plötzlich von Balous Rücken auf den Boden. Petra wollte mir nicht sagen, warum sie abgesprungen war. Jochen kommentierte trocken: „Petra will ganz oben sein – die Anna soll ihr das nicht wegnehmen."

3. Übung
Petra saß auf Annas Schultern – Jenny wollte dahinter stehen. Es kam nicht dazu, da Anna so schlaff auf Balou saß, daß Petra gar nicht auf ihren Schultern sitzen konnte. Jenny hatte dadurch keinen Halt an Petra und konnte sich nicht aufrichten. Es kam zu wüsten Beschimpfungen von Jenny und Petra Anna gegenüber, die in dem haßerfüllten Vorwurf endeten: „Du machst uns alles kaputt."

4. Übung
Anna saß auf Balou, Jenny saß hinter ihr, und Petra saß auf Jennys Schultern. Ich kommentierte: „Das sieht komisch aus – Jenny ist ganz eingequetscht und ist nicht gut zu sehen".

5. Übung
Petra saß vorne, Anna saß auf Petras Schultern – Jenny stand dahinter.
Wie die vorangegangenen Übungen, wurde auch diese erst auf dem stehenden Balou ausgeführt und dann auf dem im Schritt schreitenden Pferd. Inzwischen hatte ich Jochen aus der Reithalle herausgeschickt, da er trotz Ermahnungen nicht aufhörte, die Mädchen mit Bemerkungen zu ärgern. Zusätzlich ließ er manchmal einfach Balous Führzügel los, was diesen dazu veranlaßte, plötzlich schneller zu gehen oder abrupt stehenzubleiben, was die Übungen der Mädchen extrem erschwerte.

Bei der 5. Übung meckerten alle drei lautstark – jede beschimpfte jede. Kurz bevor ich anhalten konnte, sah ich Jenny und Anna in Zeitlupe wie zwei gefällte Tannen seitlich von Balou fallen. Schock – Stille – Schreien. Die beiden lagen schreiend und wimmernd am Boden, und Petra sprang von Balou ab, rannte zur Bande, vergrub ihren Kopf zwischen ihren Armen und wehklagte am lautesten.

Gemeinsam (Lehrer, Katrin, Referendar und die anderen fünf Kinder) trösteten wir die beiden Gefallenen. Nach kurzer Untersuchung war ich mir sicher, daß sie sich keine körperlichen Verletzungen zugezogen hatten.

Mein vorrangiges Ziel war es nun, alle drei Mädchen wieder aufs Pferd zu bekommen. Im Umgang mit Pferden hat der Gestürzte mit nachhaltigen Problemen, Hemmungen und Ängsten beim Reiten zu rechnen, wenn er nicht möglichst bald wieder auf das Pferd aufsitzt. Ich schickte alle anderen Kinder weg. Keine der drei Mädchen wollte wieder auf Balou. Jenny hatte sich beruhigt, Anna wimmerte noch vor sich hin, und Petra konnte sich scheinbar nicht entscheiden, ob sie lachen oder weinen sollte. Bei beiden – Anna und Petra – hatte ich den Eindruck, daß sie irgendwie nicht ganz ehrlich waren.

Plötzlich sah ich zu meinen Füßen in den Sägespänen eine gerissene Metallöse von dem Strick liegen, der am Therapiegurt befestigt war und als seelische und reale Unterstützung für die Übungen gedacht war. Ich bot den Strick als „Schuldigen" an. Er, d.h. die Öse, war gerissen – und dies konnte einen Sturz verursacht haben. Daraufhin saßen alle drei wieder mit meiner Hilfe auf Balou auf.

Ich führte sie auf Balou. Ich fragte sie, wie wir nächstes Mal weitermachen sollten:

Anna: „Gar nicht."

Jenny: „Wir probieren die letzte Übung weiter."

Petra: „Ja, das klappt schon, aber du (Anna) mußt mitmachen."

In unserer Teamreflexion stellte ich den anderen meine Überlegungen dar, was oder wer den Sturz verursacht haben könnte.

1. Der „gerissene" rote Strick

Die Metallöse riß unter der Belastung – was eigentlich bei dem einwandfreien Material nicht hätte passieren dürfen. Dies ist unwahrscheinlich, da der Strick hauptsächlich einen seelischen Halt darstellte. Die Erschütterung durch den Riß hätte m. E. leicht von Jenny an Annas Schulter abgefangen werden können.

2. Jenny

Jenny zog es in die Tiefe. Vielleicht hatte Jenny ihren Mut überschätzt, und ihre massiven Minderwertigkeitsgefühle wogen stärker und rissen sie in die Tiefe. Dies ist unwahrscheinlich, da Jenny körperlich überaus geschickt und mit einem ausgeprägten Gleichgewichtssinn ausgestattet war. Sie hätte selbst ein Rutschen noch gut abfangen können.

3. Petra

Petra entzog Anna ihren Halt, worauf Anna wankte und Jenny dadurch mit ins Rutschen brachte (Petra vermutete gleich nach dem Sturz: „Ich bin schuld"). Dies ist unwahrscheinlich, eher hätte es dazu geführt, daß Anna auf das Pferd gefallen oder Jenny abgesprungen wäre. Zumindest wäre dies vermutlich mit Kreischen etc. quittiert worden – der Sturz erfolgte jedoch urplötzlich.

4. Anna

Anna kippte gezielt zur Seite und stürzte zusammen mit Jenny vom Pferd. Anna ging deutlich in die Konkurrenz zu Petra, da sie ihre Position haben wollte (s. 1. Übung). Als Petra daraufhin absprang, wollte sie diese Position nicht mehr und schlug eine andere Übung (s. 3. Übung) vor. Sie wollte in exponierter Position sein, z.B. vor Jenny oder an 1. Position etc. Die Zwischenposition verlangte von ihr, gleichzeitig Hilfe anzunehmen und Hilfe und Stütze zu geben und mit beiden Mädchen in direktem Kontakt zu sein.

Ich vermutete, daß sie dies ebenso überfordert hatte wie das deutliche Sitzen oberhalb Petras, d.h. auf ihr zu triumphieren. Dazu kam noch, daß ihr Jenny sozusagen „im Nacken saß bzw. stand". Ich dachte, daß sie dies alles nicht hat aushalten können und daraufhin in sich zusammensackte, was Jenny urplötzlich jeglichen Halt entzog, wodurch sie dann zur Seite stürzte. Als Nebeneffekt bürdete sie damit noch Petra auf ihrer ersten Position die Schuld auf – was sie dann beim nächsten Termin auch als Erklärungsansatz selbst so benannte. Parallel dazu, neben der Überforderung, ist dann auch die aggressive und autoaggressive Komponente denkbar, daß sie – um die beiden anderen zu schädigen – auch eine eigene Gefährdung in Kauf nahm.

5. Abzug meiner Unterstützung

Durch den Ärger mit Jochen, den ich fortschickte, übernahm ich alleine die Kontrolle Balous. Dies bedeutete einen Abzug meiner ungeteilten Aufmerksamkeit für die drei Mädchen.

Dies kann subjektiv eine Schwächung der Verbindung der einzelnen zu mir zur Folge gehabt haben. Vielleicht führte dies zum Abreißen der Verbindung zu ihrer eigenen weiblichen Stärke, zu ihrem Können. Dazu kam, daß ich meine Aufmerksamkeit von der inneren Verbindung zur äußeren Realität (dem männlichen Balou) wandte. Denkbar ist auch der Aspekt, daß der Sturz eine Rache an mir sein sollte. Immerhin „glänzte" ich durch die außerordentliche Leistung der drei Mädchen auf dem Pferd auch, und es war auch wirklich so, daß ich besonders die kreativen, wagemutigen und stolzen Anteile der Mädchen verstärkte und ihnen meine Zuversicht in ihre Fähigkeiten ausdrückte.

Dieser Aspekt blühte auch deutlich in meinen Gefühlen und Phantasien nach diesem Termin auf. Auszug aus meinem Protokoll, 4. Termin – „Der Sturz" (vom 2. Juni 1995): „Bin traurig, daß der Sturz der Mädchen passiert ist. Mir passiert? Hätte ich besser achtgeben müssen? Hätte ich dies verhindern müssen – besser können? So ist nun die Bestätigung der Angst eingetreten: ‚Ich kann nix', ‚Ich bin schuld', ‚Ich bin so verletzlich', ‚Ich hab es doch gewußt'. Ich, die (endlich eine) gute Mutter, hätte sie davor schützen sollen, auffangen wollen. Ich, die ‚Mächtige' habe ich etwas provoziert? Verliebt in den Erfolg, das Können der Mädchen? Habe ich sie zu noch mehr Leistung herausgefordert, angespornt? – Ein anderer Blick: Sie hatten die Freiheit, auszuprobieren. Und erlebten, daß sie sich nicht einigen können, daß die Beziehungen nicht tragfähig sind. Das tut weh ..."

In der Teamreflexion hielten wir die Wahrscheinlichkeit für groß, daß viele, vielleicht sogar alle, der o.g. fünf Aspekte zusammentrafen. Dennoch irritierte mich nachhaltig, daß ich Anna als „falsch" erlebt hatte, als sie am Boden lag und weinte. Ich fühlte nicht das weinende Kind, sondern ich fühlte aufgesetzte Jämmerlichkeit. Bei mir verdichtete sich immer mehr der Eindruck, daß auch wir freundlich verschleierten, wenn wir eine kollektive Verursachung des Sturzes annahmen. Bis zum nächsten Termin, eine Woche später, war ich der Ansicht, daß Anna den Sturz gezielt herbeigeführt hatte. Wobei ich denke, daß hier die aggressiven und autoaggressiven Anteile gleichstark mit den Anteilen sind, die sie überfordert haben, und so den Sturz notwendig machten.

Eine Verabschiedung von Anna gab es heute wieder nicht.

Termin Nr. 5

In der ersten Arbeitsphase machte Anna gut mit. Die Gruppe war diesmal sehr unruhig, es kam zu vielen aggressiven Attacken – jeder gegen jeden. Anna schien nicht direkt beteiligt, provozierte jedoch insbesondere die Jungen massiv, z.B. mit versteckten Gesten („Stinkefinger", Zunge–Rausstrecken).

In der Arbeitsgruppe fehlte Petra, die krank war. Von den drei Kindern (Jenny, Anna und Jochen) wird die Schuldfrage angesprochen – wer die Schuldige am Sturz vom letzten Mal sei. Ich fragte, was sie dachten:
Jenny sagt: „Ich war schuld."
Anna sagt: „Petra war schuld."
Jochen sagt: „Anna war schuld."

Wir überlegten zusammen die verschiedenen Varianten (s. 4. Termin). Jochen war völlig überrascht, daß er auch etwas mit dem Sturz zu tun haben könnte. Jenny schienen die Überlegungen zu entlasten. Anna dagegen fühlte sich sichtlich unwohl bei unserer Erörterung.

Ich wollte mit den Übungen Jennys und Annas anfangen. Wir überlegten verschiedene Übungen heute ohne Petra. Aber ungeachtet welcher Vorschlag kam, Anna wollte nicht. Nach geraumer Zeit wurden Jenny und Jochen ungehalten. Ich auch!

Nach 10 Minuten des Bittens, Ermunterns und des Versuches, sie einzubeziehen, reichte es mir.

Ich ermahnte sie, vom Pferd herunterzukommen. Auch dem kam sie nicht nach. Ich schob sie förmlich herunter. Anna verkroch sich ca. 8 m von uns hinter einem Reithindernis. Ich rief ihr zu, daß sie nachher mit mir eine Übung machen könnte, und begann mit Jochen und Jenny auf Balou verschiedene Übungen.

Danach rief ich Anna. Sie saß hinter mir auf Balou. Egal, was ich ihr anbot – sie verweigerte sich. Sie wollte nicht absitzen. Sie strotzte vor Lustlosigkeit. Doch – sie wollte Galopp mit mir reiten. Nach dem Galopp fragte ich sie, wie es für sie war: „Schlecht." Ich fühlte mich abgeschmettert, war verärgert über Anna, dachte: „Die kann doch!?"

In der dritten Arbeitsphase wollte sie nicht wie alle anderen Galopp reiten. Ich ließ mich nun nicht mehr auf ihr „will nicht" ein, sondern ordnete förmlich an, daß sie Vicky im Schritt über Hindernisse und um sie herumreitet. Sie mußte dafür die Zügel in die Hand nehmen und, auf meine Anweisungen und Aufforderungen reagierend, dem Pferd deutlich vermitteln, was sie von ihm wollte. Vicky ordnete sich Anna anstandslos unter, nahm ihre Hilfen bzw. Befehle bezüglich des Tempos und der Richtung prompt an. Immer noch verärgert, dachte ich: „Na also, sie kann doch!"

Als die Pferde abgesattelt, geputzt und versorgt waren (Anna beteiligte sich immer noch nur nach direkter Aufforderung), kam Anna zu mir und fragte mich, ob sie Vicky in den Stall bringen könnte. Ich war erstaunt, freute mich über ihr Interesse und willigte sofort ein. Anna nahm den an Vickys Halfter befestigten Strick und führte Vicky in den ca. 15 Meter entfernten Stall. Auf der Stallgasse ließ sie plötzlich den Strick fallen, piepste: „Ich hab' Angst" und rannte weg. Ich stand alleine mit Vicky da und „kochte" regelrecht. Ich brachte Vicky in den Stall und suchte Anna mit Strick und Halfter in der Hand. Ich fand sie bei den anderen Kindern und fauchte: „Nimm den Strick und das Halfter und komm mit!" Anna kam mit. Im Stall wieder: „Ich hab' Angst" – und Anna wollte wegrennen. Ich schnappte sie am Oberarm, – ich fühlte, daß sie dünn wie ein Streichholz war. Ich sagte: „Mir langt's jetzt – du bist stark, du weißt, was du willst – du kannst das" und zerrte sie gegen ihren Willen mit Vicky in die Box. Dieses Führen von Vicky von der Stallgasse in die Box absolvierten wir dreimal, – die ersten zwei Male hielt ich sie an der Hand, das dritte Mal machte sie es alleine.

In der Box klopfte sie Vicky freundlich, zog ihr souverän das Halfter aus, legte noch mal schmusend ihren Kopf an Vicky. Dann schaute mich Anna ganz offen an, lachte und hüpfte aus der Box und sprang ausgelassen zu den anderen Kindern. Beim Abschied gab mir Anna mit deutlichem Händedruck ihre Hand.

Der 5. Termin war für alle Kinder extrem schwierig. Für mich auch. In meiner Nachbetrachtung überschrieb ich ihn mit „Die große Verweigerung – nichts geht mehr". Erst mit gehörigem zeitlichem Abstand war ich in der Lage, zu sehen, welchen großen Schritt Anna zu gehen vermochte.

In der 1. Szene zeigte sich, daß Anna inzwischen einen Platz in der Gruppe gefunden hatte. Aggressionen wurden zwar noch immer „versteckt" und scheinheilig gezeigt, aber dennoch deutlich nach außen gerichtet.

In der 2. Szene der Arbeitsgruppenphase zeigte Anna ihr Unwohlsein, sobald sie mit dem Sturz in direkte ursächliche Verbindung gebracht wurde. Ich hatte den Eindruck, daß ihr diese Offensichtlichkeit sehr unangenehm war. Ihre Lösung bestand darin, Petra, die heute abwesend war, alle Schuld zuzuschieben.

Ihre Art, mit totaler Verweigerung auf alle Zusammenarbeitsangebote von Petra zu reagieren, verstärkte in mir den Eindruck, daß sie Jenny (und Petra) den erhofften Erfolg bei der Aufführung nicht gönnte, daß sie ihn gezielt verhindern mußte, daß erneut ihre zerstörerischen Impulse vorrangig vor denen eines gemeinsamen Fühlens waren. Ihre Art der Verweigerung zeigte sich zwar nach außen hin durch stummes Kopfschütteln oder ein mit zitternder Stimme gesprochenes Nein, aber aus der Intensität ihrer Verweigerung sprach das Gegenteil: Kraft und massive Aggressivität.

Bei der Art, wie ich sie von Balou herunterschob, ließ ich sie meine Verärgerung deutlich spüren. Auf meine aggressiven Gefühlsreaktionen hin verkroch sie sich förmlich hinter einem Reithindernis.

Als ich sie so dort sitzen sah, dachte ich, „wie unter dem Tisch in der Schule". Ich hoffte, sie aus dieser Position gleichsam herauslocken zu können mit dem Angebot, mit mir gemeinsam eine Übung zu Pferde zu machen. Der – nach langem Warten, welches mich ärgerlich werden ließ – gemeinsam ausgeführte Galopp wurde von ihr als „schlecht" bezeichnet. Ich brauchte in der direkten Situation einige Zeit, bis ich meine bis dahin starke Verärgerung sozusagen in den Griff bekam und wieder meine Traurigkeit über sie spüren konnte.

Zwei Entschlüsse faßte ich vor Ort:

- Anna sollte in der dritten Arbeitsphase wieder in Kontakt mit ihren positiven Fähigkeiten kommen.
  Ich nahm mir vor, mich nicht mehr von ihr „abschmettern" zu lassen, und plante, daß sie das Tempo und die Richtung von Vicky bestimmen sollte.
- Anna sollte aus der Mädchenarbeitsgruppe heraus.
  Durch die Szene mit dem „Im–Hindernis–Verkriechen" und der Analogie mit der „Schul"–Schlüsselszene des Stumm–unter–dem–Tisch–Sitzens, hatte ich den Eindruck, daß sie hier lediglich wieder in dieselbe Sackgasse geriet und keine Wahl mehr hatte. Auch konnte ich es wegen der individuellen Situation z.B. von Jenny, deren äußerst brüchiges Selbstwertgefühl „Ich bin doch eh Scheiße" verlautbarte, nicht zulassen, daß durch Annas Verweigerung sich auch deren negative Haltung bestätigte.

Ich suchte einen Ausweg für diese dreifache „self-fulfilling prophecy". Ich beabsichtigte, Anna eine Chance zu geben, ihre Leistung auch anderen deutlich zu zeigen, und ich wollte das positive Selbsterleben von Jenny und Petra fördern. Ich war der Meinung, daß jene Vorhaben in dieser Dreierkombination nicht gelingen könnten. Auch mit mir und Anna war es trotz der inzwischen tragfähigen positiven Beziehung (vielleicht wegen der aggressiven Konkurrenzgefühle) nicht möglich, zu einer Zusammenarbeit auf dem Pferd zu gelangen. Ich plante, Katrin und Anna in einer Arbeitsgruppe zusammenzufassen, da Katrin für sie vielleicht nicht so deutlich mit Mutter- und Potenzphantasien besetzt war.

Bei der letzten Szene mit Anna im Stall packte mich zwischendurch (und auch nachträglich) Grausen über mich und meine Handlungen. Ich klagte mich für mein grobes, unreflektiertes Zupacken an – ich entwickelte Angst, sie mit dem von mir ausgeübten Zwang quasi vergewaltigt zu haben. In der Teamreflexion wurden dann auch Überlegungen und Phantasien über eventuelle sexuelle Mißhandlungen laut, denen Anna ausgesetzt gewesen sein könnte.

Aber auch ein anderer Blick war möglich: Vielleicht hatte das gute Erleben durch das „Die–Zügel–in–die–Hand–Nehmen" und das genußvolle Erleben des Einflußhabens auf das Pferd Anna ermutigt, auch den Wunsch nach noch größerer Nähe zu spüren. Wenn man neben dem Pferd hergeht und es vom Boden aus dazu veranlaßt, das zu tun, was man will, ist man in etwa auf Augenhöhe mit dem Pferd und fühlt sich auch eher klein, machtlos und schwach. Viele Reitanfänger zeigen schon nach einigen Reitstunden recht passable Einflußnahme in der reiterlichen Position auf dem Pferd – versagen aber oft kläglich dabei, das Pferd aus der Box oder in eine bestimmte Richtung zu führen.

Das Getrenntsein ist deutlicher spürbar als beim Sitzen zu Pferde. Die Stärke und Dynamik des Pferdes kann sich aus der „Bodenposition" rasch ins Bedrohliche verändern. Den Weg zum Stall führte Anna Vicky sicher und selbstbewußt. Dies war für mich aus Vickys Verhalten deutbar. Wäre Anna unsicher oder ängstlich gewesen, wäre Vicky anders gegangen.

Daß Anna den Strick urplötzlich fallen ließ und wegrannte, brachte mich zur Weißglut. Zum einen ließ mich Anna quasi „im Regen stehen" - allein mit dem Pferd in der Stallgasse (die große Pädagogin ...),und zum anderen war ihr Verhalten für mich aufgrund des vorherigen Führens von Vicky völlig überraschend. Und zum dritten hat sich in diesem Moment die Verärgerung über Anna aus den vorhergegangenen Situationen entladen.

Ich bin mir sicher, daß ich wutschnaubend über den Hof laufend Anna gesucht habe. Auch nachher noch fühlte ich mich wie ein „Tyrannosaurus Rex" auf der Suche nach seinem Opfer. Zumindest zeigte ich ihr meine Wut und meine Erwartungen an sie deutlich und handfest (im wahrsten Sinne des Wortes). Ich ließ sie in dieser schwierigen Situation nicht alleine, sondern sagte ihr meine Einschätzung und sprach damit auch Zutrauen in sie aus. Zuerst mit meiner konkreten Unterstützung und dann selbständig bewältigte sie schließlich die Situation.

Das erste Mal erlebte ich, wie Anna ein Pferd zärtlich berührte und sich von Vicky auch sprachlich verabschiedete. Die Eindeutigkeit, wie sie mir danach in die Augen schaute und zu den anderen Kindern fast fröhlich „hüpfte", ließ mich hoffen, ihr nicht geschadet zu haben. Anna verabschiedete sich das erste Mal von mir mit deutlichem Händedruck, sie ging nicht als die Schwache, Verletzte, sondern als starkes Mädchen.

Termin Nr. 6

Anna kam und sagte: „Mir ist sooo kalt." Einige andere stimmten ihr zu (es war Juni, und es war warm!). Ich griff dies auf und schlug ein Bewegungsspiel/Wettrennen (die Kinder sind die Pferde) vor. Katrin und ihr Hund rannten vor – die anderen „jagten" sie. Beim ersten Durchlauf machte Anna als einzige nicht mit. „Was soll ich denn machen?" Beim zweiten Durchgang rannte sie wie alle anderen los.

Bei der 1. Arbeitsphase machte Anna gut mit. Es gelang ihr, zweimal zwei Runden auf Vicky an der Longe zu galoppieren, ohne sich festzuhalten. Sie hätte es gerne länger geschafft.

In der 2. Arbeitsphase (Arbeitsgruppe) verweigerte sich Anna wieder vehement allen Angeboten von Petra und Jenny. Ich teilte der Gruppe meine Entscheidung mit. Alle drei stimmten spontan ein und waren einverstanden.

Katrin und Anna verhandelten lange, auf Vicky sitzend, über eine Übung. Anna lehnte alles ab, hatte keine eigenen Ideen, Katrin war frustriert. Nach 10 Minuten stiegen beide ohne konkretes Ergebnis vom Pferd ab.

In der Pause stand Anna lange bei Vicky und sprach und schmuste mit ihr. Andere Kinder verscheuchte sie – sie wollte mit Vicky alleine sein, sie beanspruchte sie für sich. Ich sah, wie sie Vicky mit etwas fütterte. Ich sprach sie später darauf an, und sie sagte gereizt: „Ja, na und – ich hab' ihr halt was zu Essen mitgebracht." Balou erhielt von Anna auch weiterhin keine besondere Beachtung oder Zärtlichkeit.

In der 3. Arbeitsphase absolvierte sie die Mutprobe (Umsteigen im Schritt von Balou auf Vicky) mit anfänglicher Angst, dann doch souverän und ritt schließlich mit Vicky eine Runde ganz alleine auf dem großen Reitplatz im Schritt. Danach wollte sie nicht von Vicky absteigen.

Ich bat sie, Vicky in den Stall zu bringen. Erst wollte sie nicht. Ich bestand aber darauf. Sie fügte sich, führte Vicky in den Stall und bat um meine Hand. Hand in Hand führten wir Vicky in ihre Box. Anna schmuste noch kurz mit ihr – verabschiedete sich herzlich und klapste sogar noch frech eins auf Vickys Kruppe (Hinterteil).

Als Anna zur Begrüßung sagte: „Mir ist sooo kalt", hatte ich die Assoziation, daß sie mit der Situation, den Pferden und mir erst wieder „warm" werden müsse. Ich dachte, daß sie Katrin erst in ein gleiches Gefühl verwickeln mußte, mit dem sie mich becircte, um dann vielleicht beim nächsten Mal einen Schritt nach vorne tun zu können. Problematisch dabei war für uns, daß bis zur Aufführung nur noch drei Termine geplant waren und nun ein realer Leistungsdruck aufkam. Um diesen Druck zu mildern, hatten wir ursprünglich überlegt, die Übungen für die Aufführung bei diesem Termin ausfallen zu lassen, um wieder mehr spielerischen Elementen, mehr purem Spaß Platz zu geben. Wir entschieden uns aber kurz vor dem Termin dagegen, da

- die Aufführung eine fest vereinbarte und terminierte Realität war und das Üben dafür notwendig war,
- Gefühle wie Angst vor Versagen bzw. Mißlingen und Frust zum Leben dazugehören und deshalb gerade hier nicht ausgespart werden

dürfen, eine „Spieleinlage" mit den Pferden die Kinder eben wieder zu Versagern degradierte, denen keine Leistung abverlangt werden darf, die anscheinend „geschont" werden müssen.

So war es schwer auszuhalten, daß sich zwischen Anna und Katrin so schnell nichts „Produktives" entwickelte. Ich war mir jedoch sicher, daß Anna erst durch dieses Gefühl von Getrenntsein und Blockiertsein „hindurch" müsse, *ausgehalten* werden müsse (vom Pferd, von Katrin und mir), bevor sie ihren ambivalenten Gefühlen und Wünschen Zutritt gestatten konnte.

Die zärtliche und körperliche Beziehung von Anna zu Vicky, die sich letztes Mal schon anbahnte, stimmte mich sehr froh. Ich fühlte, daß sie nicht nur Vicky, sondern auch mich konkret wahrnahm. Ich dachte, daß sich dies das nächste Mal auch auf Katrin ausweiten würde. Daß sie, die „Spindeldünne", Vicky etwas zum Fressen mitgebracht hatte, rührte mich; auch die Verteidigungshaltung, die sie, als ich sie darauf ansprach, sofort einnahm. Ich dachte, daß auch sie sich im übertragenen Sinne von Vicky und mir genährt bzw. gefüttert fühlte.

Denkbar ist jedoch auch, daß es gerade das Gefühl ist, nicht ausreichend „ernährt" zu werden, das sie Vicky füttern ließ.

Termin Nr. 7

Anna war mit Jochen zusammen als erste auf dem Platz. Sie kicherte: „Ich will anfangen."

Anna machte bei allen Arbeitsphasen gut mit. Ohne Zögern bestand sie die Mutprobe, unter Vickys Bauch durchzukrabbeln. Bei den Gruppenübungen war sie mit Ehrgeiz und Spannung eine der Besten. Anna wirkte insgesamt sehr gelöst und stark auf mich. Mir fiel auf, daß sie mit einem Jungen heftig flirtete – und dieser sie vor dem Ärger der Gruppe (bisher war er der Gruppenboß) beschützte. Das Verhältnis zu den Mädchen war „spinnefeind" und deutlich aggressiv in Wort und Tat ...

Anna begrüßte Katrin in ihrer Arbeitsgruppe damit, daß sie sagte, sie habe eine Idee. Aber sie hatte nicht nur eine Idee, sondern viele. Sie probierte mit Katrin auf Vicky allerlei aus, fragte mich, ob die Übungen auch gut aussähen, lachte mit Katrin und entwickelte ihre Ideen kreativ weiter. Wie zufällig ergab es sich, daß Anna hinter Katrin saß, aber etwas vor ihr ausprobieren wollte. Also mußten sie die Positionen wechseln (was gar nicht so einfach ist, wenn dabei beide auf dem Pferd bleiben wollen). Katrin wollte zur Erleichterung abspringen und dann erneut mit meiner Hilfe hinter Anna aufsteigen. Ich sagte ihr, daß sie ruhig auf Vicky bleiben sollte – sie bekämen das Umsitzen schon alleine hin. Daraufhin stieg Anna recht flott und galant auf Katrins Fuß und schwang sich vor sie. Das sah so gut aus, daß ich applaudierte. Die beiden verfeinerten und übten dies nun weiter, während Vicky im Schritt an der Longe im Kreis ging. Zur Krönung entwickelten sie das Ganze so weiter, daß Anna sogar vom Boden aus auf Katrins Fuß stieg und sich dann an Katrins Hand haltend mit Schwung hinter sie aufs Pferd setzte. Mir fiel dazu ein, daß sie wie eine Indianerin ohne Sattel aufs Pferd stieg, und Anna war stolz auf ihre eigene Übung.

Anna wollte Vicky von sich aus am Ende des Termins in den Stall bringen. In der Stallgasse fragte sie: „Geben Sie mir Ihre Hand?" Ich antwortete: „Du brauchst meine Hand nicht mehr, du kannst es auch allein." Sie tat es.

Kurz vor der Abfahrt kam Anna ganz verzweifelt auf mich zu – ihr Turnschuh sei ganz verdreckt, der Schmutz dringe sogar durch die kleinen Löcher an der Seite ein. Sie wirkte sehr aufgelöst auf mich. Ich hatte den Impuls, ihr den Schuh zu säubern, konnte mich jedoch zurückhalten. Ich sagte zu ihr: „Manchmal geht die Scheiße eben durch und berührt einen. Das kannst du schon aushalten." Anna lachte herzhaft und sagte dann, sie werde es noch mal im Klo probieren.

Ich hatte Anna diesmal „wie neugeboren" erlebt. Als Teil der Gruppe, in einer machtvollen Position (sie hat dem Gruppenboß den Kopf verdreht), mit deutlichen Aggressionen gegen die Mädchen. Anna, die sich Leistung zutraute, die Ideen hatte und Lust an ihrer Kreativität und dem Zusammensein mit Katrin empfand. Anna, die wußte und spürte, was sie wollte und dies äußerte und anging (Vicky in den Stall bringen). Anna, die sich quasi im realen Kontakt mit dem Pferd und den Menschen die Finger bzw. Füße dreckig machte, die es aushielt, schuldig bzw. „schmutzig" zu werden und ihre Aggressionen nicht mehr verstecken mußte.

Die letzte Szene zeigte aber auch die erschrockene, beschmutzte, schuldig gewordene Anna, deren Schutzwall löchrig geworden war, wo etwas (die Ausscheidungen der Pferde, Kot und Urin) ausrann und sie nachhaltig berührte. Meine Deutung konnte sie annehmen, die aufgeflammte Panik legte sich, und sie konnte eine Lösung für ihr Problem finden.

Einen tieferen Zugang zu der Symbolik, warum sie diese Lösung auf der Toilette suchte, geht über die Möglichkeiten meiner Arbeit hinaus. So ist es zwar interessant zu spekulieren, ob hier auch der Hinweis für ihre geschlechtlichen Konflikte verborgen ist oder ob der Hinweis auf die Toilette bedeuten kann, daß Kot und Urin (der Pferde) per Wasserspülung beseitigt werden sollen. Aber – dies bleiben lediglich Spekulationen. Die Art der Zusammenarbeit mit den Kindern sowie meine Ausbildung verbieten hier spekulatives Stochern im Nebel. Was ich aus der Arbeit mit den Pferden und der Übertragungsbeziehung für eine Weiterentwicklung und Stützung der Kinder zugänglich machen kann, mache ich. Eine Psychotherapie wird dadurch jedoch nicht ersetzt.

Termin Nr. 8

Anna machte bei den Großgruppenübungen gut mit (Galopp freihändig an der Longe, diverse modifizierte Voltigierübungen). Sie war Teil der Gruppe und immer wieder in kleine Auseinandersetzungen mit anderen Kindern verwickelt. Sie schrie, boxte, knuffte andere und ließ sich gerne von Michael in Schutz nehmen.

In der Arbeitsgruppenphase äußerte sie den Wunsch, wieder bei den beiden anderen Mädchen mitzumachen. „Mit DER nicht", empörte sich Jenny. Anna wiederholte ihr Anliegen. Wir überlegten, ob es einen Kompromiß gäbe. Wir fanden ihn zu viert: Anna führte Balou während Jennys und Petras Zweierübung.

In ihrer eigenen Arbeitsgruppe mit Katrin wurde gelacht und die „Indianernummer" verfeinert. Mehrmals schimpfte Anna mit Vicky, die nicht rhythmisch genug ginge. In der Pause schmuste Anna wieder mit Vicky. Auch bei den zwei Mutproben am Ende war Anna aktiv. Nach anfänglichem Zögern gelang es ihr, mit je einem Bein auf einem Pferd zu stehen („Ungarische Post" = Stehen auf zwei Pferden gleichzeitig), und sie fand Spaß am Sprung über ein kleines Hindernis.

Es schien, daß Anna den „Schub" des letzten Termines gut für sich nutzen konnte. Ihre Rolle in der Gruppe hatte sich grundsätzlich gewandelt, sie war vom außenstehenden Opfer zum vollen Gruppen(täterinnen)mitglied geworden.

Sie äußerte ihre Interessen, ertrug Zurückweisung und ergriff die Chance, neue Verhaltensweisen auszuprobieren: Sie war nicht mehr die, die anderen gegenüber nur zerstörerisch war, sondern sie konnte andere (weibliche Wesen) aktiv unterstützen.

Ihr differenziertes Verhalten Vicky gegenüber – sie schimpfte mit ihr und konnte danach wieder mit ihr schmusen – zeigte, daß sie die „Schwächen" dieses weiblichen Wesens aushalten konnte, ohne von zerstörerischer ohnmächtiger Wut überschwemmt zu werden. Anna hatte nun Beziehungen zum weiblichen Pferd, zur Leiterin/Pädagogin, zu Katrin, zu der Gruppe, zu allen Kindern.

Termin Nr. 9

Dieser Termin stand ganz im Zeichen der Generalprobe. Die erste Probe verlief katastrophal, inklusive Prügeleien unter den Kindern, genervten Pferden und mißlingenden Übungen. Anna war vollintegriertes Gruppenmitglied. Es kam zu keiner besonderen Begegnung zwischen uns. In den Pausen war sie eng bei Vicky und schmuste mit ihr. Sie zeigte Tom, was er machen sollte, um Vicky zu führen. Sie erklärte ihm gut, was er tun sollte. Zum Abschied sagte sie fragend: „Nur noch einmal?" – „Ja."

Ich freute mich, daß sie Tom gegenüber eine unterstützende Rolle einnehmen konnte. Bei Annas Frage „Nur noch einmal?" schnürte sich mir mein Hals zu. Die Trennung kam ganz nahe.

Termin Nr. 10

Anna konnte nur teilnehmen, weil der Lehrer sie, da sie nicht zur üblichen Zeit in der Schule erschien, zu Hause mit seinem Auto abholte. Die Mutter hatte vergessen, Anna zur Schule zu schicken.

Anna war aufgeregt – wie alle Kinder. Bei der Aufführung machte sie ihre Sache sehr gut. Sie bekam für ihre Arbeitsgruppennummer viel Applaus. Bei der anschließenden Einladung an die Gäste, sich auch einmal auf einem Pferd führen zu lassen, blieb sie passiv.

Als die Gäste den Hof verlassen hatten, brachten wir die Pferde gemeinsam auf die Koppel und entließen sie gleichsam „in die Freiheit". Anna streichelte noch mal Vicky – der Abschied von ihr fiel ihr sehr schwer. Stumm stand sie neben mir, als Vicky und Balou auf die Koppel zu den am Waldrand grasenden Pferden stürmten. Ich konnte mich von Anna nur verabschieden, indem ich ihre Hand einfach ergriff Anna schaute mich nicht an und sagte ohne Händedruck „Tschüs". Dann drehte sie sich um und ging zum Bus.

Eine Mutter, die der Tochter den Erfolg nicht gönnen kann, die ihre Aggressionen nur verdeckt zeigt, indem sie „vergißt", die Tochter zu wekken. Und nun eine Tochter Anna, die tieftraurig Abschied nahm, von Vicky, zu der sie eine Beziehung aufgenommen hatte, und die ihr zeigte, daß sie nach dem Ende gut ohne sie weiterleben konnte.

Setting hin und her – ich kam mir wie eine Verräterin vor, die ein Kind mit dem Pferd aus ihrer Erstarrung herauslockte – und dann mit dem Pferd wieder von dannen zog. Ich dachte aber, daß diese Trennung einer gestärkten Anna widerfuhr, und daß sie viele gute Momente und vielleicht sogar eine heilsame Erfahrung durch die Arbeit mit den Pferden erleben konnte.

Institution

Auszüge aus dem Bericht des Klassenlehrers: „Anna war nach den Ferien besser in die neu zusammengesetzte Gruppe integriert. Sie nahm keine Außenseiterposition mehr ein und wirkte gelöster als vor den Sommerferien, auch wenn es noch viele Tage gab, an denen sie sehr zurückgezogen und gehemmt war. Mit der Zeit wurde sie etwas lebhafter im Unterricht. Leistungsanforderungen schienen ihr weniger Angst einzuflößen. Sie verhielt sich selbstbewußter in der Gruppe ... Die Mutter veränderte sich ebenfalls in ihrem Auftreten gegenüber der Schule. Während sie beim Vorstellungs- und beim Aufnahmegespräch völlig hilflos und schwach wirkte und in den ersten Wochen uns als völlig erziehungsunfähig erschien, erlebten wir sie in den Monaten nach den Sommerferien ausgeglichener, stärker und selbstbewußter. Bei der Vorstellung eines Videos über das Projekt ,Akrobatik auf dem Pferd' wirkte Annas Mutter überglücklich und stolz auf ihre Tochter. Sie bestellte eine riesige Menge Fotos von ihr. Es war ihr deutlich anzumerken, wie sie sich mit den Leistungen ihrer Tochter identifizierte. Auch der Vater erkannte die sich selbst zugeschriebenen Eigenschaften wie Zähigkeit und Willenskraft plötzlich bei seiner Tochter wieder. Die Familie erschien an diesem Punkt wie befreit. Es war, als ob für einen Moment der Kreislauf der sich selbstbestätigenden Selbstabwertung durchbrochen worden wäre. Auf diesem Grundgefühl konnte die Elternarbeit aufbauen. Annas sichtbar gewordene Stärke und Selbständigkeit ermutigte die Mutter, sie mehr und mehr loszulassen. Im Laufe der folgenden Monate stiegen langsam ihre Lernleistungen. Die Arbeit mit Anna in dem Projekt ,Akrobatik mit Pferden' ermöglichte schlaglichtartig einen Blick auf verborgene Anteile ihrer Persönlichkeit, die im Schulalltag vorher kaum wahrzunehmen waren. Für die nachfolgende Arbeit in der Schule war es wichtig, sie beim Reiten auch von einer anderen Seite gesehen zu haben. So bildeten nicht nur Störungen und Defizite Komponenten ihres Persönlichkeitsbildes, sondern auch Kraft und Lebenswillen. Dies veränderte auch die Einstellung zu ihr und die Erwartungen an sie.

Während sie in ihrer bisherigen Schulzeit hauptsächlich durch Leistungsverweigerung, Kontakt- und Kommunikationsstörung auffiel, konnte sie sich hier als motivierte, lustvolle, ehrgeizige, aber auch aggressive, konkurrente, fordernde Schülerin präsentieren, die in der Lage war, einen großen Rückstand zu den anderen Kindern aufzuholen. Es schien so, als ob mit den Erfolgen beim Reiten Selbstvertrauen und Hoffnung erwacht wären. Das Reitprojekt ermöglichte Anna und uns eine gemeinsame Erfahrung des Erfolges und des Spaßes, die den weiteren Schulalltag beeinflußte. Es war sehr hilfreich, gerade in Krisenzeiten, in denen sie auf ihr altes Verhalten zurückgriff, das Bild der juchzenden Anna, die sicher ,im Sattel sitzt', alleine aufsitzen kann und dem Pferd zeigt, wohin es zu gehen hat, vor sich zu haben."

Ein Jahr später

Ein Jahr später nahm Anna mit ihrer inzwischen neu zusammengesetzten Klasse an dem Kurs *„Gymkhana–Reiterspiele"* teil. Ich erwartete eine gestärkte und selbstbewußtere Anna – obgleich mich ihr Klassenlehrer in unserem Vorbereitungsgespräch schon fast gewarnt hatte, Anna sei in der Schule sehr aggressiv und destruktiv.

Aber ganz im Gegenteil: wir waren mit einer Anna konfrontiert, die Angst vor beißenden Pferden hatte, die sich weigerte, auf Vicky aufzusitzen, und die ähnlich „lasch" wirkte wie zu Beginn des ersten Kurses. Das Team war enttäuscht – in der Überhöhung unserer Arbeit hatten wir vielleicht erwartet, es müsse durch die Pferde und das Anknüpfen an ihre positiven Erlebnisse zu einer „zauberhaften Verwandlung" kommen. Dazu kam es aber im gesamten Kurs nicht.

Bei 3 Terminen (gegen Ende des Kurses) fehlte Anna aus unterschiedlichen Gründen; einmal war ihr am Vortag von der Klasse angedroht worden: „Morgen machen wir dich tot" – worauf sie dann wegen angeblicher Krankheit morgens nicht in der Schule erschien. Der Hintergrund dafür war, daß sie dem anderen Mädchen in der Klasse, zu der sie nach wie vor eine stark konkurrente Beziehung hatte, „aus Versehen" ein blaues Auge zugefügt hatte. Die 2 anderen Fehltermine hatten formale Gründe.

Interessant war, daß sie zwar im Laufe des Kurses wieder Spaß erleben konnte, z.B. am Galoppieren und auch am Schmusen mit Vicky, daß sie aber auf die kleinste Anforderung mit totaler Verweigerung reagierte. Dies hatte seine Entsprechung im Schulalltag. Als das Team ganz besonders frustriert über Annas anscheinenden Entwicklungsstillstand war, ergab sich nachfolgender Dialog zwischen Anna und mir (Protokollauszug):

Anna steht vor der Box eines Jährlings und fragt mich, wer das sei. Ich erkläre ihr, daß dies das Fohlen vom letzten Jahr sei, welches sie so gerne gehabt habe.

Anna: „Also doch!"

Ich: „Wie?"

Anna: „Also doch, ich wußte es - ist das groß geworden!"

Ich: „Auch nicht größer als die anderen Fohlen vom letzten Jahr."

Anna (empört): „Gucken Sie doch richtig hin, die ist viel mehr als die anderen gewachsen!" – und dreht sich verärgert über meine Dummheit ab.

„Sie", das Fohlen, war ein kleiner Hengst, was auch am Namen deutlich zu erkennen war, aber Anna sagte „sie" zu ihm. Meine Assoziation war, daß sie nicht vom Fohlen, sondern von sich sprach – und auch meine Unfähigkeit damit ansprach, ihr eigenes Wachstum zu erkennen.

Tatsächlich war der Anblick von Anna während der nächsten 2 Termine zwar immer noch merkwürdig (ihr Körper war noch eckiger und schien in der Mitte wie ein kubistisches Gemälde zerteilt), aber ich konnte auch veränderte Nuancen in ihrem Verhalten wahrnehmen und interpretierte einiges anders als bisher. Hatte ich bisher ihre „Laschheit" als Ausdruck von Schwäche erlebt, so kam es mir jetzt vor, als ob sich Stärke dahinter zeigte: Anna ließ nicht alles mit sich machen und zog Grenzen, auf deren Einhaltung sie stur und massiv bestand.

Der letzte Termin dieses Kurses war dann wieder ein Trauerbild: Anna gleicht auf Fotografien einer „Schlampe", und auch Vicky erscheint mit nur halb aufgezogenem Halfter und stumpfem Blick in den Augen, eher wie ein Droschkengaul als ein ausgebildetes Therapiepferd in den besten Jahren.

Der Abschied von Anna war für mich ambivalent. Ich war einerseits froh, mich nicht mehr mit ihr und ihrem Leiden wöchentlich konfrontieren zu müssen und mit ihr aushalten zu müssen, daß sich nichts Wesentliches an ihrem Zustand verbesserte – andererseits bedauerte ich, Anna gerade in diesem Zustand aus den Augen zu verlieren.

In dem im Herbst des Jahres kurzfristig terminierten anschließenden Kurs „*Zeit mit Pferden*" wirkte Anna ganz anders. Der Kurs hatte den Schwerpunkt der Pflege und der spielerischen Voltigierübungen. Die Klassenzusammensetzung hatte sich erneut verändert, und die Klasse hatte einen neuen Klassenlehrer (der bisherige Klassenlehrer hatte die Schule verlassen).

Anna war nun deutlich in der Pubertät. Und – sie war nicht mehr die Schwächste, das Opfer. Diese Rolle hatte nun ein Junge in extremer Weise übernommen, so daß sie sich immer mehr davon frei machen und innerhalb der Schulklasse eine andere Position einnehmen konnte. Das ursprünglich von der Mutter so gemiedene Thema der Sexualität war nun in der Hochblüte – Anna provozierte Lehrer und Referendar bis zum Unerträglichen. Anna war zunehmend die „motzige Göre" geworden, sie zeigte tiefe Zuneigung zu dem Wallach Flemming, während sie die von ihr in den letzten zwei Kursen geliebte Vicky verachtete: „Die ist so lahm, die ist so doof." Das männliche Pferd hatte alle ihre Sympathien, sie schmuste – für ihre Verhältnisse – viel mit ihm herum und fütterte es auch sehr gerne.

Wir unterstützten ihre Aktivität, gestanden ihr die Lust am Galopp ebenso zu, wie wir sie ernst nahmen bei ihren Aufgaben. Auf einer Pferdeweide lagen unter einem Apfelbaum unzählige Äpfel, welche wir an die Pferde verfüttern wollten. Als Anna mit dem Äpfel-von-der-Wiese-Sammeln dran war, schlurfte sie kraftlos mit der Mistkarre auf die Wiese – fast hätte ich ihr die Karre abgenommen, da die Koppel am Eingang stark vermatscht war und ich Bedenken hatte, daß sie mit oder ohne Karre umfällt. Aber ganz im Gegenteil, mit Schwung und Kraft erledigte sie ihre Aufgaben, blieb weder stecken, noch fielen die Äpfel von der Karre herunter.

Ihr Verweigerungsverhalten, welches im letzten Kurs extrem war, tauchte nur noch in Konfliktsituationen auf – und dann gezielt, um andere damit zu ärgern.

Annas besondere Situation als (inzwischen) einziges Mädchen in der Klasse, erhielt von mir besondere Aufmerksamkeit: vor jedem Termin steckte ich ihr Haar, welches ihr ohne Seitenscheitel oder Pony meist das ganze Gesicht verdeckte und ihr diesen „schlampigen" Ausdruck gab, mit zwei Haarspangen zur Seite.

Ab dem 2. Termin holte sich Anna „ihre" Haarspangen bei mir ab. Zu Beginn des Kurses war Anna 2 Termine lang viel zu dünn gekleidet erschienen. Trotz Minustemperaturen war sie lediglich mit einem ausgewaschenen, dünnen Sweatshirt und einer dünnen Windjacke darüber angekommen. Am 2. Termin bot ich ihr (von mir mitgebrachte) warme Pullover und Handschuhe an, die sie gerne annahm und über die sie sich auch positiv äußerte, wiegut das täte und wie warm ihr jetzt sei. Einmal fragte sie mich, ob ich ihr den Pulli bis nächste Woche leihen könnte. Ich bejahte dies. Anna brachte ihn sauber in der nächstes Woche wieder mit. Ab dem 3. Termin kam Anna immer warm genug gekleidet, d.h., sie konnte meine Sorge und Fürsorge um sie in eine Selbstsorge umwandeln.

Ebenso auffällig war in diesem Kurs, daß kein Termin verging, an dem Anna mich nicht „aus Versehen" verletzte. Mal stieß sie mir „zufällig" beim Aufsitzen auf das Pferd ihren Ellenbogen an den Kopf, mal rempelte sie mich wie nebenbei hart an, mal schlug sie mir „aus Versehen" beim Salto vom Pferd ihre Hand auf den Kopf. Ich hatte den Eindruck, daß ich nun von ihr als „gutes" (weil pflegendes) Objekt auch getestet werden mußte, was und wieviel ich aushalte und ob ich auch in der Lage sei, mich gut genug um mich selbst zu kümmern. Ihr Händedruck bei den Verabschiedungen war auffallend fest – ohne schmerzhaft zu werden. Eine Hand eben, die Kraft ausdrückte und die Hand einer Frau drückte, die auch nicht gleich zerbricht.

Beim letzten Termin galoppierte Anna freihändig auf Vicky („ihr" Flemming mußte wegen eines Hufgeschwüres pausieren) und konnte dies so lange wie kein anderer aus der Klasse.

Bei der Abschiedsrunde behauptete sie, sie sei froh, daß nun endlich für immer Schluß sei mit dem Reiten. Während sie das sagte, schaute sie mir direkt in die Augen.

Anna war nicht in der Lage, sich von mir zu verabschieden - statt mir die Hand zu geben, rannte sie zum Bus und verkroch sich. Ihr Schmerz über die Trennung war wohl zu groß. Dafür nahm Anna die Haarspangen mit. Die anderen Schüler schrien sie an, mir doch die Spangen zurückzugeben. Anna verweigerte dies. Ich hielt mich abseits. Zwei Wochen später übergab mir der Klassenlehrer die Haarspangen.

So verabschiedete sich Anna.

3.2.2 Sharif: „Ich bin der Boß" – auf der Suche nach Halt

Von Sharifs Vorgeschichte wußte ich durch den Klassenlehrer, daß der 11jährige Junge Somalier ist und seit seinem fünften Lebensjahr in Deutschland lebt. Er war der älteste von 7 Geschwistern. Aus der Vorklasse wurde er nach wenigen Wochen wegen Verhaltensproblemen und häufigem Fehlen ausgeschult. Er streunte in der Gegend herum und stahl u.a. Fahrräder. Seine Eltern sahen sich nicht in der Lage, Sharif Grenzen zu setzen. Deshalb wurde er stationär in einem Kinderheim untergebracht. Die Trennung von der Familie erlebte Sharif als starke Kränkung. In einem sonderpädagogischen Gutachten wurden motorische Unruhe, feinmotorische Defizite, geringe Konzentrationsfähigkeit und großes Bedürfnis nach individueller Zuwendung beschrieben. Der Besuch einer Schule für Erziehungshilfe wurde für ihn empfohlen. Über mehrere Stationen kam Sharif in die Sonderschule und somit auch zu dem heilpädagogischen Angebot „Akrobatik mit Pferden".

Von dem Klassenlehrer erfuhr ich von erheblichen Konflikten in Sharifs Familie. Der Vater wurde mir als unberechenbarer, brutaler Despot beschrieben, der aber für die Familie nicht sorgen konnte und mit dem Sharif in ständigem Konflikt stand. Wenn Sharif das Wochenende über zu Hause war, gab es immer großen Ärger zwischen ihm und seinem Vater. Die Mutter erwähnte Sharif den Lehrern und Heimerziehern gegenüber fast nie. Der Umzug der Familie in eine weit entfernte Stadt erschwerte den Kontakt zur Schule und zum Heim.

Sharif und die Hunde

Sharif „zuppelt" an meinem Pullover: „Ich muß Ihnen was zeigen!" In der Pause gehe ich zu ihm. Er freut sich, daß ich ihn und sein Anliegen nicht vergessen habe und zeigt mir folgendes: Er läßt den Schäferhund, welcher der „Boß" des Hunderudels ist, nacheinander „Sitz" und „Platz" machen. Sharif ist begeistert, daß der Hund dies auch folgsam macht. Ich sage: „Jetzt bist du der Boß." Sharif lacht.

Dies ist ein Ausschnitt aus dem ersten Termin, dem vorausgegangen war, daß er in der ersten Arbeitsphase nicht die gleiche Übung machen wollte wie alle anderen: „Ich mach' doch nicht, was *Sie* wollen." Nach längerem Hin und Her zwang ich ihn dazu, indem ich das Pferd so lange galoppieren ließ, bis er laut rief, was ich von ihm verlangte, nämlich: „*Sie* sind der Boß."

Der Schäferhund gab ihm die Möglichkeit, wieder in die machtvolle Position zu gelangen, und zugleich konnte er sich mit mir positiv identifizieren. Bei der Verabschiedung fragte Sharif sorgenvoll, ob der Schäferhund nächstes Mal auch wieder da sei. Ich versicherte ihm, daß er dort wohne. Seine dahinterstehende Sorge, ob er wieder die Möglichkeit habe, mit seinen starken Anteilen auch das nächste Mal in Kontakt zu kommen, hatte ich so mitbeantwortet. Dadurch, daß er zeigte, was die Hunde brauchen, um zu gehorchen (und sich in ihrer Rolle als Hund durch die Einordnung unter das Alphatier wohlzufühlen), zeigte er auch, wie sehr er selbst klaren Halt und eindeutige Grenzen benötigt.

2. Szene (1. Termin): In der Pause beklagt sich Sharif über die Hunde, die ihm nicht von der Seite wichen und lästig seien. Ich hatte ihn bei der Ankunft beobachtet, wie er seine Brötchentüte vor den Hundenasen schwenkte; dann sprechen wir darüber, ob die Hunde „einfach wahnsinnig gierig seien" (Sharif) oder ob dies eben das Wesen des Hundes sei, bei guten Gerüchen so zu reagieren.

Sharif formulierte hier die Ablehnung seiner triebhaften Regungen. Er appellierte an die Vernunft der Hunde und konnte kein Verständnis für das Wesen des Tieres aufbringen. Daß er die Hunde förmlich anlockte, kann auch ausdrücken, daß er von dem „Zu-ihm-Gehören" dieser Anteile zumindest eine Ahnung hatte. Sharif selbst aß, wie auch die anderen Kinder der Gruppe, in der Pause große Mengen an Brötchen und Süßigkeiten. Sein nicht durch Essen stillbares Verlangen erlebte er vermutlich als gierig und schlecht.

Sharif und die Pferde

Sharifs Kontaktaufnahme zu den Pferden beinhaltete die beiden Pole Angst und Kompetenz. Sharif war von Beginn an davon fasziniert, die Pferde nach seinen Wünschen zu „dressieren" und damit zu kontrollieren. In seinen häufig geäußerten Phantasien war er der unschlagbare Cowboy auf dem starken, schnellen Pferd. Er interessierte sich sehr für die Pferdesprache, d.h. für das Verstehen und korrekte Deuten der Ausdrucksmöglichkeiten des Pferdes, z.B. für das Ohren-Anlegen (= Verärgerung), für das Schweif-Schlagen (= Unruhe, Nervosität) und für die gesamte Pferdemimik. Er wollte verstehen und einschätzen können und wohl auch frühzeitig gewarnt sein. Gleich beim ersten Termin fielen ihm Zähne und Hufe auf. Er befürchtete, vom Pferd angegriffen und verletzt zu werden. Erst der tatsächliche Sturz vom Pferd offenbarte die Tiefe seiner Gefühle. Er stellte sich vor, er wäre getötet worden und genoß gleichzeitig das Machtgefühl, daß die anderen Kinder dann nicht mehr hätten weiter reiten dürfen. Nachdem der Wunsch, Macht auszuüben, und die Angst vor der Begegnung mit den gefährlichen Anteilen des Tieres deutlich werden konnten, war eine Ich-Stärkung durch Erlernen von Kompetenzen im Umgang mit dem Pferd möglich.

Die Pferde nutzte Sharif zur Darstellung seines Umgangs mit Ambivalenz. Er externalisierte die „bösen" Gefühle auf Balou, das männliche Pferd, und die „guten" Gefühle auf Vicky, die Stute. Diese Spaltung behielt er über 4 Termine in dieser Art aufrecht – seine Angst vor Balou war sehr stark. Im Gespräch konnte er dies auch äußern:
Sharif steht vor Balou, weint und sagt: „Ich will nicht auf den rauf."
Ich: „Warum nicht?"
Sharif: „Der ist ganz böse. Gucken Sie doch, wie der mich anguckt – der mag mich nicht!"

Vor Vicky hatte Sharif diese Angst nicht, obwohl er auch bei ihr sehr schnell ängstlich wurde, sobald sie etwas offenbar außerhalb seiner (magischen) Kontrolle machte, z.B. stolperte oder schnaubte.

Beim 4. Termin stellte Sharif in einer eindrucksvollen Szene den Konflikt mit seinen negativ erlebten Selbstanteilen dar.
In der Pause spielen die Kinder „Pferde verladen" auf einem Pferdetransporter. Ein „Pferd" scheint ganz besonders wild. Ich rufe Sharif zu, wer er denn sei. „Ich bin ein großes, böses, schwarzes Pferd", brüllt er zurück

und macht den zwei „Pferdepflegern", die ihn verladen wollen, das Leben schwer.

Nun, da er die Integration seiner „bösen Anteile" im Spiel zulassen konnte, veränderte sich auch seine Beziehung zu Balou. Er übernahm Balous Pflege samt dem Hufeauskratzen gerne, er traute sich, ihn zu führen, er genoß es auch, von Balou getragen zu werden. Er, Sharif, der farbige (dunkle/schwarze) Junge konnte Balou, das dunkle/schwarze Pferd liebgewinnen.

Die Bedeutung des Getragenwerdens und Reitens

Bei Sharif fiel auf, wie wenig er sich den Bewegungen des Pferdes anpassen konnte. Bei gezielten Entspannungsübungen wurde sein Körper weich, wenn es zum Beispiel darum ging, rückwärts auf dem Pferderücken zu liegen, im Sitzen die Augen zu schließen und das Atmen des Pferdes zu spüren. Mir schien seine übergroße Suche nach Halt aus einem Mangel zu resultieren. Schon beim ersten Termin wollte er „die Zügel in die Hand nehmen", wollte das Tempo selbst bestimmen. Er produzierte eine scheinbar autarke Atmosphäre, er haßte das Angewiesensein auf Hilfe, Erklärung und Unterstützung. Dabei erschien sein Körper wie „zerstückelt" oder „bruchstückhaft".

Auch in der Schule war dies von den Lehrern wahrgenommen worden. Nicht nur im Fach Sport, sondern auch beim Spiel im Hof fiel seine mangelnde Bewegungskoordination auf. Sharif wirkte auch dort linkisch und plump. Dies nahm ihm aber nicht den Spaß an der Bewegung oder die Motivation, sich an den Übungen des Sportunterrichts zu beteiligen. Sportspiele, freies Herumtollen und Kämpfen machten ihm viel Spaß.

Sharif sollte bei den ersten Terminen vorrangig ohne viel Anforderungen Zeit erhalten, sich in die Bewegungen des Pferdes einzufühlen, sich auf das Pferd einzulassen. In der ersten Zeit gelang dies auf Vicky besser als auf Balou. Sharifs Gesicht wirkte zunehmend entspannter, auf dem Pferd lächelte er viel, seine Rechthaberei wich einer Zusammenarbeit zu dritt. Nach den ersten 4 Terminen wurde er insgesamt stärker im Körper und war zunehmend mehr in der Lage, mit den Bewegungen des Pferdes mitzuschwingen. Ich glaube, daß Sharif durch die Wärme und Nähe des Pferdes, durch das Aufgehobensein und Gewiegtwerden die Möglichkeit zu Regression und „neuem Erleben" hatte. Hier erhielt er den lebendigen Halt, nach dem er suchte. Auch wenn er sehr anstrengend war, wurde er immer noch ertragen und ausgehalten. Durch die Identifizierung mit mir als „Beherrscherin" der Pferde und dem starken Wunsch, „richtig reiten zu können", war er dann auch in der Lage, immer mehr von konkreten reiterlichen Hilfestellungen zu profitieren. Im Laufe der Zeit gewann Sharif durch positive Erfahrungen immer mehr Lust am Galopp. Selbst wenn er dabei etwas unsicher wurde und ins Rutschen geriet, konnte er die Situation gut ertragen. Er fiel nicht mehr vom Pferd, und das Eigenleben des Tieres versetzte ihn nicht weiter in Angst und Schrecken. Vom dritten Termin an war Sharif in der Lage, mit der Hilfe nur eines Kindes auf das Pferd zu gelangen. Zu Beginn waren drei Personen notwendig gewesen.

Beim Reiten zeigte Sharif Wünsche seiner Mutter gegenüber, die in der Schule und im Heim nie von ihm angesprochen worden waren. Das Thema „Mutter" war zuvor von ihm den Lehrern und Heimerziehern gegenüber konsequent ausgespart worden, während er sein konkurrentes Verhältnis zum Vater ständig darstellte. Die Szenen beim Reiten gaben mir und seinen Lehrern die Gelegenheit, deutlicher seine frühkindliche Problematik zu sehen. Seine anfänglichen Schwierigkeiten, auf dem Pferd Halt zu finden, sich auf die Bewegungen des Tieres einzustellen, ließen mich vermuten, daß er buchstäblich wenig gehalten worden war und wurde und wenig Gelegenheit hatte, sich mit den Bewegungen der Mutter vertraut zu machen. Seine Wut über vorenthaltene Zuwendung durfte er in der Vergangenheit nicht zeigen, weil dies der Anlaß für weitere Trennungen von der Mutter bzw. von der Familie sein konnte. So entlud sich seine Wut in unkontrollierten Ausbrüchen oder zeigte sich in symbolischen Handlungen. Hinzu kam ein unbewältigter ödipaler Konflikt, der sich durch die Trennung von der Familie für ihn verschärfte. Ein despotischer und gleichzeitig schwacher Vater erschwerte ihm die Identifikation. Nur die absolute Herrschaft über seine triebbedingten Wünsche schienen ihm Stabilität zu versprechen. Er geriet dabei aber in Konflikt mit Bedürfnissen, die bei ihm, als dem Ältesten in einer kinderreichen Familie, zu kurz gekommen waren. Garantierte Versorgung und Gehaltenwerden, also frühe Bedürfnisse, standen hierbei ganz im Vordergrund. Er artikulierte sie in adoleszenter Form, so daß sie bisher falsch verstanden worden waren.

Sharifs Beziehung zu mir

Sharifs Beziehung zu mir war äußerst ambivalent. Er kämpfte vehement „gegen" mich und mußte überprüfen, ob ich ihn auch wirklich aushielt. Er zeigte mir sehr deutlich, was und wieviel Zuwendung er benötigte, um wachsen zu können. Auch meine Gefühle ihm gegenüber waren heftig; oft fühlte ich mich „genervt". Sharif „piekste" mich öfter ca. 10 Mal hintereinander mit dem Zeigefinger auf die gleiche Stelle. Damit „traf" er mich direkt, und ich wurde hierdurch oft wütend auf ihn. Manchmal fühlte ich mich von ihm durch deftige Sprüche und Zoten, aber auch durch Sharifs Charme und Körpersprache erotisch angesprochen. Und gleichzeitig rührte er mich. Ich machte mir viele Gedanken über ihn. Sharif sprach bei mir stark mütterliche Versorgungsgefühle an, und er war jedesmal erstaunt, wenn ich mich um ihn tatsächlich in einer für ihn spürbaren Weise sorgte.

Aus meiner Sicht gab es in der Folge drei weitere Szenen, die für die Entwicklung der Beziehung zwischen Sharif und mir aufschlußreich und wesentlich waren:

3. Szene (3. Termin): Beim Abschied sagt Sharif, daß er nächstes Mal wieder viel galoppieren will, es habe ihm heute so viel Spaß gemacht. Dann fragt er unvermittelt: „Haben Sie Goldzähne?" Ich lache, verneine dies und frage, warum er dies wissen wolle. „Nur so." Als ich mich von zwei anderen Kindern verabschiede, kommt er noch mal auf mich zu und fragt mich: „Wen lieben Sie mehr, Ihren Mann oder Ihr Kind?" Ich antworte: „Mein Kind" und will dies noch differenzieren, aber er ruft völlig erstaunt aus: „Wirklich! Ihr Kind – o Mann!" Sharif wirkt glücklich und erleichtert auf mich und rennt winkend zum Bus.

Sharifs Frage nach etwaigen Goldzähnen konnte ich nicht endgültig verstehen. Ich vermute jedoch, daß hier die Frage dahinter steckt, ob ich in der Lage bin, „ihn" gleichsam wie einen Schatz zu suchen, zu bergen. Die Frage an mich, ob ich Goldzähne hätte, könnte bedeuten, daß Sharif das Gefährliche nicht mehr im Pferd erleben muß („Die will mich beißen"), sondern „das Gefährliche" nun auch in meiner Person wahrnehmen kann. Die damit umkleidete Frage: „Sind auch Sie böse und beißen mich?" (wie eine Stute ihr Junghengstfohlen verscheucht) wird noch dramatischer in der Frage dargestellt: „Wen lieben Sie mehr - Ihren Mann oder Ihr Kind?"

Sein erstauntes „Wirklich! Ihr Kind – o Mann!" und seine tiefe Freude und Erleichterung, daß eine Mutter so etwas sagt, haben mich sehr berührt. Ich hatte den Eindruck, er sei von seiner Mutter zugunsten des Vaters oder eines anderen Mannes verstoßen oder verlassen worden. Bei dem 4. Termin spielte er das „böse, große, schwarze Pferd" und konnte dabei einen Teil der Abspaltung bzw. Verschiebung seines Böse- und Schuldigseins überwinden, indem er selbst dieses Pferd wurde. Hatte er nun durch mich die ersehnte mütterliche Entscheidung für diesen – auch bösen – Sohn annehmen können?

4. Szene (4. Termin): Sharif und sein Klassenkamerad Tom in einer Arbeitsgruppe auf Balou. Sie hatten für die Vorführung vor geladenen Gästen am Ende des Kurses die Idee eines Sketches „Der weite Ritt nach Laramy" entwickelt. Dazu gehört, daß sie sich auf dem Pferderücken gegenübersitzen und „lässig" wie zwei Cowboys Karten spielen. Beim letzten Mal hatten wir vereinbart, daß sie Spielkarten mitbringen müssen. Beide hatten es vergessen. Ich hole Karten aus meiner Tasche, und Sharif ruft: „Sie haben daran gedacht?!"

Beide Kinder waren völlig erstaunt darüber, daß ich an ihre Karten gedacht hatte. Sie waren es nicht gewohnt, daß sich jemand um sie kümmerte, und konnten nicht glauben, daß ich die Karten wirklich für sie mitgebracht hatte (für den Fall, daß die Jungen nicht selbst an die Spielkarten dachten). Vom nächsten Mal an brachte Sharif jedesmal die Spielkarten für ihren Sketch mit.

5. Szene (6. Termin): Ich hole – während die Kinder unter Katrins Aufsicht die Pferdepflege und Aufräumarbeiten erledigen – Protokolle aus meinem Auto. Nach einiger Zeit sehe ich, daß sich Lotte ans Lenkrad gesetzt und ohne Schlüssel die automatische Zentralverriegelung heruntergedrückt hat. Sharif sitzt hinten im Kombi-Kofferraum. Lotte kommt nur unter Protest aus meinem Wagen heraus. Ich bitte dann Sharif heraus. Er sagt: „Ach, bitte lassen Sie mich doch für immer hier drin." Nach erneuter Aufforderung kommt er heraus.

Mit dieser Darstellung greift er das obige Thema wieder auf, wenn er sich in meinem Auto (Kofferraum) so wohl fühlt und darum bittet: „Ach, lassen Sie mich doch bitte für immer hier drin." Sharif war durch die Heckklappe „eingedrungen" – der Vordereingang war schon besetzt (durch Geschwister/den Vater/den Mann?). Von einem Stück konnte er aber „Besitz ergreifen", und zwar auf eine Weise, die es ihm ermöglichte, zugleich im schützenden Inneren der Mutter zu sein.

Die Symbolik des „Hinten–drin–Seins", im Kofferraum und nicht weiter vorne, dem „Bauch des Autos", verstärkte meine Sorge, wie Sharif die anstehende Trennung nach dem 10. Termin „verdauen" würde. Ich hoffte, daß er dies nicht als ein „Herausgeschissen"–Werden erleben mußte (gleichbedeutend mit Vernichtung), sondern daß er – wie beim protestlosen Verlassen des Autos – stark genug sein würde, diese Trennung ohne zusätzliche Verletzungen zu bewältigen.

Sharifs weitere Entwicklung hinsichtlich seiner Trennungsängste verlief sehr gefühlvoll und ausdrucksstark. Es folgten Wutausbrüche gegen mich, z.B.: „Ich hasse Sie!", oder Anklagen: „Sie sind gemein, alle dürfen mehr als ich!", „Sie mögen mich nicht, weil ich ein Nigger bin!" etc., aber er konnte die Trennung dann doch gut bewältigen.

Institution

In Sharifs Fall war das konkrete „Betroffensein" oder „Getroffenwerden" – durch Sharifs penetrantes „Antippen" auf die Spitze getrieben und verdeutlicht – sicher eine wesentliche Voraussetzung für das Gelingen seiner Weiterentwicklung. Komplementär war die Erfahrung des Getragen- und Gehaltenwerdens durch das Pferd und die Möglichkeit der Einflußnahme auf die Pferde eine wichtige Grundlage für Sharifs wachsendes Vertrauen. Sein Bedürfnis, den „Ton anzugeben", der „Boß" zu sein und insbesondere Frauen zu reizen und zu kontrollieren, konnte im Laufe des Kurses zugunsten der Wahrnehmung seiner massiven Ängste zunehmend aufgegeben werden. Erst durch die Akzeptanz meiner Fachautorität konnte er eigene Fähigkeiten im Umgang mit den Pferden und beim Reiten erlangen. Dies spürte und begriff er schnell und konnte seine Interessen umsetzen, indem er seine sonstige permanente Aggressivität (in der Schule, im Heim, in seiner Freizeit) diesem Anliegen unterordnete. Über diese Leistung erfuhr er eine massive Ich-Stärkung, wodurch Verschiebungen („Das Pferd mag mich nicht!") oder Spaltungen („Balou ist ganz böse!") unnötig wurden. Die Erlebnisse mit den Hunden halfen ihm, sich selbst mehr anzunehmen.

Sharif wurde während des Kurses „Akrobatik mit Pferden" sehr intensiv betreut und bekam zahlreiche Hilfen und Angebote in Schule und Heim. Ich sehe seine positive Entwicklung als Ergebnis eines Zusammenspiels verschiedener pädagogischer Maßnahmen. Das Reiten hatte ihm sichtlich gut gefallen, und er war sehr stolz auf seine Leistungen. Er erfuhr über diese Erfolge eine deutliche Aufwertung, die er auch in der Schule öfter verbalisierte. Er betrachtete zwischenzeitlich die Schule als einen wichtigen Ort für sich und besuchte sie gerne. Diebstähle kamen nicht mehr vor, und die Konflikte in der Schule um ihn herum ebbten etwas ab. Seine Trennungsängste und die Angst vor seinen internalisierten, aggressiven Anteilen wurden beim Reiten sehr deutlich. Durch kontinuierliche und alternative Erfahrungen mit Lehrern, Ganztagespädagogen und Heimerziehern entwickelte sich eine vertrauensvolle Grundlage zu Männern. In den täglichen Auseinandersetzungen in der Schule und in der Arbeit mit dem Pferd auf dem Reitplatz gewann er an in seiner Gruppe und von den Lehrern anerkannter Kompetenz, so daß er sich von einem Teil seiner Allmachtsphantasien verabschieden konnte.

3.3 Zusammenarbeit mit einer Schule für blinde und sehgeschädigte Kinder

Das therapeutische Reiten hat insbesondere in den Sparten „Reiten als Sport für Behinderte" und „Heilpädagogisches Reiten und Voltigieren" eine lange Tradition in der Arbeit mit blinden und sehgeschädigten Kindern, Jugendlichen und Erwachsenen. Einige der speziellen Einrichtungen für Blinde haben schon seit längerer Zeit eine eigene Reitanlage mit entsprechend ausgebildeten Pferden (z.B. Blindenstudienanstalt Marburg). Hier wurden im Laufe der Jahre detaillierte Erfahrungen für den Reitunterricht und den Einsatz des Pferdes für Blinde und Sehgeschädigte gesammelt und in Form von Veröffentlichungen zugänglich gemacht (vgl. z.B. Braun 1988, Herget/Herwig 1998, Stern 1982, Luhmann 1992 und Grebing 1990).

Hervorgehoben sei in der Arbeit mit blinden und sehgeschädigten Kindern:

- die Vertrauensphase zum Pferd und zur Pädagogin
- die Aneignung des Raumes (Reithalle)
- das Ertasten und Begreifen des Pferdes (mit allen Sinnen)

Zwar haben diese Faktoren auch ihren Stellenwert in der Arbeit mit jeder anderen Klientel, ebenso wie z.B. die Auswahl des geeigneten Pferdes, der ruhigen Arbeitssituation etc. Sie ermöglichen jedoch in der Arbeit mit dieser Personengruppe erst die Aufnahme der Arbeit.

In den nachfolgenden Facetten werden drei Fallvignetten vorgestellt. Es handelt sich um eine heilpädagogische Gruppenarbeit. Alle Gruppen arbeiteten mit einem Pferd und der entsprechenden Ausrüstung. Die Reithalle wurde zur Hälfte abgeteilt und stand der Gruppe während der Einzelarbeit als Bewegungsraum zur Verfügung. Nach der Begrüßung gab es jeweils eine Gruppenphase, welche neben der Kontaktaufnahme auch das Aufwärmen der Kinder beinhaltete. Nach Gruppenerfahrungen und -übungen, z.B. Betasten und Benennen des Pferdekörpers, folgte die Einzelarbeit mit je einem Kind. Das Niveau und der Gegenstand der Arbeit waren dann von dem jeweiligen Kind abhängig. So ergab sich, daß es für ein Kind ganz elementar war, Geschwindigkeit zu erfahren, und ein Verständnis zu entwickeln, warum dies für das betreffende Kind so wichtig war. Ein anderes Kind mußte in den Begegnungen seine Angst erleben, ein drittes Kind hatte einen wieder ganz anderen Schwerpunkt.

Die Einzelarbeit unterschied sich auch durch die individuellen Fähigkeiten der Kinder: Ein Kind mußte zur Sicherung von einer 3., mitlaufenden Person gestützt werden, ein anderes mußte erst einmal auf geraden Linien im Schritt geführt werden, während ein 3. Kind an der Longe Erfahrungen in den Gangarten Trab und Galopp sammeln konnte. Entsprechend hoch war der Ausbildungsstand des eingesetzten Pferdes, welches den unterschiedlichen Belangen gerecht werden und ein hohes Maß an Zuverlässigkeit und Berechenbarkeit mitbringen mußte.

Einige Kinder aus den 3 teilnehmenden Gruppen hatten schon an „Therapeutischem Reiten" teilgenommen. Es waren in der Regel ausgerechnet diese Kinder, die zu Beginn am verkrampftesten und steifsten auf dem Pferd wirkten. Fast ausnahmslos veränderte sich dies schon beim 2. Termin. Die Kinder nahmen den Raum, das Pferd und die Beziehung wahr und versuchten nicht mehr, „korrekt" vorgegebene gymnastische Übungen auf dem Pferd durchzuführen.

Die Fallvignetten

Die folgenden drei Fallbeispiele zeigen kurze Einblicke in die Arbeit mit blinden und sehgeschädigten Kindern. Durch die problematische Zusammenarbeit mit der Institution kam es nur zu 2 bzw. 4 Terminen, so daß in einer jeweils knappen Darstellung die Tendenz, die mit dem heilpädagogischen Reiten unterstützt werden konnte, und die Erfahrungen, welche die Kinder machen konnten, dargestellt werden.

Die erste Fallvignette *„Sie sind die Großmutter von Vicky ..."* zeigt, wie ein fast blindes Kind das Pferd und mich dazu nutzen konnte, für sich die Frage nach der Realität zu bearbeiten und mit Hilfe des Pferdes Erfahrungen zu machen, die es ihr ermöglichten, ihr kontraphobisches Verhalten partiell zu überwinden.

Die zweite Fallvignette *Ich sage „HALT" – Ivo sagt: „LOS"* gibt einen Eindruck davon, wie die zweimalige Begegnung mit dem Pferd im heilpädagogischen Reiten es einem Jungen erlaubte, Erfahrungen der Bedeutsamkeit zu machen, die sich auch ganz wesentlich auf seine direkten Bezugspersonen auswirkten.

Die abschließende Fallvignette *„ICH will!"* veranschaulicht die Auswirkungen, die es haben kann, wenn die Angst in der Begegnung mit dem Pferd und dem Reiten ernst und wichtig genommen wird. So war es möglich, der Angst eines blinden Mädchens vor Neuem eine biographische Bedeutung zu geben, dem Mädchen Zeit zum Empfinden zu gewähren und es ihr damit zu ermöglichen, aus der ihr zugeschriebenen Rolle herauszutreten.

3.3.1 Martina: „Sie sind die Großmutter von Vicky ..."

Aus dem Vorgespräch mit Martinas Lehrerin erfuhr ich, daß Martina in dem der Schule angeschlossenen Internat wohnte. An den Wochenenden und in den Ferien lebte sie bei der Großmutter. Näheres über die familiären Verhältnisse war nicht bekannt, eine Zusammenarbeit mit der Großmutter fand bisher nicht statt. Martina war 10 Jahre alt und von Geburt an stark sehbehindert (Sehrest von 0,02–0,04). Sie „sah" sehr wenig, wenngleich sie oft vorgab, „alles" wahrnehmen zu können. Martina orientierte sich fast ausschließlich über den Stock.

Martina beim heilpädagogischen Reiten

Zur 1. Stunde kam Martina fröhlich und aufgekratzt. Das pummelige Mädchen orientierte sich sehr geschickt und vermittelte mir das Gefühl, daß sie sehen konnte. Auf dem Weg zur Reithalle ging sie zügig trotz des unbekannten Geländes, der unbekannten Geräusche etc. los. Ohne zu fragen, stürmte sie regelrecht der Gruppe voran. Als sie einer der Hunde fast in Tuchfühlung anbellte, erschrak sie und weinte stark. Kurz darauf war sie wieder gefaßt und erzählte, daß ihre Schwester einen Pitbull habe, der häufig erbrechen würde. Ihre Schwester habe auch ein Pferd.

Beim Ertasten des Pferdes sah ich, daß Martina doch sehr vorsichtig, fast ängstlich, auf die Äußerungen des Pferdes (Geräusche, Bewegungen etc.) reagierte. Beim anschließenden Führen des Pferdes durch die einzelnen Kinder an einem Strick, während ich das Kind an der Hand hatte – dies diente auch dem Ablaufen des Raumes bzw. der Reithalle –, wunderte sich Martina über ihre eigenen Fähigkeiten. Sie führte und hielt das Pferd nach kurzer Information alleine an und glaubte es kaum, als ihr das auch tatsächlich gelang.

Auf dem Pferd saß sie geschmeidig in den Bewegungen und konnte sich dem Rhythmus der Schrittbewegungen gut anpassen. Mittels der Griffe am Therapiegurt konnte sich Martina nach kurzer Zeit alleine aufrecht auf dem Pferd halten, während ich es im Schritt im Kreis gehen ließ.

Martina sagte nach einiger Zeit des Schweigens zu mir: „Sie sind die Mama von der Vicky." Auf meine Frage, ob dies denn sein könne, antwortete sie patzig und keine Widerrede duldend: „Ja!" Wieder einige Zeit später fragte sie mich: „Wo ist der Papa von der Vicky?" Martinas alleinige Zeit mit Vicky war vorbei, die Frage mußte offenbleiben. Ich versicherte ihr jedoch, daß wir nächstes Mal weiterreden könnten. Martina maulte abfällig: „Ja, ja, das sagen Sie so ..."

Der Lehrerin fiel als Schwierigkeit in der Beziehung zu Martina kein konkretes Problem ein, außer, daß sie „dummes Zeug plappere" und mit der Realität nicht ganz klarkäme. Im Unterricht sei sie unauffällig. Auch von den Erzieherinnen aus dem Internat sei wenig Negatives über Martina bekannt, wobei es jedoch auch kaum Kommunikation zwischen den Erzieherinnen und den Lehrerinnen und Lehrern gebe.

In der 2. Stunde fragte Martina schon beim Aussteigen aus dem Bus nach den Hunden. Sie fragte jedoch nicht ängstlich, wie ich es erwartet hatte, sondern drohend: „Die sollen bloß da sein!"

Im Umgang mit dem Pferd war Martina sehr grob. Zum Vorwärtstreiben trat sie regelrecht in Vickys Bauch. Die starke Konkurrenz zu einem anderen Mädchen der Klasse wurde sehr deutlich, da sich Martina ununterbrochen in deren Einzelarbeitsphase konkurrent und über ihre eigenen Leistungen prahlend einmischte. Martina quasselte ohne Pause, d.h., sie fragte, ohne Antworten abzuwarten, und störte die Arbeit mit der Gruppe.

In der Einzelreitzeit knüpfte sie sofort an das Thema der letzten Stunde an. Martina wiederholte mehrfach, daß ich Vickys Mutter sei. Dies sei doch ganz klar zu erkennen. Ich fragte sie, ob sie denn eine Frau kenne, die ein Fohlen statt eines Babys auf die Welt gebracht habe. Martina beteuerte, daß sie genau so eine Frau kenne. Und wenn sie groß wäre und ein Baby bekäme, dann sei auch dies ein Fohlen.

Martina verabschiedete sich von mir, indem sie sich weigerte, mir die Hand zu geben. Nachdem eine Erzieherin drängte, daß sie nun auch endlich kommen sollte, sie müßten losfahren, gab sie mir zögernd die rechte Hand und sagte in drohendem Ton zu mir: „Bis nächsten Dienstag!"

Bei der 3. Stunde überraschte mich Martina, indem sie mehrmals behauptete, fremde Pferde, die auf dem Weg zur Reithalle aus ihren Boxen herausschauten, seien Vicky. Ungehemmt schmuste sie mit ihnen. Wenn ich sie genau fragte, z.B. welche Farbe dieses Pferd habe, und ihr damit zeigte, daß dies gar nicht Vicky sein konnte, sagte sie flott: „Na ja, macht nix" und ging gleich zum nächsten, wo sich dieses Spiel wiederholte. Endlich bei Vicky angekommen, suchte sie nahen Körperkontakt, streichelte Vicky, klopfte sie und sprach sehr freundlich mit dem Pferd.

Bei der Einzelarbeit (ganze Bahn auf dem von mir mit einer Führlonge gesicherten Pferd) kam es zum nachfolgenden Dialog:

Martina: „Ich heiße nicht Martina – ich bin die TINA!"

Ich: „Dein Geburtsname ist Martina, und so nenne ich dich, es sei denn, du willst dies ausdrücklich nicht, was ich bisher nicht wußte."

Martina: „Na gut, wenn Sie meinen." (Schweigen) „Und wenn ich Sie du nenne?"

Ich: „Ich möchte, daß du mich siezt, darüber haben wir in der Gruppe gesprochen."

Martina: „Und wenn ich Sie Herr Kupper nenne?"

Ich: „Dann nenne ich dich Martin."

Martina lacht: „Und wenn ich Sie Kuppi nenne?"

Ich: „Dann sage ich, daß ich das nicht möchte."

Martina: „Mm."

Zur 4. und letzten Stunde kam Martina sehr aufgeregt. Sie provozierte in der Gruppe Ärger, da sie sich beim Reiten vordrängelte und die anderen Kinder wüst beschimpfte. Während eines Gespräches mit einem anderen Kind bemerkte ich, wie sie Vicky mit beiden Händen die Kehle unterhalb des Kopfes zudrückte. Ich ging auf sie zu und wies sie zurecht. Martina spielte das Unschuldslamm, sie habe doch gar nichts gemacht. Mehrmals in der Gruppenphase sah ich, wie sie unverhohlen aggressiv gegen Vicky war. Sie knuffte sie, trat gegen einen Huf und wollte sie kneifen, was ich noch verhindern konnte. In der Einzelreitphase wirkte sie gut auf Vicky ein.

An der Longe war Martina schweigsam. Ich eröffnete das Gespräch und fragte sie nach ihrem Vater. Sie: „Hä?" Ich wiederholte meine Frage zweimal, und sie wiederholte ihre Antwort zweimal. Plötzlich erhellte sich ihr Gesicht, und sie schrie fast: „Sie sind die Großmutter!" Nun war ich es, die „Hä?" fragte. Martina erklärte mir daraufhin, daß die Mutter und der Vater von Vicky auch Pferde seien, und deshalb sei ich die Großmutter. Ich erklärte ihr, daß die Mütter von Vickys Vater und Mutter aber auch Pferde seien. Martina dachte sichtlich hierüber nach.

Beim Absteigen verweigerte ich Martina meine Hilfe und forderte sie auf, sich selbst solange an den Griffen zu halten, bis ihre Beine den Boden berührten. Nach mehrmaligem „Das kann ich nicht", Wimmern und Schreien (inzwischen kam auch eine der Betreuerinnen herbei ...) ließ sich Martina doch selbständig vom Pferd heruntergleiten, wobei sie sich leicht mit ihrer Hand an einem der Griffe quetschte. Völlig verdutzt und „autsch" rufend verabschiedete sie sich.

Den Weg zum Bus ging sie mit ihrem Stock allein. Einer zu ihrer Hilfe herbeigeeilten Betreuerin sagte sie selbstbewußt, daß sie das schon alleine

könne. Und wirklich, vorsichtig ging Martina den Weg zum Bus. Sie wurde dabei von zwei Hunden begleitet, mit denen sie freundlich redete.
Auseinandersetzung mit der Realität

Da das für die darauffolgende Woche terminierte Teamgespräch nicht zustande kam, fehlt mir eine Einschätzung seitens der Lehrerin und der Erzieherin. Das bedeutet auch, daß es für mich im dunkeln bleibt, ob Martina eine Schwester hat, ob der Pitbull real existiert oder von Martina erfunden wurde. Auch über ihre Biographie, ihre Familie und ihre Lebensbedingungen kann von mir nur spekuliert werden.

Martina konnte Vicky und mich dazu nutzen, die Frage nach der Realität zu stellen. Wer ist die Mutter von wem? Können Artgrenzen überwunden werden? Bin ich zuverlässiger als die Mutter/als andere mütterliche Bezugspersonen? Halte ich ihre Aggressionen aus? Nehme ich sie wichtig und ihre Äußerungen ernst?

Die Lehrerin hatte unsere Gespräche aufmerksam verfolgt und fragte mich beim 3. Termin, warum ich Martina so viel „plappern" ließe, das sei doch albern, daß ich Vickys Mutter wäre. Die Lehrerin selbst herzte Martina ausgesprochen gerne und hatte viel Körperkontakt mit ihr, so daß ich hier eine Konkurrenz vermutete. Meine Andeutung, daß Martina mit diesem „Geplapper" Wesentliches von sich erzähle und ich versuche, dieses zu verstehen, schien sie nachdenklich zu stimmen.

Für Martina schien Vicky die Mutter zu sein, und ich wurde im Verlauf der Stunden immer mehr zur guten Großmutter und wurde zudem vielleicht mit Zügen des Vaters ausgestattet („Und wenn ich Sie Herr Kupper nenne?"). Während ganz zu Beginn die Hunde die „Bösen" waren (die realen und der Pitbull der Schwester), äußerte sie in der 4. Stunde ihre Aggressionen handfest Vicky gegenüber (Kehle zudrücken, kneifen).

Wichtig war von vornherein die Grenzziehung, z.B. beim Siezen und im Schutz des Pferdes vor ihren Aggressionen. So mußte sie sich mit den Grenzen auseinandersetzen und konnte erleben, daß ihre Aggressionen nicht nachhaltig zerstörerisch waren bzw. von mir im Sinne eines Hilfs-Ichs kontrolliert wurden.

Im Laufe der Stunden schien sie mir immer realitätsbezogener zu werden und entdeckte so Fähigkeiten in sich selbst. Das stürmische Draufloslaufen beim ersten Termin war keine selbstbewußte Handlung, sondern eine Flucht vor der Angst gewesen (kontraphobisches Verhalten). Der selbständige Gang zum Bus dagegen in der 4. Stunde war Ausdruck ihrer Fähigkeiten (und das noch in Begleitung von zwei Hunden ...).

3.3.2 Ich sage: „HALT" – Ivo sagt: „LOS"

Ivos Gruppe kam im 14tägigen Rhythmus zum „Reiten". Es kam nur zu zwei Begegnungen mit Ivo im Rahmen des heilpädagogischen Reitens.

Ivos Lehrerin hatte mich vorab darüber informiert, daß er etwas „füllig" und ungelenk sei. Ivo überraschte mich mit seiner Größe und Körperfülle: er war ausgesprochen dick, und ich fragte mich augenblicklich, wie wir diesen Jungen überhaupt aufs Pferd „wuchten" könnten. Ivo begrüßte mich rhythmisch schaukelnd und mit ängstlichem Gesichtsausdruck.

In der Begegnung mit dem Pferd (Begrüßen, Ertasten des Tieres, Mitlaufen im Schritt an der Seite des Pferdes) machte er einen außerordentlich konzentrierten und interessierten Eindruck auf mich. Der begleitende Zivildienstleistende und Ivos Lehrerin warfen sich bedeutungsvolle Blicke zu, als sie erlebten, wie Ivo sich dem Pferd näherte und welche Veränderung es in seinem Verhalten bewirkte.

Auf meine Frage an Ivo, ob er auf Vicky aufsitzen und reiten möchte, antwortete die Lehrerin, daß er dies nicht verstehen könne. Diesen Eindruck hatte ich nicht, da Ivo nickte und sich spontan an den Griffen des Therapiegurtes festhielt. Ich erklärte Ivo, wie wir zusammenarbeiten müßten, damit er aufsitzen könne. Tatsächlich schafften wir es zu dritt beim dritten Versuch, Ivo aufs Pferd zu „bugsieren".

Im Schritt war Ivo damit beschäftigt, das Gleichgewicht zu finden. Er lächelte versonnen. Der Zivildienstleistende und die Lehrerin freuten sich, daß Ivo so offensichtlich vergnügt war. Sie erzählten beide, er sei immer so bedrückt, fast depressiv, so wie in diesem Moment hätten sie ihn noch nicht erlebt.

Ich erklärte Ivo, daß Vicky, wenn er „los" sage, losgehe. Ivo nickte, sagte „los" und geriet ins Schwanken, da er wohl an die Wirkung dieses Wortes nicht geglaubt hatte. Viele Male hielt ich das Pferd an und Ivo sagte, mal sofort, mal nach einer Pause, „los" und freute sich jedesmal daran, daß Vicky auch tatsächlich losging. Nach einiger Zeit sagte er spontan „schön" und es klang so wie das *„schööön"* eines Clowns, zärtlich und innig. Ivo wurde groß im Körper und strahlte über das ganze Gesicht.

Bei der Begrüßung 14 Tage später lächelte Ivo und wollte meine Hand nicht mehr loslassen. Er fragte: „Wo ist Vicky?", und die Lehrerin lachte verblüfft: „Daß der das noch weiß!"

Von der Lehrerin war ich im Vorgespräch darüber informiert worden, daß Ivo von Geburt an blind ist. Ivo kam aus dem ehemaligen Jugoslawien und war 10 Jahre alt. Er sprach kein Deutsch und bekam daher in der Schule Sprachunterricht. Die Betreuungspersonen vermuteten einen Hirnschaden. Ivo hatte bis zum Schuleintritt weder eine Förderung erhalten, noch war er jemals in einem Kindergarten. Dementsprechend wies er Defizite in seinen intellektuellen Fähigkeiten, in seiner Sprache, in seinen Bewegungen und in seinem Sozialverhalten auf. Genaueres war auch der Lehrerin nicht bekannt, sie wisse im Prinzip nichts über Ivos Vergangenheit, d.h. die Lebensbedingungen, denen er bisher ausgesetzt war.

Problematisch im Unterricht sei, daß er viel herumlaufe und man nicht wisse, ob und wie er überhaupt fähig zum Lernen sei.

Bei der zweiten Begegnung mit Vicky war Ivo sehr erregt; er pendelte mit dem Oberkörper hin und her, wackelte mit dem Kopf und war so in einer Vor- und Zurück-Bewegung zum Pferd. Beim Ertasten von Vickys Rücken sagte er: „SO GROSS!!!", so als sei er sehr erstaunt und beeindruckt von der Höhe, auf welcher er letztes Mal gesessen hatte. Das Aufsitzen vollzog sich unproblematisch: Ivo arbeitete mit, und so saß er ruck, zuck auf Vicky.

Im Schritt rutschte Ivo mal mehr nach der linken, mal mehr nach der rechten Seite. Er war zwar nicht in Gefahr, herunterzurutschen, er zog sich jedes Mal wieder selbst in den Mittelpunkt und damit auch in die Bewegung, aber er verlor doch immer wieder sein Gleichgewicht und damit seinen Halt.

Ohne dazu aufgefordert zu werden, streichelte und klopfte er Vicky wie selbstverständlich, so, als sei er den Umgang mit Pferden gewohnt.

Als ich Vicky anhielt, lachte Ivo und sagte „los". Auch hier waren die Lehrerin und der Zivildienstleistende darüber erstaunt, daß er dies noch behalten hatte. Gewöhnlich könnten sie nie sicher einschätzen, was Ivo verstehen und behalten würde und was nicht. Als wolle er seinerseits eine direkte Antwort auf diese Mitteilung geben, zählte Ivo daraufhin mehrere Begriffe auf, die er sich vom letzten Mal noch gemerkt hatte, wie z.B. Treiben, Pferd, Reiten, los, Vicky.

Ich erweiterte den Ansatz vom letzten Mal und sagte zu Ivo: „Ich sage ‚HALT'" und hielt das Pferd dabei an. Als Vicky stand, sagte Ivo von sich aus: „Ivo sagt ‚LOS'". Daraufhin ließ ich Vicky losgehen.

Ich war erstaunt, daß Ivo meine Aufmunterung so schnell aufgegriffen hatte und zeigte ihm meine Freude darüber. Ivo kicherte regelrecht vor sich hin, und so wiederholten wir es noch mehrere Male, bis Ivos Zeit vorbei war.

Ivo verabschiedete sich groß aufgerichtet von mir. Vicky streichelte er liebevoll zum Abschied.

Nicht mehr nur „dick und dumm"

Ich hatte den Eindruck, das Besondere an dieser Situation war, daß die für Ivo wichtigen Betreuungspersonen, seine Lehrerin und der Zivildienstleistende, über diese zwei Begegnungen mit dem Pferd den Jungen Ivo aus einem ganz neuen Blickwinkel betrachten konnten. Ivo zeigte sich beim „Reiten" als interessiert, lernbegierig, offen für Neues, wagemutig, und er zeigte Spaß daran, Einfluß nehmen zu können. Er konnte für kurze Zeit aus der Rolle des Jungen mit einem möglichen Hirnschaden herauskommen und andere Seiten seiner Person offenbaren.

Ich gehe davon aus, daß der Rollenwechsel die Beziehung allein zu seinen zwei wichtigen Bezugspersonen nachhaltig verändert hat. Ivo war nicht mehr der behinderte, dicke und vielleicht dumme Junge, sondern er war aktiv, intelligent und gedächtnisstark. Er ritt mit Spaß auf einem Pferd und konnte es selbst zum Losgehen veranlassen. Er zeigte Kompetenz und wurde damit gleichzeitig zum liebenswerten Jungen. Dieser Perspektivenwechsel durch Ivos „Über“denanderen–auf–dem–Pferd–Sitzen führte dazu, daß sich nicht nur der Junge anders erleben konnte, sondern daß auch er anders wahrgenommen wurde.

Für Ivo selbst war es sicher ein herausragendes Erlebnis, daß tatsächlich das passierte, was er wollte, daß jemand (das Pferd/ich) auf ihn und seine Signale gehört hatte. Wenn man davon ausgeht, daß er die ersten 10 Jahre lang nicht spezifisch gefördert, sondern eher lediglich am Leben erhalten worden war, kann man davon ausgehen, daß er solche Situationen sicherlich nicht oft erlebt hat.

Dies trifft ebenso für den Respekt zu, den er erleben konnte: er wurde gefragt, seine Antwort wurde abgewartet, ich versuchte, mit ihm in Kontakt zu kommen, nicht „über“ ihn zu sprechen. Er „lohnte“ dies mit Zutrauen und Interesse und konnte sich selbst beim Namen nennen. Zudem duldete ihn das Pferd trotz seines Hin- und Herrutschens. Er wurde getragen und ausgehalten. Ivo fühlte sich in den Bewegungen des Pferdes, dem rhythmischen GeschaukeltWerden, sichtlich wohl.

3.3.3 Alina: „ICH will!"

Alina spürt Angst

Alina war ein schönes, zartes Mädchen. Beim 1. Termin ergriff sie meine Hand nur ganz schwach, ich traute mich auch nicht, richtig zuzufassen. Beim Ertasten des Pferdes berührte sie dieses kaum, sie zog bei der kleinsten Bewegung ihre Hand erschrocken zurück. Beim Mitlaufen und Führen des Pferdes im Schritt ging ich als „Puffer“ zwischen dem Pferd und dem Mädchen. Allmählich wurde Alina etwas sicherer.

Als Alinas alleinige Zeit mit dem Pferd gekommen war, fragte ich sie, ob sie auf Vicky aufsitzen wolle. Von Alina kam keine Antwort. Der Lehrerin, die sich vermittelnd einschalten wollte, sagte ich, daß Alina für ihre Antwort Zeit habe und daß nichts eile. Wir warteten ab. Alina nagte an der Unterlippe, ihr ganzes Gesicht war in Bewegung, während ihr Körper wie erstarrt war. Nach 4 Minuten sagte Alina: „Aber sie muß stehenbleiben.“ Ich erklärte Alina, daß ich dies versuchen werde, ein Pferd aber ein eigenständiges Lebewesen sei, und es schon passieren könne, daß sie sich doch etwas bewege und nicht völlig ruhig stehenbleibe. Ich fragte, ob sie das aushalten würde. Alina überlegte kurz und antwortete: „Ja.“

Ich hob die steife Alina auf Vickys Rücken. Alina saß verkrampft mit viel Angst auf dem Pferd. Bei der kleinsten Regung von Vicky zuckte sie zusammen und fragte, was das Pferd mache. Ich erklärte ihr die Bewegungen und Geräusche des Pferdes. Alina wirkte erleichtert, als sie wieder absitzen konnte. Ohne Vicky zu klopfen, verließ sie fluchtartig deren Nähe.

Alinas Lehrerin informierte mich im Vorgespräch darüber, daß das 10jährige türkische Mädchen blind sei, jedoch eine Hell-Dunkel-Wahrnehmung habe. Ihre Blindheit resultiere aus einem Frühgeburtsschaden. Als problematisch beschrieb die Lehrerin, daß Alina „hysterisch" sei. Auf Nachfragen stellte sich heraus, daß Alina auf Neues, für sie Unbekanntes mit starker Angst, Schreien, Auf–den–Boden–Werfen u.a. reagiert. Die Lehrerin zeigte Unverständnis, da dieses Verhalten nicht kontrollierbar sei und sie und die Gruppe überall „überfallen" könne, z.B. bei einem Ausflug, aber auch bei täglichen Abläufen in der Schule und dem Internat. Alina reagiere so seltsam selbst dann, wenn vorher mit ihr lange und ausführlich darüber gesprochen worden wäre, und dabei sei sie doch nicht doof ...

Alina wird mutig

Beim 2. Termin kam Alina gutgelaunt auf mich zu und begrüßte mich freundlich.

Bei der Begrüßung und Ertastung des Pferdes war sie viel mutiger als das letzte Mal, mit beiden Händen berührte sie Vicky vorsichtig und äußerte ihre Wahrnehmungen, daß Vicky warm sei, lange Haare habe, einen ganz runden, dicken Bauch habe usw.

Als sie an der Reihe war, drängelte sie sofort, sie wolle gleich hoch. Alina war zwar angespannt, sie wirkte jedoch nicht unangemessen angstvoll. Nachdem sie einige Zeit auf Vicky gesessen hatte, fragte sie, was denn jetzt passieren würde. Ich fragte sie, was sie denn wolle. Alina sagte: „Ich will, daß sie losgeht." Ich fragte, ob sie das wirklich wolle, worauf Alina antwortete: „ICH will!" Ich erklärte ihr, was „Treiben" sei und wie es wirke und übte mit ihr das Antreiben des Pferdes. Alina konnte all dies gut umsetzen, und sie saß gut in den Bewegungen des Pferdes.

Als ich Vicky anhalten wollte, trieb Alina sofort weiter. Ich protestierte lachend und griff dies als Spiel auf: Ich kündigte das Anhalten von Vicky an, woraufhin Alina energisch vorwärts trieb und ich mich lauthals darüber „ärgerte". Es entstand eine gelöste und lustige Atmosphäre. Nach dem Absitzen klopfte Alina Vicky freundlich auf den Hals. Bei der Verabschiedung rief sie mir zu: „Tschüs, Frau Kupper, bis nächstes Mal, dann will ich aber schneller reiten!"

Die begleitende Lehrerin fragte mich, was denn mit Alina passiert sei, das sei ja unglaublich, ob dies denn nur das Pferd ausmache? Ich verneinte dies und sagte „nicht ganz", verwies jedoch auf die anstehende Teamsupervision, in der ausreichend Zeit sei, gemeinsam darüber nachzudenken, warum Alina hier etwas möglich war, was sonst nicht der Fall sei.

Was war geschehen?

Von Alina wurden „hysterisches" Verhalten und Verweigerung erwartet. Alina bekam jedoch Zeit, sich ihrer Angst zu stellen. Sie wurde nicht überredet, nicht gehetzt oder bedrängt. Und sie wurde ernst genommen mit ihrem Wunsch, nur auf Vicky sitzen zu wollen. Ich beschönigte nichts und wies sie auf die „Gefahr" hin, daß sich das Pferd doch ein bißchen bewegen könnte. Alina nahm dies in Kauf und überlebte es. Sie ertrug ihre Angst, und so konnte sie Lust auf mehr, auf Selbstbestimmtes entwickeln.

Alina knüpfte in der 2. Stunde nicht nur an ihrer guten Erfahrung an, sondern sie konnte von sich aus große Schritte weiter gehen. Sie konnte sich den Bewegungen des Pferdes anvertrauen, sie ertrug die Angst, überrascht zu werden, und genoß ihren Einfluß und ihre Kontrollmöglichkeit auf das Pferd sichtlich. Auch hier wies ich sie darauf hin, daß dieser Einfluß keine Garantie sei, daß Vicky ein eigenständiges Wesen sei, der Mensch viel schwächer als ein Pferd sei und Vicky nicht immer verstehe oder wolle, was der Mensch ihr mit den reiterlichen Hilfen mitteilt. Alina konnte sich auch hierauf einlassen.

Für die Zukunft kündigte sie an, sogar schneller reiten zu wollen – welch eine Entwicklung in solch einem kurzen Zeitraum!

Ich versuchte, mir vorzustellen, welchen Erfahrungen Alina im Brutkasten (vor 10 Jahren) ausgesetzt war: Übergriffen und Schmerzen, dem Gefühl, ohnmächtig und ohne jeglichen Einfluß ausgeliefert zu sein. Damals war eine invasive Therapie grundsätzlich üblich, und die bedeutete: Intubation, forcierte Beatmung und Verabreichung von Surfactant (einem Mittel, das wie ein Detergens beim Spülen die Oberflächenspannung herabsetzt und damit den Sauerstoffaustausch in den „unreifen" Lungenbläschen begünstigen sollte). Dazu kamen die Lagerung des Kindes im Inkubator, vielfältige belastende Umweltreize wie Herzfrequenz- und Alarmtöne sowie häufige schmerzende Blutentnahmen. Diese massive Therapie und die Aufbewahrung des Frühgeborenen im Brutkasten bringen schwere somatische und psychische Belastungen mit sich. In der Folge davon verhindern sie, daß die Kinder jenen olfaktorischen, taktilen, thermischen, akustischen und visuellen Reizen ausgesetzt sind und die emotionale Zuwendung erhalten, die sie für eine normale Entwicklung brauchen (vgl. Rinnhofer 1997).

So verstehe ich ihre Angst vor Neuem, nicht Berechenbarem als Erinnerung an diese traumatisierende und qualvolle Zeit. Etwas, das sie wieder überfällt, überrascht, etwas mit ihr macht, reaktiviert somit ihr frühestes Trauma.

Im heilpädagogischen Reiten war es für Alina sicher wohltuend, gefragt zu werden, ihre Bedingungen akzeptiert zu sehen, mit der Realität konfrontiert zu werden und dennoch die Möglichkeit der Einflußnahme (in

Grenzen) an die Hand zu bekommen. So wurde aus der vor Angst gelähmten Alina eine tatkräftige und mutige Alina.
Überlegungen zur Arbeit mit der Institution „Schule für Blinde und Sehgeschädigte"

Obwohl meinerseits die vertraglichen Bedingungen der Maßnahme „Heilpädagogisches Reiten" klar erschienen, kam es doch zu sehr heftigen und mich sehr belastenden Irritationen. Im Rahmen meiner bisherigen Zusammenarbeit vereinbarte ich heilpädagogisches Reiten für drei Gruppen. Die zuständigen Lehrerinnen nahmen an je einem Vorgespräch teil, bei dem die Grob- und Feinplanung bezüglich der Ziele für die Arbeit mit der Gruppe und die Arbeit mit den einzelnen Kindern erarbeitet und die Rahmenbedingungen geklärt wurden.

Hierzu zählten:

- nach je 3 Terminen: kollegiale Teamsupervision
- zeitlicher Turnus (1,5 Stunden pro Gruppe wöchentlich bzw. im 14tägigen Wechsel)
- Grobplanung und Vereinbarung bezüglich des Arbeitens mit der Gesamtgruppe (Nutzung des Rahmens „Reithalle" für sportives Zusammenseinmmensein und großräumiges Bewegen) für die Zeiten, in denen ich mit den einzelnen Kindern arbeitete
- vertragliche Regelung der Zusammenarbeit (schriftlicher Vertrag)

Die Lehrerinnen hatten sich jedoch nicht die ausdrückliche Genehmigung der Leitung der Einrichtung eingeholt und so ihren Kompetenzbereich gutgläubig überschritten, um eine gute und förderliche Arbeit für ihre Schülerinnen und Schüler möglichst direkt beginnen zu können. Mit Erhalt der ersten Rechnung führte dies in der Institution zu einer „Explosion", welche darin mündete, daß die Leitung um eine Auflösung des Vertrages bat. Es war trotz zweier Schreiben nicht möglich, mit dem Leiter der Einrichtung eine Einigung zu erzielen, daß es wenigstens zu einer Verabschiedung der Kinder von „ihrer" Vicky und von mir hätte kommen können. Der Abbruch der Arbeit mußte kompromißlos und sofort erfolgen.

In der Zusammenarbeit mit Institutionen ist deshalb darauf zu achten, daß Verträge und Verabredungen eine komplette Maßnahme betreffend mit *den* Institutionsmitarbeitern geschlossen werden, die „unterschriftsberechtigt" sind. Das ist in aller Regel die Institutionsleitung in den seltensten Fällen verfügen Lehrkräfte über einen Etat, der ihnen die Finanzierung einer solch umfangreichen Maßnahme erlauben würde. Abgesehen von Einrichtungen, die stringent nach einem definierten pädagogischen Konzept arbeiten, herrscht in den meisten Institutionen ein „konzeptionelles Chaos". Höchst unterschiedliche pädagogische Zugangsweisen stehen bestenfalls tolerant nebeneinander. Schlimmstenfalls bekämpfen sie sich mit aller Feindschaft. In diesem Zusammenhang wird eine favorisierte Maßnahme der einen Gruppe u. U. als „völlig unmöglich" von einer anderen Gruppe abklassifiziert. Das kann leicht dazu führen, sich von seiten der Leitung aus diesem Streit vollständig herauszuhalten und Maßnahmen abzubrechen oder gar nicht erst zu genehmigen, die einen solchen Streit vom Zaun brechen könnten. Das Ende vom Lied ist dann häufig „pädagogischer Stillstand".

Daß es nicht möglich war, einen letzten Termin für die Kinder zu erzielen, habe ich als grausame und „blinde" Entscheidung und als eine Entscheidung *gegen* Blinde erlebt. Ich empfand es als Ironie des Schicksals, daß jene ausgerechnet einer Maßnahme zustößt, die diesen Kindern mehr Selbstvertrauen und Ich-Stärkung durch die Arbeit mit dem Pferd ermöglichen sollte. Der sofortige Entzug der Arbeitsgrundlage, der einigen Kindern nicht zu erklären gewesen sein wird, widerspricht vollständig den Grundlagen eines heilpädagogischen Umgangs mit Menschen. Er kann zu einer Wiederholung eines Trennungstraumas werden, von dem Kinder in Institutionen in besonderem Maße betroffen sind.

Aus dieser Erfahrung mit dieser Institution habe ich für mich mitgenommen, den schriftlichen Vertrag grundsätzlich nur von dem Leiter/der Leiterin einer Institution unterzeichnen zu lassen. Zwar schützt dies nicht davor, als Externe und selbständig Tätige in die Wirren einer Institution verstrickt zu werden, aber es anerkennt von vornherein die offiziellen Strukturen von Einrichtungen und deren symbolische Repräsentanten. Aus diesem Grund hat sich die Darstellung der Szenen auf jeweils nur wenige Termine beschränkt.

4. Chancen und Grenzen der Arbeit mit Pferden

Die Chancen

Mit Hilfe des Pferdes, des Umgangs mit ihm, des Reitens selbst und der besonderen Beziehung der Pädagogin zum Klienten können heilpädagogische, d.h. fördernde Prozesse initiiert und unterstützt werden.

Dabei steht die Förderung der Ich–Entwicklung im Vordergrund. Die Wirkfaktoren lassen sich folgendermaßen zusammenfassen:

- durch den *Bewegungsdialog* kann eine kommunikative Öffnung unterstützt werden, und positive Erfahrungen mit dem Getragen- und Gehaltenwerden können durch entsprechende Gestaltung der Situation als szenischer Auslösereiz für Regression und Progression erlebt werden
- durch die Konfrontation in der pädagogisch angeleiteten Situation mit dem Pferd kann sowohl im Umgang mit ihm als auch beim Reiten die Einflußnahme auf das Tier erlernt werden, die in der Regel zur Aufwertung der Person und damit zur *Ich–Stärkung* beiträgt („Ich kann!")

- durch die *besondere Beziehung* zur Pädagogin, die Funktionen der Vermittlung zwischen Klient und Pferd wahrnimmt und eine förderliche Beziehung zum Klienten gestaltet, können neue Beziehungsqualitäten für den Klienten erfahrbar werden. Das Konzept des „szenischen Verstehens" ermöglicht der Pädagogin unter entsprechender Supervision und Reflexion ein Verstehen des Kindes und seines Verhaltens, welches sich in der Beziehung zum Pferd, zu den anderen Klienten in einer Gruppe, zu anderen außerhalb dieser oder zur Pädagogin darstellen kann.

Durch die Reflexion von Übertragung, Gegenübertragung, Übertragungsidentifizierung und projektiver Identifizierung (s. Muck/Trescher 1993) in der Beziehung vom Klienten zur Pädagogin wird es in einem Prozeß möglich, die Beziehung des Klienten zur Pädagogin zur sogenannten „corrective emotional experience" (vgl. Finger-Trescher 1991, S. 30 ff.) werden zu lassen.

Das Pferd schließt zwar z.B. Gefühle der Gegenübertragung aus, sein Verhalten auf den individuellen Klienten im Umgang und beim Reiten kann jedoch Rückschlüsse auf die emotionale Verfassung des Klienten ermöglichen. So wird das Pferd in diesem Verstehensprozeß zwischen zwei Menschen zu einem Projektionsträger und zugleich zu einem „Indikator", der von der Pädagogin zu nutzen ist. Nicht nur da es vom Klienten auf verschiedenen Ebenen zur Darstellung seiner Konflikte benutzt wird, sondern auch da das Pferd auf körperliche Spannungszustände und emotionale Zustände des Klienten mit seinem Verhalten reagiert.

Um Mißverständnissen vorzubeugen: Die psychoanalytisch orientierte Arbeit mit Pferden kann nur Entwicklungen aufgreifen, zu denen der Klient, in der Regel das Kind, psychisch in der Lage ist. Das Kind ist der Akteur seiner Entwicklung und seinem Widerstand kann die Pädagogin zwar mit Hilfe von Supervision und Reflexion begegnen, zwangsläufig verändern aber kann sie nichts. Das Pferd ist oft eine Art „Eselsbrücke": Im Kontakt mit dem Tier und beim Reitenlernen erfährt das Kind, daß es z.B. aus seiner grandiosen Position („Ich kann alles") nicht zerstört als Verlierer hervorgehen muß. Relativ schnell erhält es Erfolgserlebnisse, die sich wiederholen lassen und die es so dem Kind ermöglichen, sich der zwar mühevollen, aber lohnenden Unterordnung unter das Erlernen des Reitens zu begeben. So ist die „Eisbrecherfunktion" des Pferdes wohl darin zu sehen, daß es nicht „eine Schneise schlägt", sondern durch ein positives Erleben eine bestehende Panzerung und Verbarrikadierung für die Lust am Lernen und hin zur Kompetenzerweiterung öffnet.

Die Chancen dieses besonderen heilpädagogischen Vorgehens mit Hilfe des Pferdes liegen deshalb u.a. darin, daß durch eben diese enormen Wirkungen („Ich lasse dieses große Tier losgehen, anhalten etc. – ich führe es von hier nach dort – ich fühle mich auf ihm wohl etc.") auch Klienten erreicht werden können, die sich anderen heilpädagogisch–therapeutischen

Maßnahmen nicht öffnen können. Hier liegt z.B. eine Chance in der Arbeit mit autistischen Menschen, die in der therapeutischen Situation ihre Therapeuten oft selbst (zwangsläufig) zum Verharren in autistischer Haltung und Verhalten bringen. Das Pferd wird mit seinem artspezifischen Verhalten (sofern es beim Klienten keine übergroße Angst auslöst) auf die „Diagnose Autismus" nicht reagieren. Es wird an ihm schnüffeln, ihn stupsen, auf ihn zugehen, sich abwenden – es reagiert und agiert und kann so mit dem Klienten in das von Spitz (1988) für die früheste Lebenszeit des Säuglings mit der Mutter beschriebene nonverbale Aktions-Reaktions-Geschehen eintreten, ohne daß die Übertragung auf die Erfahrungen von frühen Objekten blockiert wird.

Ähnliches gilt für Kinder, die mit unklarer Diagnose und Verhaltensstörungen „von Therapeut zu Therapeut gereicht werden". Hierzu zählen z.B. Klienten mit minimaler zerebraler Dysfunktion, Hyperaktivität, Lernschwierigkeiten sowie Kinder mit Symptomen wie Stottern und anderen Sprachschwierigkeiten, Einnässen/Einkoten, Aggressivität, Gehemmtheit etc. Für körperbehinderte Klienten ist das heilpädagogische Reiten in diesem Sinne die Möglichkeit zur positiven Auseinandersetzung mit ihrer Behinderung.

Das heilpädagogische Reiten und Voltigieren insgesamt, wobei hierzu auch stärker motopädagogische, verhaltensmodifikatorische und Maßnahmen mit anderen inhaltlichen Schwerpunkten zu zählen sind, hat sich für folgende Zielgruppen bewährt:

„Personen mit

- Lernbehinderung
- geistiger Behinderung
- Verhaltensauffälligkeiten
- Störungen in der emotionalen Entwicklung
- Störungen in der Bewegung und Wahrnehmung aufgrund verschiedener Verursachungsmomente (pychoorganisches Syndrom, minimale zerebrale Dysfunktion, sensorische Integrationsstörung)
- Sprachbehinderungen
- autistischen Verhaltensweisen
- psychischen Störungen
- psychischen und psychosomatischen Erkrankungen" (Kaune 1993, S. 14 f.).

Pferde zum Wachsen nutzen

Durch die Beziehung des Klienten zur Pädagogin, kann der Klient das Pferd und das Reiten für sich nutzen. Die von der Pädagogin zu reflektierende Beziehung ist dabei der Nährboden für seine Entwicklungen. Eine solche psychoanalytisch orientierte Arbeitshaltung nutzt das Pferd und das

Reiten ähnlich, wie die Musik in der Musiktherapie eingesetzt wird: zwar unentbehrlich, aber dennoch zweitrangig. Ohne die besondere Beziehung zur Pädagogin bliebe der Kontakt zum Pferd unspezifisch, und es wäre eher zufällig, wenn sich positive Entwicklungen einstellen.

Der Umgang mit Pferden und das Reiten unter entsprechender Um- und Aufsicht ist geeignet, alternative emotionale Erfahrungen zu ermöglichen. Die Förderung basiert auf drei wesentlichen Faktoren in der heilpädagogischen Arbeit mit Pferden:

1. Die Erfahrung, vom Pferd getragen zu werden: Sie beinhaltet das Erleben, in Beziehungen ausgehalten zu werden, und eröffnet dem Kind somit wichtige neue Beziehungserfahrungen. – Die neue Beziehungserfahrung ist eine wesentliche: Kein Klient ist zu schwer, eklig, böse, gemein etc., um nicht vom Pferd - und in der Folge auch von der Pädagogin – ausgehalten zu werden.

2. Die Erfahrung, das Pferd beim Reiten sowie im alltäglichen Umgang beeinflussen zu können: Sie eröffnet dem Klienten das Erleben, lenken, bestimmen sowie mächtig sein zu können, und gibt ihm die Möglichkeit, seine Ohnmachtsgefühle durch Aktivität zu überwinden. – Viele Klienten erleben sich in der Regel ohne Einfluß auf ihre Bezugspersonen. Im Umgang mit dem Pferd und beim Reiten können sie andere Erfahrungen machen. Das Pferd ist hinsichtlich Tempo, Richtung und anderem beeinflußbar – und das, obwohl es groß, stark und eigenwillig ist. Die Pädagogin nimmt die Impulse des Klienten auf und vermittelt sie dem Pferd. So kann der Klient, ohne sich hintergangen zu fühlen („Das Pferd macht ja nur das, was die Pädagogin will ..."), das Beziehungsdreieck erfahren und aktiv mitgestalten. Gefühle der Ohnmacht können so beim Beachten der Regeln im Umgang mit Pferden überwunden werden.

3. Die Erfahrung, daß das Ausüben von Kontrolle sinnvoll, notwendig und möglich ist: Sie beinhaltet, das Beherrschen der Triebe (des Pferdes und der eigenen Person) sowie das Spüren und Umlenken von Aggressionen zu erlernen und eröffnet dem Klienten die Möglichkeit, sich reif und handelnd zu erleben. – Der Klient erlebt, oft in starker Identifizierung mit dem Pferd, das Tier als sehr triebhaft, d.h. verfressen, verspielt, wüst und ungestüm etc. Durch das Erlernen des „richtigen" Umgangs mit Pferden machen Klienten oft die Erfahrung, daß diese potenten Tiere auch in diesen Bereichen kontrollierbar sind, *ohne* daß sie dabei geschädigt werden. Die dominante, führende Haltung des „Reiters" gegenüber dem Pferd erlaubt dem Klienten die Erfahrung der positiven Kontrolle und des erträglichen Erlebens von Grenzen.

Im Umgang mit Pferden können in körpernaher, vorurteilsfreier und oft nonverbaler Weise hilfreiche Erfahrungen im Bereich der Selbst- und Fremdwahrnehmung gemacht werden. Durch die hohe Attraktivität des „Reitens" erleben die Klienten eine immense Aufwertung ihrer Person. Im

„Reiterhof" und dessen besonderem Setting können sich der einzelne sowie die Gruppe anders erleben und alternative Beziehungen aufnehmen.

In diesem Sinne können durch die heilpädagogische Arbeit mit Pferden Entwicklungen initiiert und unterstützt werden. Durch die Arbeit mit Institutionen kann auch die Art, in der Kinder z.B. von ihren Lehrern wahrgenommen werden, differenzierter werden, mitunter eröffnen sich gar neue Blickwinkel. In der Folge können sich auch andere Beziehungen verändern.

Zur Qualifikation der durchführenden Person

Heilpädagogisches Reiten im Sinne psychoanalytisch orientierten Verstehens beinhaltet den theoretischen Einbezug folgender Aspekte:

- *Bewegungsdialog* mit dem Pferd
- *Psychomotorische Förderung*
- reflexives Erleben im *Beziehungsdreieck* Kind–Pferd–Pädagogin

Hierbei werden die wesensspezifischen Eigenheiten des Pferdes gezielt eingesetzt, das „Risiko" im Umgang mit Pferden (= Ängste) ebenso reflektiert wie das „Handwerkszeug" des Übertragungs- und Gegenübertragungsgeschehens. Auch Überlegungen bezüglich des Geschlechtes des eingesetzten Pferdes, ob sich das Pferd als „Selbstobjekt" oder „Übergangsphänomen" eignet und inwiefern das heilpädagogische Reiten als „intermediärer Raum" genutzt werden kann, werden in die praxisrelevanten theoretischen Grundlagen einbezogen.

All dies kann nur zum Tragen kommen, wenn die durchführende Person dazu in der Lage ist.

Hierzu Michaela Scheidhacker:

> „Ein Psychotherapeut, der Pferde als Medium einsetzt, muß sich über persönliche Motivationen bezüglich dieser Tiere bewußt geworden sein. Er muß seine Ängste, seine Aggressionen, seinen Narzißmus, seine Körperlichkeit und seine persönlichen Grenzen in der Beziehung zu Pferden erfahren haben, um ihnen in ihrer Befähigung zum Co-Therapeuten gerecht werden zu können. Die fachliche Qualifikation bezüglich des Reitens bezieht sich vor allem auf die Bewußtmachung innerer Beziehungsmöglichkeiten und -konflikte mit Pferden. Die Erlebnisbreite umfaßt dann alle Gefühlsmodalitäten und eine kritische Haltung aus der Meta-Ebene wird möglich. Das Pferd allein ist nur zu einem geringen Anteil für einen Menschen therapeutisch - sonst wären ja alle Menschen, die sich mit Pferden beschäftigen, automatisch durch diese zu psychischer Gesundheit gebracht. Wie schon gesagt, eine Wirkung auf die Seele hat das Reiten allemal - ob es aber auch tatsächlich etwas bewirkt im Sinne einer positiven Gesamtentwicklung und Gesundung, das ist die wesentliche Frage. Psychotherapeutisch wird der Umgang mit Pferden und das Reiten vor allem durch den dritten in der Beziehung zwischen dem kranken Menschen und dem Pferd, den Psychotherapeuten, der durch seine Erfahrungen rund um das Pferd und deren bewußtseinserweiternde Hinterfragung tiefere Zusammenhänge erkennt und aufdeckt" (Scheidhacker 1994, S. 23).

Dies gilt ebenso für die psychoanalytisch orientierte Arbeit mit Pferden als heilpädagogische Einzel- oder Gruppenmaßnahme.

Der Dachverband für die drei Fachbereiche „Hippotherapie", „Reiten als Sport für Behinderte" und „Heilpädagogisches Reiten und Voltigieren" ist in der Bundesrepublik das „Deutsche Kuratorium für Therapeutisches Reiten e.V." mit Sitz in Warendorf. Dem Kuratorium obliegen neben anderen Tätigkeitsfeldern, z.B. Öffentlichkeitsarbeit für das Therapeutische Reiten, Klärung der Finanzfragen, Diskussion berufspolitischer Aspekte in Form von Fachtagungen und Kongressen etc., die offiziellen Weiterbildungen für Interessierte im Therapeutischen Reiten. Für den Fachbereich „Hippotherapie" gibt es eine qualifizierte Weiterbildung für Krankengymnasten. Im Fachbereich „Reiten als Sport für Behinderte" gibt es analog für die Zielgruppe der Reitausbilder, d.h. Reitwarte/Voltigierwarte, Amateurreitlehrer und Reitlehrer, eine entsprechende Weiterbildungsmaßnahme. Auch für das „Heilpädagogische Reiten und Voltigieren" gibt es ein Curriculum und – wie auch für die beiden anderen Maßnahmen – einen relativ hohen Anspruch für die Teilnahme an einer solchen Weiterbildung. Das finanzielle, zeitliche und insbesondere das reiterliche Anspruchsniveau, was m.E. so nicht unbedingt notwendig ist und auch keinen Aussagewert über die persönliche und heilpädagogische Qualifikation der Person hat, können viele engagierte und heilpädagogisch qualifizierte Personen nicht erbringen. Erschwerend kommt hinzu, daß für die hier beschriebene Form psychoanalytisch orientierter heilpädagogischer Arbeit mit Pferden eine solche Weiterbildungsmaßnahme sowie ein pädagogisches Studium allein *nicht* ausreichen.

Neben dem gekonnten Umgang mit Pferden, der nur aus langjähriger, vielseitiger und reflektierter Erfahrung mit Pferden *und* dem fachlichen Wissen erwachsen kann, sowie theoretischen und praktischen Fähigkeiten zum Vermitteln des Reitens und des Umgangs mit dem Pferd unter besonderen Bedingungen (Beeinträchtigungen und Behinderungen), verlangt eine ausreichend gute Qualifikation Kenntnisse von heilpädagogischer und psychoanalytisch orientierter Theorie und Praxis sowie fundierte Selbsterfahrung und eine angemessene Reflexionsfähigkeit. Die beiden letztgenannten Lehrinhalte haben bisher im Rahmen der offiziellen Weiterbildungen noch keinen Eingang gefunden.

Die Grenzen

Die Grenzen der Arbeit sind vielfältig, ich möchte zumindest einige der inneren und äußeren Begrenzungen aufzeigen. Auch für die hier vorgestellte Form des heilpädagogischen Reitens gelten die üblichen Kontraindikationen, welche die Aufnahme unmöglich machen (vgl. B. Klüwer 1994, S. 22). Hierzu zählen spezielle Wirbelsäulenerkrankungen, Multiple

Sklerose im akuten Schub, Skoliosen 3. Grades, medikamentös unzureichend eingestellte Anfallsleiden, Pferdehaarallergie u.a.

Die Grenzen der Arbeit werden dann erreicht, wenn die Absprachen, die mit der Institution oder den betreffenden Eltern getroffen wurden, nicht eingehalten werden. Eine massive Boykotthaltung, die sich z.B. darin zeigen kann, daß der Klient nicht pünktlich gebracht oder abgeholt wird, müssen eine vorzeitige Beendigung der Maßnahme zum Reflexionsgegenstand werden lassen. Es versteht sich von selbst, daß eine solche Entscheidung nicht als spontane Reaktion, sondern nur auf der Basis professioneller Reflexion getroffen werden sollte.

Die Grenze der Arbeit wird durch einen Abbruch seitens der Eltern oder der Institution erreicht, was, wie die Erfahrung bei allen Maßnahmen mit Abhängigen zeigt, gar nicht selten der Fall ist (vgl. Diez Grieser 1996).

Die Grenze der Arbeit ist auch bei bestimmten Behinderungsformen erreicht. Für mich gehören in meiner weitgehend an der sprachlichen Kommunikation orientierten Methode z.B. taubstumme Menschen, gar nicht sprechende geistig Behinderte und mehrfach schwerstbehinderte Menschen, bei denen eine Einschätzung bezüglich des Nutzens des heilpädagogischen Reitens nicht möglich ist, zu dem Personenkreis, mit dem mir eine Zusammenarbeit nicht möglich erscheint. So ist individuell abzuwägen, ob der nicht unerhebliche Aufwand mit einem nur erhofften oder vermuteten Nutzen korreliert. Anders verhält es sich in den Fällen, wo das Wohlbefinden und das seelische Wachstum auch bei einem schwerstbehinderten Menschen spürbar ist.

Die Tiefe bzw. die Schwere des erlebten Traumas (s. Finger-Trescher 1987) kann auch *eine Grenze darstellen.* Trotz der „Eisbrecherfunktion" von Tieren und insbesondere des Pferdes kann dies nicht bei allen Klienten gelingen. Hier gilt es, frühzeitig andere Hilfen für den Betreffenden vorzuschlagen.

Die Grenze der Arbeit ist schon im Vorfeld erreicht, wenn ich der Meinung bin, daß eine andere pädagogische oder therapeutische Maßnahme angezeigt ist, oder wenn zu viele andere Fördermaßnahmen schon bestehen und der Klient aus meiner Sicht gut genug versorgt ist oder sogar „zuviel des Guten" getan wird (Beziehungs- und Fördercocktail).

Eine weitere Grenze besteht letztlich in den äußeren Faktoren, zu denen ich neben der Tragfähigkeit des Rahmens, wie z.B. dem Hof, auf dem das heilpädagogische Reiten stattfindet, und das emotionale Klima mit anderen Menschen auf dem Hof, besonders die eingesetzten Pferde zähle. Die Pferde müssen in dem Geschehen des heilpädagogischen Reitens mit Bedacht ausgewählt, intensiv gefördert und geschult und behutsam eingesetzt werden. Nicht jedes Pferd ist für jede Form der Arbeit geeignet. Die individuelle Zuordnung von Klient und Pferd setzt voraus, daß mehrere, unterschiedliche Pferde hinsichtlich Temperament, Verhalten, Größe, Gangbild bzw. Bewegungsqualitäten, Geschlecht, Farbe etc. zur Verfügung stehen.

Auch die psychische Belastbarkeit der Pferde (und ihre neurotischen Eigenheiten) muß verantwortungsvoll wahrgenommen werden. Eine artentsprechende Haltung, welche der Natur des Herden- und Lauftieres Pferd Rechnung trägt, setze ich als Grundbedingung eines verantwortungsvollen Einsatzes voraus. Dies dient dem Klienten ebenso wie dem Pferd und ermöglicht eine qualitativ gute heilpädagogische Arbeit mit Pferden.

Anhang

Drei Kurstypen für die Arbeit mit Schulen für Erziehungshilfe: „Zeit mit Pferden", „Akrobatik mit Pferden" und „Gymkhana-Reiterspiele"

Schulen für Erziehungshilfe haben in der Regel unterschiedliche personelle, zeitliche und finanzielle Ressourcen, so daß es sich in der Praxis bewährt hat, verschiedene Kursformen für diese Schulen zu entwickeln und anzubieten. Es ist möglich, einen einzelnen Kurs zu belegen oder auch in beliebiger, inhaltlich begründeter Reihenfolge die Kurse aufeinander aufzubauen. Detaillierte Angaben zu den Voraussetzungen für die drei Kurstypen sowie zur Durchführung sollen die Arbeit transparent werden lassen und eine Nachahmung und Weiterentwicklung ermöglichen.

Anhand von drei Rastern werden die Voraussetzungen für die einzelnen Kurse jeweils zu Beginn der näheren Beschreibung des Kurses dem Text vorangestellt.

Alle drei Kurse, „Zeit mit Pferden", „Akrobatik mit Pferden" und „Gymkhana–Reiterspiele", bieten Wachstumschancen für Kinder und Jugendliche. Dennoch ist der Schwerpunkt der Kurse ausschlaggebend für das, was sich entwikkeln kann.

Es liegt nahe, ganz besonders dann, wenn noch keines der Kinder Erfahrungen mit Pferden hatte, mit dem Kurs *„Zeit mit Pferden"* zu beginnen, um einen behutsamen Einstieg zu ermöglichen. In diesem Kurs werden konkrete – auch reiterliche – Anforderungen an die Kinder gestellt und Erfahrungen (Bewegungserfahrungen in allen drei Gangarten, Pferdepflege, Ausmisten, Füttern, Beobachten der Pferde beim Wälzen und in ihrem Sozialverhalten etc.) gemacht. Dennoch dient hier die meiste Zeit dazu, sich den Tieren zu nähern.

Im Kurs *„Akrobatik mit Pferden"* sind die Anforderungen höher: Mutproben, Voltigierübungen, eine Aufführung zum Ende des Kurses - all dies bringt einen mehr oder weniger starken Leistungsdruck in die Gruppe hinein. Gerade diese Kursform hat sich für sehr aggressive Kindergruppen bewährt, da das „Grundtempo" der Arbeit deutlich höher ist als in dem Kurs „Zeit mit Pferden". Auch hier sind Phasen der Beobachtung der Pferde etc. eingeplant, haben jedoch längst nicht mehr den Raum wie im vorangegangenen Kurs.

Der Kurstyp *„Gymkhana–Reiterspiele"* stellt letztlich die höchsten Anforderungen. Nach einer Einführung in die Beeinflußbarkeit des Pferdes (Treiben, Durchparieren, Richtung und Tempo bestimmen und eigene Bewegungserfahrungen), werden Übungseinheiten eingeführt, in denen die Kinder Fähigkeiten und Fertigkeiten erlernen, die sie im Laufe des Kurses bei der Durchführung von Reiterspielen einsetzen können. Je zwei Kinder und ein Pferd bilden hierbei ein Team. Das Team teilt sich die Aufgaben (Putzen, Satteln, gegenseitiges Helfen, Führen). Schon nach relativ kurzer Zeit werden von den Kindern einfache Übungen verlangt: von A nach B reiten, Transport einer Karotte etc. Die Anforderungen und das Tempo werden immer mehr gesteigert, die Ideen der Kinder werden mit einbezogen. Spiele zu zweit, mit drei oder allen Pferden, einzeln oder im Team sind möglich.

Der Leistungsdruck kann hierbei sehr schnell zur Überforderung werden – auch einfachste Aufgaben verlangen von den Kindern komplexe Abläufe. So bleiben Konflikte nicht aus. Dies wird aufgewogen durch die Kreativität, welche von den Kindern eingebracht wird, und durch die erstaunlichen Leistungen, zu denen die Teams dann in der Lage sind. Die Spiele gipfeln in der Regel im „Schubkarrenrennen", im „Gymkhana-Parcours" und im „Apfeltauchen".

Im Mittelpunkt der Arbeit steht der Aufbau und die Stabilisierung von Beziehungen einzelner Kinder zu bestimmten, ausgewählten Übungspartnern (Teamkollege und Pferd).

Alle drei Kurse können miteinander kombiniert werden – es ist nicht zwingend, daß mit dem Kurs „Zeit für Pferde" die heilpädagogische Arbeit mit Pferden begonnen wird, es spricht jedoch einiges dafür. In die Überlegungen *„Womit beginnen?"* werden auch immer wieder die Möglichkeiten der Schulen einfließen – wo kaum Mittel da sind, kann vielleicht nur mit zwei und nicht mit vier Pferden gearbeitet werden, vielleicht läßt auch der Stundenplan nicht zu, längere Kurse zu installieren.

Die Gruppengröße beträgt bei allen drei Kursen sinnvollerweise mindestens 6 und höchstens 8 Kinder.

Grob- und Feinziele

Die mit dem Lehrer vereinbarten *Grobziele* der Maßnahme beschreiben für den Auftraggeber den Gegenstand der Förderung aller Gruppenteilnehmer in bezug auf die verschiedenen Bereiche der heilpädagogischen Arbeit mit Pferden (Pferdepflege, Getragenwerden vom Pferd, Anfänge vom Reiten lernen, Einzel- und Gruppenübungen, Kleingruppenarbeit sowie andere zu benennende Teilbereiche).

Die vereinbarten *Feinziele* entstehen im Vorgespräch mit dem Lehrer sowie inhaltlich vertiefend und begleitend in den Teamsupervisionen durch die detaillierte Beobachtung und Besprechung der Erfahrungen mit den einzelnen Schülerinnen und Schülern. Feinziele für ein Kind können z.B. bedeuten, bei der Integration in die Gruppe behilflich zu sein oder ein positives Selbsterleben zu unterstützen oder gar erst zu initiieren. Für ein anderes Kind kann dies z.B. das Aushalten eigener Gefühle oder die Zusammenarbeit mit einem/r (verhaßten) anderen Schüler/Schülerin der Klasse sein.

Die Entwicklung von Grobzielen sowie individuellen Feinzielen ist eine unverzichtbare Arbeitsgrundlage. Sie dient neben der Klärung des Arbeitsgegenstandes mit dem Auftraggeber auch zur Reflexion und Kontrolle des Ge- oder Mißlingens der Arbeit und damit dem Team als inhaltliche Richtschnur.

Die Gewichtung der einzelnen Bereiche in den drei Kurstypen ist unterschiedlich, so steht z.B. „Pferdepflege" im Kurs „Akrobatik mit Pferden" nur für die Versorgung des Pferdes nach dem Reiten, während im Kurs „Zeit mit Pferden" der Bereich „Pferdepflege" einer der Schwerpunkte ist und nachfolgendes beinhaltet: halftern, Hufeauskratzen, Pferd aus der Box zum Putzplatz führen, korrekt anbinden, putzen, satteln/trensen, Box ausmisten, Beine abspritzen oder Pferd in die Schwemme führen und waschen, trockenführen, in die Box bzw. korrekt auf die Koppel bringen. Der Kurs „Gymkhana" stellt hier ein Bindeglied dar: zwar wird mehr Pferdepflege als im Kurs „Akrobatik" vermittelt, aber weniger als im Kurs „Zeit mit Pferden".

Aber auch hier sollte nicht davor gescheut werden, eventuell noch im Verlauf des Kurses für die nächsten Termine Umstellungen vorzunehmen. Wird für die Pädagoginnen und die Lehrer deutlich, daß der versorgende Aspekt mehr Raum erhalten sollte, so kann dies in der Reflexion überdacht und auch verändert werden. Veränderungen sollten jedoch nur nach ausführlicher Reflexion vorgenommen werden.

Die *Feinziele* für die einzelnen Kinder zu beschreiben, ist nur im individuellen Fall sinnvoll. Als Hilfestellung seien nachfolgend einige Beispiele kurz skizziert:

- einem depressiv wirkenden und suizidgefährdeten Mädchen sollte a) Selbstbestätigung durch positives Erleben von Fähigkeiten beim Reiten und im Umgang mit dem Pferd vermittelt werden sowie b) ein lustvolles Genießen (z.B. der Bewegungen des Pferdes, des Körperkontaktes mit dem Tier etc.) Verstärkung erfahren
- ein unter Verfolgungsängsten leidender, sehr Ich-strukturloser Junge sollte a) durch die klaren Abläufe und Zuständigkeiten Sicherheit und Orientierungspunkte erfahren und b) seinen Einfluß auf das Tier (beim Führen, Berühren, Hilfen geben an der Longe etc.) spüren, um ein Gefühl für seine Empfindungen und seine Kraft zu bekommen

Die Formulierung von Feinzielen für die einzelnen Klienten bringt das Team in den regelmäßigen Besprechungen dazu, zu überlegen, ob die bisherige Arbeit zur Realisierung der Ziele beigetragen hat oder nicht. Wenn festgestellt wird, daß dies nicht der Fall ist, sollte das Team versuchen, andere Wege und Möglichkeiten bei der Arbeit mit den Pferden ins Auge zu fassen. Es ist z.B. an verstärkte Einzelarbeit zu denken – die pädagogische Helferin übernimmt die Gesamtgruppe, während die Heilpädagogin einmal oder mehrmals eine begrenzte Zeit mit dem Kind und dem Pferd alleine arbeitet; oder es sollte überlegt werden, ob eine Kleingruppe der geeignetere Ort für Entwicklungen sein könnte etc.

In manch einem Fall hat dieses konkret beschriebene *Feinziel* und dessen Nicht-Erreichbarkeit auch dazu geführt, daß im Rahmen der Institution Schule nach begleitenden Maßnahmen (Förderung, Therapie etc.) gesucht werden mußte.

Ablauf der Kurse

Auch wenn die Kurse mit verschiedenen Klassen zur Durchführung kamen, ist jeder Kurs eine „einmalige", weil von der individuellen Gruppe geprägte Maßnahme. Die Flexibilität, Interessen der Schülerinnen und Schüler mit aufzunehmen, sowie die vorrangige Bearbeitung von Konflikten, d.h. problematischen Situationen, die nach Lösungen und Antworten verlangten, verändern den geplanten Ablauf jedesmal aufs neue.

Beispiel: *Der Sturz eines Kindes vom Pferd kann solch traumatischen Gehalt für die Gruppe haben, daß es nicht möglich ist, „im Programm" fortzufahren. Nur wenn Gefühlen – Ängsten, Schadenfreude, Wut, Zorn u.a. – Platz eingeräumt und damit den beteiligten Personen Raum zugestanden wird, nur dann können sich neue Erfahrungen entwickeln.*

Ein weiteres Beispiel: *Das Erkranken eines Pferdes kann dazu führen, daß das Team oder die Gruppe, die sonst mit dem Pferd arbeitet, dessen Pflege über-*

nimmt (z.B. bei Hufgeschwür den betreffenden Huf badet, das Tier schonend bewegt etc.). Es kann sinnvoll sein, der Gruppe für diese Tätigkeiten sehr viel Raum zu geben – es kann aber ebenso sinnvoll sein, daß die zwei Kleingruppen zusammen mit einem Pferd arbeiten.

Für alle drei Kurse gemeinsam gelten folgende inhaltliche Überlegungen:

Zeitfaktor: Von großer Bedeutung ist der Zeitfaktor. Die Kinder verdrängen in der Regel Grenzen und Strukturen, so daß sie auch bei dem Punkt „Zeit" Hilfestellungen benötigen.

Auch für die Durchführenden ist es von elementarer Wichtigkeit, daß ein genau ausgearbeiteter Zeitplan besteht. Die Abweichung von diesem Plan ist im begründeten Fall selbstverständlich, sollte jedoch nicht zur Regel werden. Für die Kinder muß nachvollziehbar sein, wann sie eine Pause machen können (die sie dringend benötigen, zum Selbstversorgen mit Essen und Trinken, zur Erkundung des Hofes ohne Kontrolle der Erwachsenen etc.) und wann was gemacht wird. Für die Durchführenden ist ein Zeitplan wesentlich, um der Verlockung zu widerstehen, wenn etwas gut läuft, noch länger weiterzumachen. Die Zeit im Sinne eines strukturgebenden Elementes als Settingsfaktor muß Berücksichtigung finden und vermittelt dadurch auch Sicherheit für die Kinder.

Nach Ablauf der Hälfte der Termine ist es notwendig, die Kinder mit dem Ende des Kurses zu konfrontieren, da sie diese unumgängliche Trennung in der Regel ignorieren möchten und sich in Phantasiewelten („Sie schenken mir doch das Pferd" oder: „Ich komme aber jeden Freitag weiter hierher") vor dem Trennungsschmerz flüchten. So ist in der zweiten Hälfte des Kurses damit zu rechnen, daß durch diese Konfrontation mit dem Ende und der anstehenden Trennung auch heftige Gefühle (der einzelnen oder auch der Gruppe) zum Ausdruck kommen werden. Es ist wichtig, dies zu wissen, da dies ein Verstehen der heftigen Emotionen oder auch brisanten, vielleicht gar gefährlichen oder gewalttätigen Szenen erst ermöglicht.

Ansprache mit Namen: Wenn die Kinder einverstanden sind, sollten sie während der ersten zwei Termine ihren Namen, auf ein Stück Kreppband geschrieben, an ihrem linken Ärmel befestigen, um zu gewährleisten, daß die Pädagoginnen die Kinder auch mit ihrem korrekten Namen ansprechen. Dies ist ein wesentliches Element, um den Kindern das Gefühl zu geben, daß sie persönlich und unverwechselbar gemeint sind.

Absprachen und Klärungen: Beim ersten Termin ist vieles zu klären – hier muß darauf geachtet werden, daß dennoch möglichst bald mit der Arbeit begonnen wird, um die Situation nicht in eine Belehrung münden zu lassen. Sollte die Gruppe sehr unruhig sein, sollte möglichst rasch mit der Arbeit mit den Pferden begonnen werden.

Notwendig ist auch eine Klärung allgemeiner Verhaltensregeln auf dem Hof, z.B. in bezug auf die Pferde, Hunde, andere Personen, die Pausenzeiten und auch die Grenzen im Umgang untereinander.

Die Pädagoginnen sollen von den Kindern gesiezt werden. Dies verdeutlicht, daß Regeln und Grenzen insgesamt einzuhalten sind und entspricht der asymmetrischen, d.h. nicht gleichen Beziehung zwischen Pädagoginnen und Klienten. Die Phantasie und der Wunsch nach angenehmen und hierachiefreien freundschaftlichen Beziehungen ist seitens der Klienten verständlich und nachvollziehbar und darf gerade deshalb nicht scheinbar erfüllt werden.

Individuelle Kontaktaufnahme zum Pferd: Insbesondere bei den ersten zwei Terminen muß sorgsam darauf geachtet werden, daß jedes Kind die Möglichkeit hat, in seinem Tempo eine persönliche Kontaktaufnahme zu den Pferden herzustellen.

Die drei Kurstypen werden im folgenden dargestellt.

1. „Zeit mit Pferden"

Voraussetzungen

Termine: 8 x

Zeit: à mindestens 2 bis besser 2,5 Stunden

Personen: 1 ausgebildete Fachkraft (Pädagoge/in mit entsprechender reiterlicher Zusatzausbildung und fundierter Selbsterfahrung) als Leitung und 1 kompetente Fachkraft als Co-Leitung

Helfer: mindestens 1 pädagogische Fachkraft zur Betreuung der Kindergruppe – sinnvollerweise der/die Lehrer/in und Referendar/in (Pferdeerfahrung ist wünschenswert, jedoch nicht Voraussetzung)

Reflexion: Teamsupervision (à 2 Stunden) nach dem 1. und nach jeweils 3 Terminen sowie ein Abschlußtermin

Gruppengröße: maximal 8 Kinder

Pferde: 2 zum Voltigieren ausgebildete Therapiepferde (freundlich, verläßlich, belastbar), nach Möglichkeit Stute und Wallach

Ausrüstung: 2 Therapiegurte mit Schaumstoffpolsterung, Trensen, Ausbinder und eventuell Wienerzügel, 2 Longen, 2 Longierpeitschen

Material: 4 x komplettes Putzzeug
Kassettenrecorder – geeignete Musikstücke (Kassetten)
Musik 1: „Polowetzer Tänze" (Tanz 2–5) von Alexander Borodin
Musik 2: „Lemon Tree" von der Gruppe „Fools Garden"
Cavalettis, Stangen
Erste-Hilfe-Kasten
2 lange Schals zum Augen verbinden
Gummistiefel für alle Kinder (wegen Ausmisten)
2 Mistkarren und 2 Mistgabeln

Gelände: Reithalle und Reitplatz
Koppel
Boxen/Laufstall etc. zum Ausmisten
Wasserstelle (Schwemme oder Wasserschlauch)

Nach den Vorbesprechungen mit den Lehrkräften werden die Kinder von der Heilpädagogin und ihrer pädagogischen Mitarbeiterin in zwei Gruppen eingeteilt, die nach Möglichkeit für den gesamten Kurs Verbindlichkeit haben sollten (nur im begründeten Ausnahmefall ist ein Wechsel angebracht). Dabei sollten neben den gruppendynamischen Aspekten auch die Eigenheiten der Pferde, das Gewicht der Kinder sowie ihre Beweglichkeit Beachtung finden. Auch das Geschlecht des Pferdes spielt in der Zuordnung eine Rolle.

Ablauf des Kurses

Der Ablauf aller 8 Termine ist in allen Bereichen gleich:

- Begrüßung (die Kinder sitzen auf geeignetem Gegenstand, z.B. Cavalettis (einfache Gestelle, meist aus Holz), Bänken etc. und sind ruhig!) und Klärung des Ablaufes des Kurses (beim 1. Termin) bzw. des Ablaufes des Termines an allen anderen Kurstagen. Hier ist auch Zeit für Fragen und Klärungen (Kritik, Wünsche, Beschwerden etc.), die in der gesamten Gruppe besprochen werden sollen.
- Die Kinder klären in den 2 Gruppen (2 Pferde), wer mit dem Ausmisten dran ist. Die Großgruppe holt das Pferd aus der Box (aus dem Laufstall, von der Koppel etc.) und putzt und bereitet es insgesamt für die Arbeit vor – derjenige, der mit Misten an der Reihe ist, organisiert sich Mistkarre und -gabel und mistet die Box aus (bzw. äppelt den Laufstall oder die Koppel ab). Das Ausmisten ist für die Kinder gleichzeitig „meditatives Erleben" durch die Erfahrung, den Mist wegschaffen zu können, und das beglückende Gefühl, dem Pferd eine saubere Box bei seiner Rückkehr bereitet zu haben. Auch in Ställen, in denen schon vor Eintreffen der Kinder gemistet wurde, sollte eine Absprache erreicht werden können, daß dies an den Projekttagen eben nicht gemacht wird und den Kindern so eine wertvolle Erfahrung ermöglicht wird. Eine Einführung ins Misten wird der Großgruppe beim ersten Termin gegeben. Nach meiner Erfahrung bilden sich hier sehr deutlich die Erfahrungen der Kinder mit mangelnder Versorgung ab – die verdreckte Box wird mit dem eigenen Erleben gleichgesetzt, und es ist in der Regel eine Wohltat für die Kinder, eine ganze Box gesäubert zu haben und sich dem Pferd damit auf eine ganz mütterliche Art und Weise genähert zu haben, also in der gebenden Position zu sein.
- Satteln der Pferde in 2 Gruppen: Vorführen und Nachahmen des Anlegens des Therapiegurtes mit Schaumstoffpolsterung, Auftrensen, Befestigen der Hilfszügel (hier: Ausbinder)
- Die Teams einigen sich auf einen Pferdeführer und bringen die Pferde in die Halle bzw. auf den Reitplatz.
- Lockerungsphase für Pferde (Ablongieren) und Kinder (Bewegungsspiele, leichtes Stretching)
- Arbeit in zwei Kleingruppen – Übungen auf dem stehenden Pferd, dann im Schritt, dann im Trab und Galopp. Übungen zu zweit, Bewegungserleben zu vorgegebener und von den Kindern selbst ausgesuchter Musik, Mutproben, meditatives Erleben auf dem Pferd.
- Pause (mindestens 20 Minuten besser 25–30 Minuten).

- Fortführung der Arbeit in Kleingruppen (eventuell mit Pferdewechsel).
- Absatteln der Pferde – Freilaufenlassen in der Halle – Beobachten der Pferde (beim Wälzen, Spielen, Rennen). Wenn notwendig: Trockenführen
- Pferde versorgen (putzen, Beine abspritzen etc.) und in den Stall bzw. auf die Koppel bringen
- Sattelzeug wegräumen und Putzplatz kehren
- Verabschiedung

Ablauf der einzelnen Kurstermine

1. Termin (Reithalle)
Voltigieren: korrektes und schonendes Aufsitzen mit Hilfestellung – Sitzen im Stand und in der Bewegung (Schritt) mit geöffneten und geschlossenen Augen – Schneidersitz im Stand und im Schritt – nach vorn und nach hinten legen und jeweils Augen schließen – Abgang im Stehen und Abgang im Schritt

2. Termin (Reithalle)
Voltigieren: rechts und links herum: Mühle im Schritt – Toter Mann mit Abgang durch seitliches Herunterrutschen im Schritt – Grundsitz im Trab und Galopp

3. Termin (Reithalle oder Reitplatz)
Voltigieren: Wiederholung der Übungen vom 2. Termin jeweils auf dem eigenen Pferd und danach Pferdewechsel – direkt im Anschluß Gespräch mit dem Betreffenden bezüglich der Unterschiede der zwei Pferde in Schritt, Trab und Galopp

4. Termin (Reithalle oder Reitplatz)
Voltigieren: Wiederholung der bisherigen Übungen – Stehen auf dem Pferd im Stand und Schritt – Reiten zu zweit – Hilfen zum Trab und Galopp selbst geben – Pferdewechsel

5. Termin (Reithalle)
Voltigieren: Jedes Kind reitet im Schritt, Trab und Galopp auf „seinem" Pferd zu dem Musikstück „Polowetzer Tänze" von Alexander Borodin. Zu Beginn liegt das Kind vornüber geneigt mit geschlossenen Augen auf dem Pferdehals – mit sich steigernden Tempi (Tanz Nr. 2 = Stand – Tanz Nr. 3 = Schritt – Tanz Nr. 4 = Trab – Tanz Nr. 5 = Galopp) richtet sich das Kind auf dem stehenden Pferd auf, läßt sich im Schritt mit immer noch geschlossenen Augen tragen – öffnet die Augen, wenn der Rhythmus der Musik zum Trab und danach zum Galopp übergeht (die Tempowechsel sind auch vom musikalischen Laien erfaßbar). Nach dem Ende der Musik gibt es ein kurzes Gespräch über das Erleben des Kindes.

Das zweite Musikstück mit vielen Wechseln von Trab zum Galopp und überaus leichter, beschwingter und fröhlicher Melodie ist „Lemon Tree" von der Gruppe „Fools Garden".

Für das nächste Mal werden die Kinder aufgefordert, eigene Musik auf Kassette aufzunehmen, da dann nach ihren Musikwünschen geritten werden kann.

6. Termin (Reithalle)
Voltigieren: Reiten in Schritt, Trab, Galopp; je einzeln und zu zweit nach dem Stück „Lemon Tree" – Reiten in verschiedenen Gangarten nach den mitgebrachten Musikstücken der Kinder (Erleben, Gespräch, Vergleich der Pferde/Pferdewechsel)

7. Termin (Reithalle oder Reitplatz)
„Extra": Jedes Kind kann sich zwei Fotomotive von sich und dem Pferd oder auch mit jemand anderem zusammen wünschen. Dies können sein: Kind in gewünschter Gangart und Position, auf dem Reitplatz, in der Schwemme, in der Halle etc. oder auch „schmusende Nahaufnahme" von Kind und Pferd. Wichtig ist: den Kindern soll nicht ein bestimmtes Motiv suggeriert werden, sondern jedes Kind soll möglichst frei entscheiden. Die Kinder haben während des Putzens und Ausmistens Zeit, sich „ihre" Motive auszusuchen. Die 1. Reitzeit wird dann für die Erstellung der Fotos verwandt.
Voltigieren: Gruppenübungen nach vorgegebener und gewünschter Partnerwahl: Im Wechsel (ein Kind hält das Pferd, die anderen „rutschen" jeweils nach) sitzt ein Kind im Grundsitz, das zweite sitzt auf dessen Schultern und das dritte steht hinter den beiden auf dem Pferd. Wenn es möglich ist, wird diese Übung in einem zweiten Durchgang auch im Schritt probiert (wobei die psychische Konstellation der Beteiligten zu beachten ist).

8. Termin (Reithalle oder Reitplatz)
Voltigieren: Reiten alleine und zu zweit in allen drei Gangarten und auf beiden Händen (kein Pferdewechsel mehr). „Lust-Übung" zum Abschluß: jedes Kind kann sich selbst zwei Übungen aussuchen, die es machen möchte.
„Extra": Gang über den Hof, zu den Koppeln und durch die Ställe. Gemeinsame Verabschiedung von den beiden Pferden.

Abschlußrunde (sitzend, z.B. auf Cavalettis, Bänken etc.): Rückbesinnung auf die 8 Kurstermine, Fragerunde zu „Was hat mir am besten gefallen?" und „Was fand ich gar nicht gut?" – Überreichung der Fotos vom letzten Termin – Verabschiedung der Gruppe und Beenden des Kurses.

2. „Akrobatik mit Pferden"

Voraussetzungen

Termine: 10 x

Zeit: à mindestens 2,5 bis besser 3 Stunden

Personen: 1 ausgebildete Fachkraft (Pädagoge/in mit entsprechender reiterlicher Zusatzausbildung und fundierter Selbsterfahrung) als Leitung und 1 kompetente Fachkraft (reiterliche Erfahrung) als Co-Leitung

Helfer: mindestens 1 pädagogische Fachkraft zur Betreuung der Kindergruppe – sinnvollerweise der/die Lehrer/in und Referendar/in (Pferdeerfahrung ist wünschenswert, jedoch nicht Voraussetzung)

Reflexion: Teamsupervision (à 2 Stunden) nach dem 1. und nach jeweils 3 Terminen sowie ein Abschlußtermin

Gruppengröße: maximal 8 Kinder

Pferde: 2 zum Voltigieren ausgebildete Therapiepferde (freundlich, verläßlich, belastbar), nach Möglichkeit Stute und Wallach

Ausrüstung: 2 Therapiegurte mit Schaumstoffpolsterung, Trensen, Ausbinder und eventuell Wienerzügel, 2 Longen, 2 Longierpeitschen

Material: Cavalettis, Stangen, kleine Hindernisse
Tücher, Bälle, Seile, diverse Materialien für Sketche (Ideen der Kinder)
Erste-Hilfe-Kasten

Gelände: Reithalle und Reitplatz
Koppel

Die Arbeit ist aufgeteilt in Grundübungen, vorbereitendes Training von Kunststücken für die Vorführung, Mutproben und freies Reiten auf dem Reitplatz. Die Kinder sollen während des Projektes in der Gesamtgruppe und in kleinen Arbeitsgruppen gemeinsam arbeiten und üben. Im Kurs sollen sowohl Gruppenerfahrung im Mittelpunkt der Arbeit stehen, als auch die Stabilisierung von Beziehungen einzelner Kinder zu bestimmten, ausgewählten Übungspartnern. Am Abschluß des Kurses steht eine Aufführung vor geladenen Gästen (Bürgermeister, Presse, Interessierte des Reiterhofes, die anderen Klassen der Schule etc.). Diese Aufführung ist zum einen das Ziel, auf welches hingearbeitet wird, zum anderen vermittelt sie den Kindern eine gesellschaftliche Anerkennung und Wertschätzung ihrer Arbeit und damit ihrer selbst.

Nach den Vorbesprechungen mit den Lehrkräften werden die Kinder von der Heilpädagogin und ihrer pädagogischen Mitarbeiterin in zwei Gruppen eingeteilt, die nach Möglichkeit für den gesamten Kurs Verbindlichkeit haben sollten (nur im begründeten Ausnahmefall ist ein Wechsel angebracht). Dabei sollten neben den gruppendynamischen Aspekten auch die Eigenheiten der Pferde, das Gewicht der Kinder sowie ihre Beweglichkeit Beachtung finden. Auch das Geschlecht des Pferdes spielt in der Zuordnung eine Rolle.

Insbesondere bei den ersten beiden Terminen muß sorgsam darauf geachtet werden, daß jedes Kind die Möglichkeit hat, in seinem Tempo eine persönliche Kontaktaufnahme zu den Pferden herzustellen.

Ablauf des Kurses

Der Ablauf aller 10 Termine ist in allen Bereichen gleich:

- Begrüßung (die Kinder sitzen auf Cavalettis o.ä. und sind ruhig!) auf dem Reitplatz (oder bei schlechtem Wetter in der Halle) und Klärung des Ablaufes des Kurses (beim ersten Termin) bzw. des Ablaufes des Termines an allen anderen Kurstagen. Hier ist auch Zeit für Fragen und Klärungen (Kritik, Wünsche, Beschwerden etc.), die in der gesamten Gruppe besprochen werden sollen
- Begrüßung der beiden Pferde durch die schon eingeteilten zwei Gruppen
- Arbeit in 2 Kleingruppen auf den longierten Pferden
- Vertiefung der Arbeit in den beiden Kleingruppen oder Einzelarbeit
- Pause (mindestens 20 Minuten)
- Erarbeitung und Training der Übungen für die Vorführung in den jeweiligen Teams
- individuelle Mutprobe
- Pferde zum Putzplatz führen, absatteln und versorgen
- Pferde auf die Koppel, bzw. in die Box bringen
- Sattelzeug wegräumen und Putzplatz kehren
- Verabschiedung

Ablauf der einzelnen Kurstermine

Alle Kurstermine sollten nach Möglichkeit auf dem Reitplatz stattfinden.

1. Termin
1. Arbeitsphase: Aufsitzen mit Hilfestellungen der Kinder untereinander – Grundsitz, Vor- und Zurücklegen, Knien und Stehen im Stand und im Schritt (mit soviel Hilfestellung, wie das einzelne Kind sie benötigt). Einzelarbeit: Besprechung eventueller Ängste – Erklären und Durchführen von Anreiten, Anhalten und Richtung–Beeinflussen (dies ist in der 1. Stunde wichtig, um den Kindern aufzuzeigen, daß sie Einfluß auf das Pferd erlangen können).
2. Arbeitsphase: „Mühle" – Bewegungserfahrungen im Schritt und Trab (Hilfestellungen durch die pädagogische Mitarbeiterin)
3. Arbeitsphase: Galopp auf dem longierten Pferd (Hilfestellungen durch die pädagogische Mitarbeiterin)

2. Termin
1. Arbeitsphase: Grundsitz, Vor- und Zurücklegen, „Mühle", Knien, Stehen, Schneidersitz in Stand und Schritt.
2. Arbeitsphase: Erarbeitung von Übungen für die Vorführung in Kleingruppen (= 4 Kleingruppen, d.h. je 2 Kleingruppen pausieren, während die anderen 2 Kleingruppen üben. Es wird eine feste Zeit verabredet, wann gewechselt wird.)
3. Arbeitsphase: Balancieren eines halb vollen Wasserbechers (Plastikbecher) in Schritt, Trab und evtl. Galopp an der Longe.(Achtung: Auch hier gilt, daß die Pferde dies kennen müssen)

3. Termin
1. Arbeitsphase: Grundübungen wie bisher. „*Extra*": Anhalten des Pferdes vom Boden aus mit optischen und akustischen Hilfen
2. Arbeitsphase: Training der Übungen für die Vorführung
3. Arbeitsphase: Trab und Galopp in der Reithalle (nicht mehr longiert, sondern frei, die Zügel liegen verknotet auf dem Hals der Pferde und werden zum Durchparieren zusätzlich zur stimmlichen Hilfe ergriffen)

4. Termin
1. Arbeitsphase: Erweiterung der Grundübungen z.B. durch „Toter Mann", Abgang über die Kruppe u.a.
2. Arbeitsphase: Training der Übungen für die Vorführung
3. Arbeitsphase: Freies Reiten in der Reithalle mit Gangart nach Wunsch

5. Termin
1. Arbeitsphase: Erweiterung der Grundübungen, z.B. durch Testen, welche Möglichkeiten es gibt, vom Pferd herunterzukommen (Abgang Kruppe, Abgang seitlich, Salto, Abspringen aus dem Stand etc.)
2. Arbeitsphase: Training der Übungen für die Vorführung
3. Arbeitsphase: Unter dem Bauch des Pferdes durchkrabbeln – freies Reiten auf dem Reitplatz in Trab oder Galopp

6. Termin
1. Arbeitsphase: Durchführung der Grundübungen in Schritt und wenn möglich auch im Galopp
2. Arbeitsphase: Training der Übungen für die Vorführung
3. Arbeitsphase: „Ungarische Post", d.h. Wechsel von einem Pferd auf das andere im Stand und dann im Schritt

7. Termin
1. Arbeitsphase: Durchführung der Grundübungen in Schritt und Galopp
2. Arbeitsphase: Training der Übungen für die Aufführung
3. Arbeitsphase: Wiederholung der Mutprobe „Ungarische Post" – freies Reiten auf dem Platz mit gewünschter Gangart

8. Termin
1. Arbeitsphase: Durchführung der Grundübungen in Schritt und Galopp – Erweiterung der Übung: „8 verschiedene Arten, vom Pferd zu kommen" (= psychologisch gleichzeitig eine Hilfestellung für die Bewältigung der bald anstehenden Trennung)
2. Arbeitsphase: Training der Übungen für die Vorführung
3. Arbeitsphase: Springen über Cavaletti aus dem Schritt, Trab und Galopp

9. Termin
1. Arbeitsphase: Durchführung der Grundübungen in Schritt und Galopp
2. Arbeitsphase: 1 Durchgang der Übungen
3. Arbeitsphase: 2 Generalproben (die in der Regel katastrophal verlaufen und damit Ausdruck der Ängste der Gruppenmitglieder sind. Je mehr der angespann-

ten und zumeist auch ambivalenten Gefühle bei der Generalprobe zum Ausdruck kommen können, um so harmonischer verläuft zumeist die Vorführung selbst)

10. Termin:
- Begrüßung der Gäste
- Vorführung: Einmarsch der Pferde und Kinder mit passender, von den Kindern ausgesuchter Musik, Grundübungen auf einem voltigierten Pferd (alle Kinder machen die gleichen Übungen), Einzelübungen (jedes Kind zeigt eine oder zwei nur von ihm dargestellte Übungen), Übungen der Kleingruppen (Sketche, mehrere Kinder auf einem Pferd etc.), „8 Arten, vom Pferd zu kommen" und Verbeugung vor dem Publikum
- Angebot an die Gäste, sich auf den Pferden führen zu lassen (in der Reithalle) sowie Gespräche mit den anwesenden Gästen
- Nach Abfahrt der Gäste: Versorgung der Pferde und Verabschiedung der Pferde auf der Koppel
- Gespräch über den Kurs und Verabschiedung der Gruppe

Hinweis zu den Kunststücken, die von den Kindern für die Vorführung geübt werden:

Es kommt hierbei nicht so sehr auf Spektakuläres an – wichtig ist es, daß die Kinder in der Kleingruppe gemeinsam eine Zielvorstellung entwickeln und im Verlauf des Übens überprüfen, ob sie diese auch wirklich erreichen können. Die Veränderung (Steigerung oder Milderung der Anforderungen) einer Übung gehören zum gruppendynamischen Prozeß.

Solche – von den Kindern ausgedachte – Übungen können z.B. sein: zu dritt einen Turm bauen auf dem im Schritt gehenden Pferd, Umsetzung einer Voltigierübung zu dritt oder zu zweit, nacheinander alle die gleiche Übung machen (z.B. im Galopp alleine aufs Pferd aufspringen und hinstellen) oder auch einen Sketch entwickeln (kleine Geschichte auf und mit dem Pferd darstellen). Die Phantasie der Kinder ist hier in der Regel unerschöpflich und bedarf meist behutsamer realistischer Überprüfung und Korrektur.

Die Aufführung selbst sollte in einem festlichen Rahmen stattfinden – meist ist mit wenig Aufwand eine Halle recht schnell schön herzurichten (Abtrennung der Halle mit Stangen in Vorführungs- und Gästeteil, ein paar große Kübel mit Pflanzen, Getränke- und Infotisch). Vorteilhaft ist es auch, den Gästen ein Programm in die Hand zu geben – so können die Kinder erste Kontakte mit den Gästen schon vor der Vorführung herstellen, und die Gäste wissen, was sie erwartet. Die Vorführung sollte den zeitlichen Rahmen von 20–25 Minuten nicht überschreiten.

3. „Gymkhana - Reiterspiele"

Voraussetzungen

Termine: 12 x

Zeit: à 3 Stunden

Personen: 1 ausgebildete Fachkraft (Pädagoge/in mit entsprechender reiterlicher Zusatzausbildung und fundierter Selbsterfahrung) als Leitung, 1 kompetente Fachkraft als Co-Leitung (je nach Anzahl der eingesetzten Pferde) noch 1 bzw. 2 reiterlich versierte Helfer (dies könnten z.B. Lehrer/in und Referendar/in sein)

Helfer: 1 pädagogische Fachkraft zur Betreuung der Kindergruppe

Reflexion: Teamsupervision mit allen Beteiligten (à 2 Stunden) nach dem ersten und nach jeweils drei weiteren Terminen sowie einen Abschlußtermin

Gruppengröße: maximal 8 Kinder

Pferde: 3 oder 4 Pferde (je nach Kinderzahl – 2 Kinder je ein Pferd)
ausgebildete Therapiepferde, *die sich auch untereinander gut vertragen* (freundlich, verläßlich, belastbar), nach Möglichkeit Stuten und Wallache
Ausrüstung: 3 bzw. 4 Therapiegurte mit Schaumstoffpolsterung, Trensen, diverse Hilfszügel (je nachdem, was für welches Pferd am geeignetsten ist: Wienerzügel, Stoßzügel, Ausbinder – die Pferde müssen gut zu sitzen sein und den Kindern nach einer Einführung eine Einflußnahme ermöglichen), 2 Longen, 2 Longierpeitschen

Material: 3 bzw. 4 x komplettes Putzzeug
Cavalettis, Stangen, Hindernisse
Tücher, Bälle
Äpfel, Karotten, Eier, Nüsse u.a.
2 Mistkarren
Erste-Hilfe-Kasten

Gelände: Reithalle und Reitplatz
Koppel
Wasserstelle (Bach, Schwemme oder zumindest Wasserschlauch)

Kindern und Jugendlichen den Weg ebnen zum Spiel, zu der Freude, die ein „Tag auf dem Rücken eines Pferdes" bringt genau dies heißt, sinngemäß übersetzt, das aus dem Indischen stammende Wort „Gymkhana". Besser bekannt sind solche Maßnahmen unter dem Begriff „Reiterspiele" oder „Mounted Games".

Die Spiele beinhalten all das, was Gymkhanas ausmacht: Reiterliche Anforderungen, Konzentration, Merkfähigkeit, Mut, Geschicklichkeit, Teamgeist – und dies insbesondere auch mit dem Team-Kollegen Pferd.

Über drei Schritte werden die Kinder zu den eigentlichen Gymkhanas hingeführt:

- *Pflegender Umgang*: Hierbei bilden je zwei Kinder und ein Pferd ein Team. Folgendes wird erlernt: Halftern, das Pferd aus der Box bzw. von der Koppel holen, zum Putzplatz führen, Putzen, Trensen/Satteln (mit Therapiegurten!), die entsprechende Versorgung nach dem Reiten und die Pferde in die Box oder auf die Koppel bringen.

- *Reiten lernen*: Alle Kinder erlernen, das Pferd zu führen, alleine und zu zweit im Schritt zu reiten, und sie sammeln auf dem longierten Pferd Bewegungserfahrungen in Trab und Galopp. Dann folgen: Abteilungsreiten mit kleinen Aufgaben, Einzel- und Gruppenarbeit zum Erlernen von Anreiten und Anhalten sowie das Beeinflussen der Richtung.
- Ferner gehören dazu das *Beobachten von Pferden* auf der Koppel, die *Vermittlung von Wissen* über die Fütterung und das Instinktverhalten sowie die *sinnliche Erfahrung* von Ställen, anderen Tieren, Wald und Wiesen.

Die Arbeit ist aufgeteilt in Grundübungen, vorbereitendes Training von Reiterspielen für die eigentlichen Gymkhanas, Mutproben und freies Reiten auf dem Reitplatz. Die Kinder sollen während des Projektes in festgelegten 2er–Teams gemeinsam arbeiten und üben. Im Kurs soll die Stabilisierung von Beziehungen einzelner Kinder zu bestimmten, ausgewählten Übungspartnern im Mittelpunkt der Arbeit stehen.

Nach den Vorbesprechungen mit den Lehrkräften werden die Kinder von der Heilpädagogin und ihrer pädagogischen Mitarbeiterin in Teams zu je zwei Kindern eingeteilt, die für den gesamten Kurs Verbindlichkeit haben sollten (nur im begründeten Ausnahmefall ist ein Wechsel angebracht). Dabei sollten neben den gruppendynamischen Aspekten auch die Eigenheiten der Pferde, das Gewicht der Kinder sowie ihre Beweglichkeit Beachtung finden. Auch das Geschlecht des Pferdes spielt in der Zuordnung eine Rolle.

Insbesondere bei den ersten beiden Terminen muß sorgsam darauf geachtet werden, daß jedes Kind die Möglichkeit hat, in seinem Tempo eine persönliche Kontaktaufnahme zu den Pferden herzustellen.

Sicherheitshinweise: Die Kinder müssen gut passende Reithelme tragen. Da die Arbeit mit drei oder vier Pferden ein erhöhtes Risiko beinhaltet, müssen absehbare Risiken unbedingt vermieden werden. Hierzu zählt, daß nach meiner Erfahrung die ersten 5 Termine grundsätzlich in einer Reithalle stattfinden sollten – ein offener Reitplatz ist durch die vielen Ablenkungsmöglichkeiten zu gefahrenträchtig und daher nicht akzeptabel.

Man muß sich vergegenwärtigen, daß es sich um 3 bzw. 4 Total-Anfänger auf den Pferden handelt und diese sich daher auch anders verhalten können, als es üblicherweise der Fall ist. Der Einsatz der Pferde sollte von ihren Charaktereigenschaften abhängig gemacht werden. Und: Keine Übung, kein Spiel, kein Einsatz von Materialien ohne vorherige Tests mit versierten Reiterinnen und Reitern.

Nach meiner Erfahrung ist die Obergrenze von 4 Pferden und 2 Leitungspersonen sowie entsprechenden Helfern (für die ersten Termine, z.B. für das Putzen und Führen und zum Eingreifen in brenzligen Situationen sowie zum Erklären der vielen Fragen, die aufkommen) dringend einzuhalten.

Ferner muß versucht werden, die Umgebung in die Vorbereitung mit einzubeziehen; so sollten z.B. nicht mehrere Pferde auf die Koppel in direkter Nachbarschaft der Halle oder des Platzes während der Arbeit mit der Gruppe gelassen werden etc., da dies nicht nur Ablenkung, sondern auch Gefahren beinhalten kann.

Ablauf des Kurses

Der Ablauf aller 12 Termine ist sich in allen Bereichen gleich:

- Begrüßung (die Kinder sitzen auf Cavalettis o.ä. und sind ruhig!) auf dem Reitplatz (oder bei schlechtem Wetter in der Halle) und Klärung des Ablaufes des Kurses (beim 1. Termin) bzw. des Ablaufes des Termines bei allen anderen Kurstagen. Hier ist auch Zeit für Fragen und Klärungen (Kritik, Wünsche, Beschwerden etc.), die in der gesamten Gruppe besprochen werden sollen
- Begrüßung der 4 Pferde durch die schon eingeteilten 4 Teams (bzw. 3 Pferde bei 3 Teams)
- Die Teams bringen die Pferde aus der Box bzw. von der Koppel zum Putzplatz
- Die Teams putzen und satteln/trensen ihre Pferde
- Die Teams führen ihre Pferde in die Halle (bzw. ab dem 5. Termin auch auf den Reitplatz)
- Arbeitsphase 1 (Reiten lernen in der Halle, bzw. ab dem 5. Termin erste Spiele auf dem Reitplatz)
- Arbeitsphase 2 (Reitenlernen in der Halle, bzw. ab dem 5. Termin erste Spiele auf dem Reitplatz)
- Pause (mindestens 20 Minuten)
- Arbeitsphase 3 (Bewegungserfahrungen auf den longierten Pferden in Trab und Galopp, bzw. ab dem 5. Termin Mutprobe oder freigewählte Übung/ Spiel)
- Pferdepflege, d.h. Absatteln, Wälzenlassen der Pferde auf dem Platz oder in der Halle, Pferde (je nach Jahreszeit) abwaschen/ Beine abspritzen, putzen
- Pferde in die Box bzw. auf die Koppel bringen
- Sattelzeug wegräumen und Putzplatz kehren
- Verabschiedung

Je nach Gelegenheit kann auch ab dem 3. Termin die 3. Arbeitsphase für das Erleben der Pferde genutzt werden, z.B. Beobachtung der „eigenen" Pferde untereinander auf der Koppel, ihr Verhalten beim Wälzen, Fressen, Rangordnung etc. Diese Elemente sind keineswegs überflüssiges „Beiprogramm", sondern geben manchmal tiefere Einblicke in die seelische Verfassung eines Kindes als Reiten lernen, Gespräche und anderes. Sinnvoll sind auch Vergleiche von Pferdegruppen (z.B. Stuten mit Fohlen, Zweijährige, Senioren etc.) und die Besprechung der Unterbringung der Tiere insgesamt bzw. der Gedanken und Phantasien der Kinder hierzu.

Ablauf der einzelnen Kurstermine

1. Termin (Reithalle)

1. Arbeitsphase: Aufsitzen der 1. Abteilung (die Teams werden in 1. und 2. Gruppe eingeteilt und reiten ab diesem Zeitpunkt dann entsprechend in der 1. oder 2. Abteilung) mit Hilfestellung durch die Heilpädagogin und die pädagogische Mitarbeiterin. Das Ziel ist das Aufsitzen entweder mit Hilfe des Teamkollegen oder das Aufsitzen ohne Hilfe. Die Kinder der 2. Abteilung führen ihre Teamkollegen

auf den Pferden ganze Bahn, Zirkel und Schlangenlinien durch die Bahn (das Führen wurde vorab in der Halle wechselseitig geübt). Danach nehmen die Reiter die Zügel in die Hand und erlernen das Anreiten und das Anhalten.
2. Arbeitsphase: Aufsitzen der 2. Abteilung und das gleiche Programm wie mit der 1. Abteilung (s.o.)
3. Arbeitsphase: Jedes Team wird auf seinem Pferd longiert (d.h. je 2 Pferde parallel) . Grundsitz in Schritt, Trab und Galopp

2. Termin (Reithalle)
1. Arbeitsphase: Wiederholung vom 1. Termin. Bei gutem Gelingen: Ergänzen um Reiten um Hütchen (oder andere Gegenstände) in der Reithalle
2. Arbeitsphase: Aufsitzen der 2. Abteilung und das gleiche Programm wie mit der 1. Abteilung (s.o.)
3. Arbeitsphase: Jedes Team wird auf seinem Pferd longiert. Grundsitz in Schritt, Trab und Galopp – leichte Voltigierübungen

3. Termin (Reithalle)
1. Arbeitsphase: Wiederholung vom 2. Termin. Bei gutem Gelingen: Ergänzen um Reiten über Cavalettis, Stangen
2. Arbeitsphase: Aufsitzen der 2. Abteilung und das gleiche Programm wie mit der 1. Abteilung (s.o.)
3. Arbeitsphase: Jedes Team wird auf seinem Pferd longiert. Grundsitz in Schritt, Trab und Galopp – erweiterte Voltigierübungen

4. Termin (Reithalle)
1. Arbeitsphase: Wiederholung vom 3. Termin. Bei gutem Gelingen: einzeln Antraben und Hintenaufschließen – reiten nach den Buchstaben (Hufschlagfiguren als „Buchstabenreiten")
2. Arbeitsphase: Aufsitzen der 2. Abteilung und das gleiche Programm wie mit der 1. Abteilung (s.o.)
3. Arbeitsphase: Jedes Team wird auf seinem Pferd zu zweit longiert – Grundsitz im Wechsel in Schritt, Trab und Galopp

5. Termin (Reithalle)
1. Arbeitsphase: Abteilungsreiten in Schritt und Trab. Reiten um Gegenstände und über Stangen und Cavalettis
2. Arbeitsphase: Aufsitzen der 2. Abteilung und das gleiche Programm wie mit der 1. Abteilung (s.o.)
3. Arbeitsphase: Jedes Team wird auf seinem Pferd longiert und probt den Abgang im Schritt und Trab

6. Termin (nach Möglichkeit auf dem Reitplatz)
1. Arbeitsphase: Wiederholung des bisher Erlernten auf dem Reitplatz
2. Arbeitsphase: das gleiche für die 2. Abteilung
3. Arbeitsphase: „Einhändig" reitet je ein Teamkollege mit seinem Pferd (in einer Hand ein Ei) alleine eine Runde auf dem Reitplatz

7. Termin (nach Möglichkeit auf dem Reitplatz)
1. Arbeitsphase: „Sackhüpfen–Spiel" und „Hut-Spiel" in 2 Gruppen
Sackhüpfen–Spiel: zu zweit auf einem Pferd von A nach B reiten – bei B sitzen beide ab – einer führt das Pferd zu A zurück, der andere hüpft im Sack nach A
Hut–Spiel: Von A nach B reiten – bei B wartet der Teamkollege auf einem Hindernis sitzend mit einem Hut (Strohhut, Kappe etc.) auf dem Kopf – der Reiter „angelt" sich den Hut, setzt ihn auf und reitet zur Ziellinie nach A zurück
2. Arbeitsphase: das gleiche wie für die 1. Abteilung
3. Arbeitsphase: „Wettrennen im Schritt"
Wettrennen im Schritt: alle 4 Pferde müssen eine markierte Strecke von A nach B im Schritt geritten werden – wer antrabt, wird (wie beim Trabrennen) nach hinten geschickt, kann aber weiter mitmachen

8. Termin (nach Möglichkeit auf dem Reitplatz)
1. Arbeitsphase: „Karottenspiel" und „Apfeltauchen"
Karottenspiel (bedingt spielfreudige Pferde): Von A nach B markierte Strecke über und/oder um Hindernisse etc. herum reiten – von einer Tonne soll das Pferd sich eine Karotte selbst „angeln" (und fressen) – zurückreiten nach A
Apfeltauchen: von A nach B reiten – Absitzen – Apfel mit dem Mund aus einem Wasserbecken (entsprechender Wasserschüssel) fischen – mit dem Apfel im Mund das Pferd nach A zurückführen – beim Ziel das Pferd mit dem Apfel füttern
2. Arbeitsphase: das gleiche wie für die 1. Abteilung
3. Arbeitsphase: „Richtiges Wettrennen" (auf den Pferden)

9. Termin (nach Möglichkeit auf dem Reitplatz)
1. Arbeitsphase: „Seifenblasen-Rallye"
Seifenblasen-Rallye: mit mehreren Stationen wie Karotten–Einsammeln von einer Tonne, „Nuß–zwischen–den–Zähnen–Transport" etc. zu einem Hindernis reiten und dort dreimal Seifenblasenblasen (das Pferd muß hierbei ruhig stehen) – danach eine markierte Strecke zurücklegen und das Pferd mit der Karotte füttern, die Nuß abgeben und absitzen
2. Arbeitsphase: das gleiche wie für die 1. Abteilung
3. Arbeitsphase: frei gewähltes Spiel oder Übung

10. Termin (nach Möglichkeit auf dem Reitplatz)
1. Arbeitsphase: „Eier–Stafette"
Eier-Stafette: je 2 Reiter und ihre Pferde bilden ein Team – der erste reitet los und holt sich von einem Hindernis ein Ei – dies transportiert er zum zweiten Reiter, der an der Startlinie wartet, und übergibt es ihm.
2. Arbeitsphase: das gleiche wie für die 1. Abteilung
3. Arbeitsphase: diverse Mutproben (unter dem Pferdebauch durchkriechen, Abgang über die Kruppe, Salto vom Pferd etc.)

11. Termin (nach Möglichkeit auf dem Reitplatz)
1. Arbeitsphase: „Karottenwerfen"
Karottenwerfen: Von A nach B reiten – eine bestimmte Anzahl (zwischen 2 und 10) Karotten nach A zurück transportieren und in einen Eimer werfen

2. Arbeitsphase: das gleiche wie für die 1. Abteilung
3. Arbeitsphase: frei gewähltes Spiel oder Übung

12. Termin (nach Möglichkeit auf dem Reitplatz
1. Arbeitsphase: „Schubkarren–Rennen"
Schubkarren–Rennen: (Variation zu Sackhüpfen) zu zweit auf dem Pferd von A nach B reiten – bei B sitzen beide ab – einer sitzt in der Schubkarre und hält das Pferd am Führstrick (am Halfter befestigt – nicht an der Trense), der andere schiebt die Schubkarre nach A zurück
2. Arbeitsphase: das gleiche wie für die 1. Abteilung
3. Arbeitsphase: frei gewähltes Spiel oder Übung

Hinweis zu den „Gymkhanas": Die o.g. Spiele – sowie noch viele mehr – können in zwei Büchern nachgelesen werden („Reiterspiele – Reiterfeste" von Wernher Gorbracht 1980 und „Reiterrallyes – Reiterspiele" von Marlit Hoffmann 1994). Davon abgesehen sind viele Spiele denkbar variabel vom Einsatz der Materialien her und können durch einfache oder komplizierte Linienführung verändert werden. So kann das Spiel „Karotten–Werfen" daraus bestehen, von einer Startlinie losreitend auf einer Tonne eine Karotte aufzunehmen und dann zur Ziellinie zu reiten, um die Karotte dort in einen Eimer zu werfen. Varianten hierzu sind z.B. die Erhöhung der Anzahl der Karotten: nicht eine, sondern 10 müssen transportiert (wie auch immer) und dann in den Eimer geworfen werden; es kann auf dem Weg von der Start- zur Ziellinie nötig sein, über kleine Hindernisse zu reiten oder zwischendurch abzusitzen, das Pferd zu einem Hindernis zu führen und von dort selbständig aufzusteigen, bevor die Karotten aufgenommen werden dürfen etc. Alle Spiele können, wenn das Können der Kinder dies zuläßt, auch im Trab und z.T. im Galopp gespielt werden. Ängstliche und motorisch beeinträchtigte Kinder sollten die Spiele alleine reiten dürfen, um den Druck der Konkurrenzsituation herauszunehmen.

Und als Hinweis für die Durchführenden: der gruppendynamische Prozeß und die Ereignisse mit den Tieren sind wichtiger als alle Planungen und Spielvorhaben. Sollten bei einem Kurs nur 2 oder 3 Spiele zur Durchführung kommen, so hat dies seinen individuellen Grund. Dieses zu reflektieren ist dann vorrangig und nicht, das Tempo zu erhöhen, um den Planungen nachzukommen.

Es sei erwähnt, daß es sinnvoll ist, mit möglichst geringen Spielanforderungen zu beginnen. Ich war in der Regel bei jedem Kurs erneut erstaunt, wie anstrengend und kompliziert die Übungen für die Kinder sind und wie sehr sie sich konzentrieren müssen, z.B. um nicht zu vergessen, *was* ihre Aufgabe ist.

Und: je mehr Pferde an einem Spieldurchgang beteiligt sind, um so größer ist der Leistungsdruck, zu „gewinnen". Dies führt in manchen Fällen zu Regelverstößen (so wird dann doch galoppiert statt getrabt), was bis hin zu Wutausbrüchen gegenüber dem Pferd führen kann. Spätestens hier ist es dann nötig, klare Regeln zu erstellen. Hierzu zählt auch ein Reitverbot für den nächsten Termin, wenn gefährliches Verhalten (gegenüber einem anderen Kind oder auch gegenüber dem Pferd) nicht anders kontrollierbar ist.

Heilpädagogisches Reiten hat seinen Preis, da es keine alltägliche Maßnahme ist und viel Aufwand bedeutet. Ständiges Training der Pferde, eigene Weiterbildung und Supervision, Materialverschleiß, Öffentlichkeitsarbeit, das Schreiben der Protokolle u.v.a.m. sind Faktoren, die in der Regel von außen wenig wahrgenommen werden.

Die Frage der Finanzierung einer Maßnahme muß von der Schule individuell geklärt werden. Schulen können die Finanzierung von heilpädagogischem Reiten in Form von Projekten oder regelmäßigen Angeboten über vielfältige Wege sicherstellen. Hierzu zählen z.B. Projektetat, Spendengelder, Socialsponsoring, Beantragung von Mitteln im Rahmen des Kinder- und Jugendhilfegesetzes und anderes.

Bei der Absprache mit dem Auftraggeber gilt: Je klarer die mündliche und schriftliche vertragliche Regelung ist, desto weniger Konflikte werden entstehen und umso befriedigender kann sich die Arbeit letztendlich gestalten. Wichtig ist es, den Schulleiter, wenn er nicht selbst an der Maßnahme beteiligt ist, nicht nur zu informieren, sondern seine Unterschrift auf dem Vertrag aufzunehmen.

Unverzichtbarer Bestandteil des Vertrages und des Projektes sollte die institutionalisierte Reflexion der Arbeit sein. Ist diese nicht vertraglich geregelt, können nicht nur Mißverständnisse entstehen, sondern auch der Erfolg der Arbeit in Frage gestellt werden. Die kollegiale Supervision ist keine Extraleistung von Lehrpersonal und Heilpädagogin und pädagogischer Mitarbeiterin, sondern Bestandteil der Arbeit.

Auch sollte die Form der Auswertung im Vertrag enthalten sein, also: Gibt es schriftliche Berichte/für wen sind sie gedacht, welche Form von Öffentlichkeitsarbeit wird von der Heilpädagogin/der Schule und/oder gemeinsam geleistet, gibt es andere Formen (Info-Abend, Teilnahme an Schulkonferenz, Videoaufnahme z.B. für einen Elternabend o. ä.)?

Adressen

Deutsches Kuratorium für Therapeutisches Reiten e.V.

Deutsches Kuratorium für Therapeutisches Reiten e.V.
(DKThR, Freiherr-von-Langen-Str. 13, 48231 Warendorf, Tel.: 02581-6362-0, Fax: 02581-62144, e-mail: DKThR @ fn-dokr.de Internet:http://www.pferd-aktuell.de)

Als Fachverband für Therapeutisches Reiten mit praxisbezogenen und wissenschaftlichen Inhalten und Zielen geht das DKThR von einer Differenzierung des Therapeutischen Reitens in den drei Bereichen Medizin, Pädagogik/Psychologie und Sport aus.

1. Die „*Hippotherapie*" entspricht dem medizinischen Einsatz des Pferdes bei neurologischen und orthopädischen Krankheitsbildern im Sinne einer besonderen physiotherapeutischen Behandlungsmaßnahme, die ärztlich verordnet wird.

2. Das „*Heilpädagogische Voltigieren/Reiten*" beinhaltet pädagogisch-psychologische Maßnahmen zur ganzheitlichen und individuellen Förderung verhaltensauffälliger, lernbehinderter und geistig behinderter Kinder und Jugendlicher sowie die Arbeit mit dem Pferd in Psychiatrie und Psychotherapie.

3. Das „*Reiten und Fahren als Sport für Behinderte*" führt Menschen mit Behinderung an Freizeit-, Breiten- und Leistungssport heran.

Aufgaben und Ziele des DKThR

Information: Das DKThR informiert individuell über Ziele, Methoden und Wirkungen des Einsatzes des Pferdes in allen drei Bereichen sowie über Auswahl und Ausbildung von Pferden für diese speziellen Aufgaben. Es gibt vierteljährlich die Fachzeitschrift „Therapeutisches Reiten" heraus, die allen Mitgliedern kostenlos zugeschickt wird. Neben dort veröffentlichten Fachbeiträgen erfährt man bundesweit alles aktuell Wissenswerte zum Thema „Therapeutisches Reiten".

Zusammenarbeit: Als Dachverband für therapeutisches Reiten fördert das DKThR die Zusammenarbeit und den inhaltlichen Austausch aller in Deutschland tätigen Fachkräfte, Therapiezentren, Einrichtungen und sonstigen Interessierten. In seiner jetzigen Größe (1998) von ca. 2 000 persönlichen Mitgliedern und 145 Anschlußeinrichtungen vertritt das DKThR bundesweit die Interessen von ca. 12 000 Menschen.

Ausbildung von Fachkräften und Qualitätssicherung: In allen drei Bereichen bietet das DKThR berufliche Zusatzausbildungen an, die sowohl die Förderung als auch den Schutz benachteiligter kranker und behinderter Menschen sowie der eingesetzten Pferde beinhalten. Es vergibt nach Prüfung vor Ort an Einrichtungen für das therapeutische Reiten mit entsprechenden Qualitätsstandards ein „Qualitätssiegel".

Kostenfrage: Das DKThR hat sich zur Aufgabe gestellt, die Kostenfrage für das therapeutische Reiten in allen drei Bereichen mit den zuständigen Instanzen im Sinne der Kranken und Behinderten sowie auch der tätigen Fachkräfte zu klären.

Wissenschaftliche Grundlagen: Bei der Bundesgeschäftsstelle des DKThR ist ein Literaturverzeichnis mit ca. 800 Fachbeiträgen erhältlich. Alle zwei Jahre vergibt das DKThR den „Werner-Kuprian-Preis", einen Literaturpreis für eine herausragende, wissenschaftliche Facharbeit über das therapeutische Reiten.

Internationale Kontakte: Das DKThR ist auf internationalen Seminaren und Kongressen vertreten und fördert so grenzüberschreitend Austausch und Abstimmung von Methodik und Ausbildung im therapeutischen Reiten.

Folgende kostenlose Merkblätter und Informationen zu den Ausbildungen sind über die Geschäftsstelle in Warendorf (s.o.) zu beziehen:

- Das Pferd in Medizin – Pädagogik – Sport (mit Beitrittserklärung)
- Informationen für Physiotherapeuten
- Informationen für Ärzte
- Informationen für Pädagogen/Psychologen
- Informationen über das Reiten/Fahren als Sport für Behinderte
- Informationen über das Pferd im Therapeutischen Reiten
- Informationen über die Sonderhefte und Publikationen des DKThR

Fortbildungszentrum „Bewegende Pferde"

Dipl.–Mot. Juliane Deppisch
Upratsberg 5
87634 Günzbach
Tel. und Fax: 08372–8108

Qualifikation „Hippopädagogik"

Eine alternative Qualifikation wird von der Diplom-Motologin Juliane Deppisch in Kooperation mit der Akademie für Motopädagogik und Mototherapie in Form eines prozeßorientierten Baukastensystems angeboten. Die auf den Zeitraum von zwei Jahren konzipierte berufsbegleitende Qualifikation „Motopädagogik mit dem Pferd – Hippopädagogik" besteht aus 4 5tägigen Grundkursen der Zusatzqualifikation Motopädagogik (Körpererfahrung, Materialerfahrung, Sozialerfahrung und Anleitung zur Praxis) und darauf aufbauend 4 Seminaren (Einführungswochenende, Pferdeerziehung und -ausbildung, Didaktik und Methodik beim motopädagogischen Einsatz des Pferdes und praktische Anleitung zur Motopädagogik mit dem Pferd).

Quellennachweise

Bis auf die 3 nachfolgend genannten Ersterscheinungen von 3 Teilbeiträgen handelt es sich im vorliegenden Buch um Originaltext:

Teilbeitrag „Das Pferd als Selbstobjekt oder Übergangsphänomen?" Zuerst erschienen in: Therapeutisches Reiten, 24. Jg., 3/1997, S. 19-20 (redigiert)

Das Fallbeispiel „Und wenn er dann losläßt?" – Unterstützung von Individuations- und Ablösungsprozessen in der Mutter–Kind–Beziehung im Rahmen einer Frühförderung. Zuerst erschienen in: Frühförderung interdisziplinär, 17. Jg., München 3/1998, S. 134-143 (redigiert)

Das Fallbeispiel „Sharif: Ich bin der Boß“ - auf der Suche nach Halt. Zuerst erschienen als ein Fallbeispiel in der Veröffentlichung: Kupper-Heilmann, S./ Kleemann, C.: Heilpädagogische Arbeit mit Pferden, in: Datler, W./Finger-Trescher, U./Büttner, C. (Hg.): Jahrbuch für Psychoanalytische Pädagogik – Heilpädagogische Settings, 8, Gießen 1997, S. 27–46 (redigiert)

Literatur

Ahlheim, R./Müller-Brühn, E.: Elternarbeit als Erweiterung des analytischen Bezugsrahmens der Kinderpsychotherapie, in: Biermann, G. (Hg.): Handbuch der Kinderpsychotherapie, Frankfurt am Main 1992, S. 470–484

Auchter, T.: Über das Auftauen eingefrorener Lebensprozesse - Zu Winnicotts Konzepten der Behandlung schwer psychisch Erkrankter, in: Forum der Psychoanalyse, 1995, 11, S. 62–83

Baum, D.: Heilpädagogisches Voltigieren/Reiten mit psychisch kranken Menschen, in: Deutsches Kuratorium für Therapeutisches Reiten e.V.: Die Arbeit mit dem Pferd in Psychiatrie und Psychotherapie, Sonderheft, Warendorf 1994, S. 37–42

Baum, D.: Interventionsmöglichkeiten beim Voltigieren und Reiten, in: Kröger, A.: Partnerschaftlich miteinander umgehen. Erfahrungen und Anregungen für Lehrer, Eltern, Reiter, Voltigierer und Fachleute in Pädagogik und Therapie mit dem Pferd, Warendorf 1997, S. 204–233

Baum, M.: Das Pferd als Symbol, Frankfurt am Main 1991

Bauriedl, T.: Auch ohne Couch. Psychoanalyse als Beziehungstheorie und ihre Anwendungen, Stuttgart 1994

Benedetti, G.: Todeslandschaften der Seele: Psychopathologie, Psychodynamik und Psychotherapie der Schizophrenie, Göttingen 1994

Bettelheim, B.: Kinder brauchen Märchen, Stuttgart 1980

Bion, W.R.: Erfahrungen in Gruppen, Stuttgart 1971

Blendinger, W.: Psychologie und Verhaltensweisen des Pferdes, Berlin 1980

Braun, R.: Besuch der Reitanlage der Blindenanstalt Marburg, in: Therapeutisches Reiten, 1988, 15, H. 4, S. 15–18

Breiter, A.: Therapeutisches Reiten in der Psychiatrie, in: Gäng, M. (Hg.): Ausbildung und Praxisfelder im Heilpädagogischen Reiten und Voltigieren, München 1995, 146–161

Brüch, A.: Ein Hund und ein Kater in der Kinderpsychotherapie, in: Zeitschrift für Individualpsychologie 4/1988, S. 264 ff.

Bürgin, D. (Hg.): Triangulierung. Der Übergang zur Elternschaft, Stuttgart 1998

Büttner, C.: Gruppenarbeit – Eine psychoanalytisch-pädagogische Einführung, Mainz 1995

Büttner, C./Finger-Trescher, U.: Psychoanalyse und schulische Konflikte, Mainz 1991

Büttner, C./Trescher, H.-G.: Chancen der Gruppe, Erfahrungen aus dem pädagogischen Alltag, Mainz 1987

Datler, W.: Bilden und Heilen. Auf dem Weg zu einer pädagogischen Theorie psychoanalytischer Praxis, Mainz 1995

Deppisch, J.: Das Pferd als Medium mototherapeutischer Intervention für hyperaktive Kinder, in: Passolt, M. (Hg.): Mototherapeutische Arbeit mit hyperaktiven Kindern, München 1996, S. 167–193

Deppisch, J.: Hippopädagogik – eine neue Anwendungsdisziplin der Motopädagogik, in: Motorik, 19, 2/1997, S. 29–49

Denk, A.: Selbst-Erkenntnis in der Begegnung mit dem eigenen Schatten. Analytische Kinderpsychotherapie nach C.G. Jung, in: Deutsches Kuratorium für

Therapeutisches Reiten e.V. (Hg.): Freiheit erfahren - Grenzen erkennen. Über die Integration von Polaritäten mit Hilfe des Pferdes, Warendorf 1996, S. 116–126

Deutsches Kuratorium für Therapeutisches Reiten e.V. (Hg.): Die Arbeit mit dem Pferd in Psychiatrie und Psychotherapie, Sonderheft, Warendorf 1994

Deutsches Kuratorium für Therapeutisches Reiten e.V. (Hg.): Freiheit erfahren - Grenzen erkennen. Über die Integration von Polaritäten mit Hilfe des Pferdes, Warendorf 1996

Deutsches Kuratorium für Therapeutisches Reiten e.V. (Hg.): Reiten als Sport für Behinderte, Sonderheft, Warendorf 1998

Dietze, G. von: Das Therapiepferd, seine Auswahl und seine Ausbildung, in: Therapie auf dem Pferderücken, 2. Intern. Kongreß, Dillenburg 1978

Diez Grieser, M.T.: Probleme der Elternarbeit in der Psychotherapie mit Kindern und Jugendlichen, in: Kinderanalyse, 4, 3/1996, S. 241–253

Dreikurs, R./Soltz, V.: Kinder fordern uns heraus. Wie erziehen wir sie zeitgemäß?, Stuttgart 1997

Eberle-Gäng, S.: Aufbau einer Beziehung zum Pferd: eine Maßnahme für die Entwicklung und Erziehung von Menschen mit geistiger Behinderung, in: Gäng, M. (Hg.): Ausbildung und Praxisfelder im Heilpädagogischen Reiten und Voltigieren, München 1995, S. 128–141

Eckstaedt, A.: Die Kunst des Anfangs. Psychoanalytische Erstgespräche, Frankfurt am Main 1991

Eckstaedt, A./Klüwer, R.: Zeit allein heilt keine Wunden. Psychoanalytische Erstgespräche mit Kindern und Eltern, Frankfurt am Main 1980

Eliacheff, C.: Das Kind, das eine Katze sein wollte. Psychoanalytische Arbeit mit Säuglingen und Kleinkindern, München 1994

Enzensberger, H. M.: Allerleirauh. Viele schöne Kinderreime, Frankfurt am Main 1974

Erazo, N.: Entwicklung des Selbstempfindens : Verschmelzung, Identität und Wir-Erleben, Stuttgart 1997

Erikson, E.H.: Kindheit und Gesellschaft, Stuttgart 1995

Fast, I.: Von der Einheit zur Differenz - Psychoanalyse der Geschlechteridentität, Berlin 1991

Finger-Trescher, U.: Trauma, Wiederholungszwang und projektive Identifizierung. Was wirkt heilend in der Psychoanalytischen Pädagogik?, in: Reiser, H./Trescher, H.-G. (Hg.): Wer braucht Erziehung? Mainz 1987, S. 130–145

Finger-Trescher, U.: Wirkfaktoren der Einzel- und Gruppenanalyse, Stuttgart 1991

Finger-Trescher, U.: Grundlagen der Arbeit mit Gruppen - Methodisches Arbeiten im Netzwerk der Gruppe, in: Muck, M./Trescher, H.-G. (Hg.): Grundlagen der Psychoanalytischen Pädagogik, Mainz 1993, S. 205–236

Finger-Trescher, U./Büttner, C.: Ergebnisse der psychoanalytischen Kleingruppenforschung und ihre Übertragbarkeit auf die pädagogische Praxis, in: Büttner, C./Trescher, H.-G. (Hg.): Chancen der Gruppe, Mainz 1987

Flaake, K.: Geschlechtsneutralität als Mythos, in: Gruppenpsychotherapie und Gruppendynamik 1989, 25, S. 99–109

Flaake, K./King, V. (Hg.): Weibliche Adoleszenz – Zur Sozialisation junger Frauen, Frankfurt am Main 1992

Foulkes, S.H.: Gruppenanalytische Psychotherapie, München 1974
Freud, A.: Wege und Irrwege in der Kinderentwicklung, Bern 1968
Freud, A.: Das Ich und die Abwehrmechanismen, in: Die Schriften der Anna Freud, Band 1, München 1980
Freud, S.: Analyse der Phobie eines fünfjährigen Knaben – „Der kleine Hans", Frankfurt am Main 1980
Freud, S.: Das ICH und das ES – und andere metapsychologische Schriften, Frankfurt am Main 1982
Frewein, J.: Das Tier in der menschlichen Kultur, Zürich 1983
Fürstenau, P.: Zur Theorie psychoanalytischer Praxis, Stuttgart 1979
Gäng, M. (Hg.): Heilpädagogisches Reiten, München 1983
Gäng, M. (Hg.): Mit Tieren leben im Alten- und Pflegeheim, München 1992
Gäng, M. (Hg.): Heilpädagogisches Reiten und Voltigieren, München 1994
Gäng, M. (Hg.): Ausbildung und Praxisfelder im heilpädagogischen Reiten und Voltigieren, München 1995
Gerspach, M.: Vom klassischen zum psychoanalytischen Paradigma in der Heilpädagogik, in: Reiser, H./Trescher, H.-G.: Wer braucht Erziehung?, Mainz 1987, S. 146–160
Göhler, I./Ohm, U.: Reiten – eine therapeutische Möglichkeit in der Kinderneuropsychiatrie?, in: Psychiatrie/Neurologie und medizinische Psychologie 1974, 26 (4), S. 248–249
Gorbracht, W.: Reiterspiele – Reiterfeste, Bad Homburg 1980
Grebing, B.: Integrative Aspekte des Blindenreitens, in: Therapeutisches Reiten, 1990, 17, H. 2, S. 8–11
Greiffenhagen, S.: Tiere als Therapie. Neue Wege in Erziehung und Heilung, München 1991, s. 65 ff.
Haesler, L.: Musik als Übergangsobjekt, in: Zeitschrift für psychoanalytische Theorie und Praxis, 1992, 7, S. 4–15
Hanneder, S.: Die Gestaltung des Beziehungsgefüges in der psychotherapeutischen Arbeit mit dem „Medium" Pferd, in: Therapeutisches Reiten, 3/1997, S. 7–14
Hanneder, S./Menschik, E./Papke, A.: Möglichkeiten einer schulenintegrierenden Arbeit mit dem Medium Pferd, in: Deutsches Kuratorium für Therapeutisches Reiten e.V. (Hg.): Freiheit erfahren – Grenzen erkennen. Über die Integration von Polaritäten mit Hilfe des Pferdes, Warendorf 1996, S. 68–83
Häsing, H./Janus, L.: Ungewollte Kinder, Reinbek bei Hamburg 1994
Hartkamp, N./Heigl-Evers, A.: Übergangsobjekt und Selbstobjekt: Versuch einer begrifflichen Klärung, in: Forum der Psychoanalyse 1988, 4, S. 103–115
Herget, M./Herwig, H.: Bewegungserziehung am Pferd und Reiten für Sehgeschädigte. Didaktisch-methodische Aspekte für die Einführung Blinder und Sehbehinderter in den Pferdesport, in: Therapeutisches Reiten, 25, 2/1998, S. 3–9
Herzig, L.: Das Pferd in der Behandlung psychosomatisch kranker Menschen, in: Deutsches Kuratorium für Therapeutisches Reiten (Hg.): Die Arbeit mit dem Pferd in Psychiatrie und Psychotherapie, Sonderheft, Warendorf 1994, S. 78–80
Heinemann, E./Groef, J. de (Hg.): Psychoanalyse und geistige Behinderung, Mainz 1997

Heigl-Evers, A./Weidenhammer, B.: Der Körper als Bedeutungslandschaft, Bern 1988
Heipertz, W./Keller, K./Reichenbach, M./Vescovi, G.: Heilwirkungen des Reitens. Medizin und Reiten, Kirchberg/Jagst 1975
Heipertz-Hengst, C.: Reiten als Präventivsport, in: Therapeutisches Reiten, 21, 1994, S. 8–10
Hirsch, M.: Psychogener Schmerz als Übergangsphänomen, in: Praxis der Psychotherapie und Psychomatik, 1985, 30, S. 261–267
Hoffmann, M.: Reiterrallyes - Reiterspiele, Stuttgart 1994
Holder, A.: Anna Freuds „Das Ich und die Abwehrmechanismen" – 60 Jahre später, in: Kinderanalyse, 2, 1998, S. 109–125
Holst, E.: Therapie mit Delphinen, in: STERN 3/1988, S. 42–46
Iben, G. (Hg.): Das Dialogische in der Heilpädagogik, Mainz 1988
Jäger, G.: Die Wirkungen des Therapeutischen Reitens auf sehbehinderte Kinder, in: Therapeutisches Reiten, 12, 4/1985, S. 15–16
Janus, L./Haibach, S. (Hg.): Seelisches Erleben vor und während der Geburt, Neu-Isenburg 1997
Jenzer, M.: Das Pferd im heilpädagogischen Reiten, in: Gäng, M. (Hg.): Ausbildung und Praxisfelder im heilpädagogischen Reiten und Voltigieren, München 1995, S. 38–52
Jongbloed-Schurig, U./ Wolff, A. (Hg.): „Denn wir können die Kinder nach unserem Sinne nicht formen". Beiträge zur Psychoanalyse des Kindes- und Jugendalters, Frankfurt am Main 1998
Joseph, B.: Psychisches Gleichgewicht und psychische Veränderung, Stuttgart 1994
Jurklies, R.: Elternarbeit als wichtiger Teil der heilpädagogischen Intervention beim Heilpädagogischen Reiten, in: Gäng, M. (Hg.): Ausbildung und Praxisfelder im Heilpädagogischen Reiten und Voltigieren, München 1995, S. 198–204
Jurklies, R.: Im Kontakt mit dem Pferd sich neu entdecken, in: Motorik, 19, 3, 1997, S. 64–69
Kaplan, L. J.: Die zweite Geburt. Die ersten Lebensjahre des Kindes, München 1993
Katcher, A.H./ Beck A.M. (Hg.): New Perspectives on Our Lives with Companion Animals, Philadelphia 1983
Kaune, W. (Hg.): Das Heilpädagogische Voltigieren und Reiten mit geistig behinderten Menschen, Warendorf 1993
Kestenberg, J.: Neurosenprophylaxe und Therapie, in: PSYCHE 35, 1981, 9, S. 826–839
Kestenberg, J./Buelte, A.: Prevention, infant therapy and the treatment of adults: 2. Mental Holding and Holding-Oneself-Up, 1977
Klüwer, B.: Zur Psychologie des Reitens – Voltigieren als Therapie, in: Therapeutisches Reiten 4/1982, S. 371-378
Klüwer, B.: Die spezifischen Wirkungen des Pferdes in den Bereichen des therapeutischen Reitens, in: Therapeutisches Reiten 3/1988, S. 4-12

Klüwer, B.: Der Einsatz des Pferdes als Medium der Selbsterfahrung im Kontext psychomotorischer Entwicklung und Therapie, Dissertationsarbeit, Eigenverlag/Köln 1994

Klüwer, C. (a): Selbsterfahrung durch das Medium Pferd, in: Gäng, M. (Hg.): Heilpädagogisches Reiten und Voltigieren, München 1994, S. 210–226

Klüwer, C. (b): Zur Arbeit mit dem Pferd in Psychiatrie und Psychotherapie, in: Deutsches Kuratorium für Therapeutisches Reiten e.V. (Hg.): Die Arbeit mit dem Pferd in Psychiatrie und Psychotherapie, Warendorf 1994, S. 5–17

Klüwer, C. (c): Die spezifischen Wirkungen des Pferdes in den Bereichen des Therapeutischen Reitens, in: Deutsches Kuratorium für Therapeutisches Reiten e.V.: Heilpädagogisches Voltigieren und Reiten in pädagogischen Handlungsfeldern, Warendorf 1995, S. 5–11

Kohut, H.: Die Heilung des Selbst, Frankfurt am Main 1979

Korff-Sausse, S.: Ein psychoanalytischer Ansatz bei geistiger Behinderung, in: Heinemann, E./Groef, J. de (Hg.): Psychoanalyse und geistige Behinderung, Mainz 1997, S. 58–73

Kron, M.: Kindliche Entwicklung und die Erfahrung von Behinderung, Frankfurt am Main 1988

Kröger, A.: Mit Pferden erziehen, in: Jugendwohl, 3/1969, S. 104–110

Kröger, A.: Voltigieren als Erziehungshilfe an Schulen für verhaltensauffällige Kinder, in: Heipertz, W. (Hg.): Therapeutisches Reiten - Medizin, Pädagogik, Sport, Stuttgart 1977, S. 66–83

Kröger, A.: Partnerschaftlich miteinander umgehen - Erfahrungen und Anregungen für Lehrer, Eltern, Reiter, Voltigierer und Fachleute in Pädagogik und Therapie mit dem Pferd, Warendorf 1997, S. 145 ff.

Krüll, M.: Die Geburt ist nicht der Anfang. Die ersten Kapitel unseres Lebens - neu erzählt, Stuttgart 1997

Kupper-Heilmann, S. (a): Das Pferd als Selbstobjekt oder Übergangsphänomen?, in: Therapeutisches Reiten, 3/1997, S. 19–20

Kupper-Heilmann, S. (b): Erstvorstellung eines hyperaktiven Kindes: Der schlafende Peter. Zur Bedeutung von Erstvorstellung und Gutachten in der psychoanalytisch orientierten heilpädagogischen Einzelarbeit mit dem Pferd, in: Therapeutisches Reiten, 4/1997, S. 9–14

Kupper-Heilmann, S. (c): „Und wenn er dann losläßt?". Unterstützung von Individuations- und Ablösungsprozessen in der Mutter-Kind-Beziehung im Rahmen einer Frühförderung, in: Frühförderung interdisziplinär, 17. Jg., 3/1998, S. 134–143

Kupper-Heilmann, S./Kleemann, C.: Heilpädagogische Arbeit mit Pferden, in: Datler, W./Finger-Trescher, U./Büttner, C. (Hg.): Jahrbuch für psychoanalytische Pädagogik – Heilpädagogische Settings, 8, Gießen 1997, S. 27–46

Kurz, F.: Zur Sprache kommen: psychoanalytisch orientierte Sprachtherapie mit Kindern, München 1993

Kutter, P.: Übertragung und Prozeß in der psychoanalytischen Gruppentherapie, in: PSYCHE 25, 1971, S. 856–873

Lachner, R.: Kinder brauchen Tiere, Melsungen 1979

Lapassade, G.: Gruppe, Organisation, Institution, München 1972

Lawrenz-Wolf, B.: Indikationen und Kontraindikationen zur Hippotherapie – Kinder mit Hirntumoren und Epilepsie, in: Therapeutisches Reiten, 3/1998, S. 14–21
Leber, A.: Psychoanalytische Reflexion - ein Weg zur Selbstbestimmung in Pädagogik und Sozialarbeit, in: Leber, A./Reiser, H. (Hg.): Sozialpädagogik, Psychoanalyse und Sozialkritik, Neuwied 1972, S. 13–51
Leber, A.: Zur Begründung des fördernden Dialoges in der psychoanalytischen Heilpädagogik, in: Iben, G. (Hg.): Das Dialogische in der Heilpädagogik, Mainz 1988, S. 41–61
Leyendecker, C.: „Je früher, desto besser?!" Konzepte früher Förderung im Spannungsfeld zwischen Behandlungsakteuren und dem Kind als Akteur seiner Entwicklung, in: Frühförderung interdisziplinär, 17, 1/1998, S. 3–10
Leyendecker, C./Horstmann, T. (Hg.): Frühförderung und Frühbehandlung. Wissenschaftliche Grundlagen, praxisorientierte Ansätze und Perspektiven interdisziplinärer Zusammenarbeit, Heidelberg 1997
Liebermann, A. F.: Ein kleiner Mensch – Das Gefühlsleben des Kindes in den ersten drei Jahren, Reinbek bei Hamburg 1995
Luhmann, V.: Förderungsmöglichkeiten für mehrfachbehinderte Blinde durch den Umgang mit dem Pferd, in: Therapeutisches Reiten, 3/1992, S. 14–17 und 4/1992, S. 3–7
Mahler, M.: Symbiose und Individuation, Stuttgart 1992
Meier-Trinkler, M.: Kritische Fragen und Gedanken zum Einsatz des Pferdes in der Psychotherapie, in: Deutsches Kuratorium für Therapeutisches Reiten e.V. (Hg.): Die Arbeit mit dem Pferd in Psychiatrie und Psychotherapie, Warendorf 1994, S. 18–20
Mentzos, St.: Interpersonale und institutionalisierte Abwehr, Frankfurt 1988
Mertens, W.: Kompendium psychoanalytischer Grundbegriffe, München 1992
Meyer, H.: Der Mensch und das Tier. Anthropologische und Kultursoziologische Aspekte, München 1975
Meyer, H.: Zur Psychologie des Reitens – Ansätze zur Beschreibung und Erklärung, in: Deutsche Reiterliche Vereinigung e.V. (Hg.): Reiten heute – Analysen, Perspektiven, Warendorf 1979, S. 18–30
Meyer, H.: Das Erlebnis Reiten: Psychologie und Soziologie des Reitens, Köln 1982
Meyners, E.: Zur Bedeutung des Reitens in Gruppen für Kinder und Jugendliche, in: Praxis der Psychomotorik, 16, H. 3, 1991, S. 140–149
Meyners, E.: Bewegungsgefühl – das innere Auge des Reiters, Düsseldorf 1996
Milani-Comparetti, A.: Integration – Wunsch und Wirklichkeit, in: Buch, A./ Heinecke, B. et al.: An den Rand gedrängt. Was Behinderte daran hindert, normal zu leben, Reinbek bei Hamburg 1980, S. 137–145
Mitscherlich, A.: Reiterbuch, Berlin 1935
Morris, D.: Horsewatching. Die Körpersprache des Pferdes, München 1997
Muck, M.: Psychoanalytisches Basiswissen, in: Muck, M./Trescher, H.-G. (Hg.): Grundlagen der psychoanalytischen Pädagogik, Mainz 1993, S. 13–62
Muck, M./ Trescher, H.-G.(Hg.): Grundlagen der psychoanalytischen Pädagogik, Mainz 1993
Petri, H./Thieme, E.: Katamnese zur analytischen Psychotherapie im Kindes- und Jugendalter, in: PSYCHE, H. 1, 1978, S. 21–51

Pikler, E.: Einige Gedanken zu Sitten und Bräuchen in der Säuglingserziehung und zum elterlichen Verhalten, in: Pikler, E./Tardos, A. et al.: Miteinander vertraut werden, Freiburg 1997, S. 15–34
Piontelli, A.: Vom Fetus zum Kind: Die Ursprünge des psychischen Lebens. Eine psychoanalytische Beobachtungsstudie, Stuttgart 1996
Reiser, H.: Beziehung und Technik in der psychoanalytisch orientierten themenzentrierten Gruppenarbeit, in: Reiser, H./Trescher, H.-G. (Hg.): Wer braucht Erziehung?, Mainz 1987, S. 181–196
Reckeweg, W.: Miteinander – nicht nebeneinander. Förderung des Wir–Gefühls im Umgang mit dem Partner Pferd, in: Zeitschrift für Heilpädagogik, H. 7, 1997, S. 281–284
Reppuk, E./Koll, H.: Strukturell-Assimilative Therapie autistischer Störungen, in: Frühförderung interdisziplinär, 8, 1/1989, S. 33–36
Richter, H.-E.: Eltern, Kind und Neurose, Reinbek bei Hamburg 1963
Ringbeck, B.: Psychomotorische Förderung bewegungsauffälliger Kinder durch heilpädagogisches Voltigieren, in: Gäng, M. (Hg.): Heilpädagogisches Reiten und Voltigieren, München 1994, S. 123–151
Rinnhofer, H. (Hg.): Hoffnung für eine Handvoll Leben. Eltern von Frühgeborenen berichten, Reinbek bei Hamburg 1997
Rogge, J.-U.: Kinder haben Ängste. Von starken Gefühlen und schwachen Momenten, Reinbek bei Hamburg 1997
Rohde-Dachser, C.: Ausformungen der ödipalen Dreieckskonstellation bei narzistischen und Borderline-Störungen, in: PSYCHE 9, 1987, S. 773–799
Sandler, J.: Die Grundbegriffe der psychoanalytischen Therapie, Stuttgart 1979
Schäfer, M.: Die Sprache des Pferdes. Lebensweise und Ausdrucksformen, Reinbek bei Hamburg 1980
Scheidhacker, M.: Psychotherapie und Reiten, in: Deutsches Kuratorium für Therapeutisches Reiten e.V. (Hg.): Die Arbeit mit dem Pferd in Psychiatrie und Psychotherapie, Warendorf 1994, S. 21–23
Schindler, W.: Ein Leben für die Gruppe - Erfahrungen eines Gruppentherapeuten der ersten Generation, in: Kutter, P. (Hg.): Methoden und Theorien der Gruppenpsychotherapie, Stuttgart 1985, S. 47–68
Schipperges, H.: Reitkunst in alter Heilkunde. In: Ärzteblatt Baden-Württemberg, 23, H. 8, Stuttgart 1968, S. 237–240
Schlack, H.-G.: Neue Konzepte in der Frühbehandlung und Frühförderung, in: Leyendecker, C./Horstmann, T. (Hg.): Frühförderung und Frühbehandlung, Heidelberg 1997, S. 15–22
Schmauch, U.: Kindheit und Geschlecht – Anatomie und Schicksal, Basel 1993
Schmidt, J.: Wie sieht der Arzt das Angebot „Reiten als therapeutische Hilfe"?, in: Heipertz , W. et al. (Hg.): Heilwirkungen des Reitens, Kirchberg/Jagst 1975, S. 93–102
Schnack, D./Neutzling, R.: Kleine Helden in Not. Jungen auf der Suche nach Männlichkeit, Reinbek bei Hamburg 1997
Schon, L.: Entwicklung des Beziehungsdreiecks Vater-Mutter-Kind: Triangulierung als lebenslanger Prozeß, Stuttgart 1995
Schulz, M.: Heilpädagogisch-psychomotorische Aspekte der vorschulischen Förderung mit Hilfe des Pferdes, in: Gäng, M. (Hg.): Ausbildung und Praxisfelder im heilpädagogischen Reiten und Voltigieren, München 1995, S. 79–91

Schulz, M.: Reitübungen mit pädagogisch relevanten Inhalten, in: Kröger, A.: Partnerschaftlich miteinander umgehen. Erfahrungen und Anregungen für Lehrer, Eltern, Reiter, Voltigierer und Fachleute in Pädagogik und Therapie mit dem Pferd, Warendorf 1997, S. 182–203

Smith, B.A.: Project Inreach. A Program to Explore the Ability of Atlantic Bottlenose Dolphins to Elicit Communications Responses for Autistic Children, in: Katcher, A.H./Beck, A.M. (Hg.): New Perspectives on Our Lives with Companion Animals, Philadelphia 1983, S. 460 f.

Speck, O.: Entwicklung im System der Frühförderung, in: Speck, O./Thurmair, M. (Hg.): Fortschritte der Frühförderung entwicklungsgefährdeter Kinder, München 1989

Spitz, R.A.: Vom Dialog. Studien über den Ursprung der menschlichen Kommunikation und ihrer Rolle in der Persönlichkeitsbildung, München 1988

Spitz, R.A.: Vom Säugling zum Kleinkind. Naturgeschichte der Mutter-Kind-Beziehung im ersten Lebensjahr, Stuttgart 1989

Steinborn, K.: Ein Huftritt in das Genick der Neurose, in: Deutsches Kuratorium für Therapeutisches Reiten e.V. (Hg.): Freiheit erfahren - Grenzen erkennen. Über die Integration von Polaritäten mit Hilfe des Pferdes, Warendorf 1996, S. 95–102

St. John, P.: Beth und die Delphine. Autistische Kinder verstehen lernen, München 1993

Stern, E.: Reitunterricht mit Blinden und Sehbehinderten, in: Therapeutisches Reiten, 1982, S. 563–570

Stern, H.: Bemerkungen über Pferde, Reinbek bei Hamburg 1974

Stierlin, H.: Rolle und Auftrag, in: Familiendynamik 1/1976, S. 36–59

Strausfeld, P.: Therapeutisches Reiten unter Einbeziehung des Familiensystems, in: Deutsches Kuratorium für Therapeutisches Reiten e.V. (Hg.): Die Arbeit mit dem Pferd in Psychiatrie und Psychotherapie, Warendorf 1994, S. 103–107

Stürzebecher, Ch.: Sie hört nur, was andere sehen – Trotz Blindheit im Sattel aktiv, in: Therapeutisches Reiten, 11, 3/1984, S. 6–9

Trescher, H.-G.: Handlungstheoretische Aspekte der Psychoanalytischen Pädagogik, in: Muck, M./Trescher, H.-G. (Hg.): Grundlagen der psychoanalytischen Pädagogik, Mainz 1993, S. 167–201

Tyson, P./Tyson R.L.: Lehrbuch der psychoanalytischen Entwicklungspsychologie, Stuttgart 1997

Vogel, H.: Das Pferd als Partner des Behinderten. Integration und Rehabilitation durch Reiten, Rüschlikon, Zürich 1987

Vogel, H.: Das Pferd verstehen und reiten lernen – Ein Leitfaden für Eltern, Pädagogen und Ausbilder von blinden Pferdefreunden, (Punktschriftausgabe) Warendorf 1991, (Schwarzschriftausgabe) Warendorf 1993

Voßberg, J.: Anbahnung und Gestaltung positiver Beziehungen mit Kleinpferden, in: Gäng, M. (Hg.): Heilpädagogisches Reiten und Voltigieren, München 1994, S. 152–209

Wagenmann, S./Schönhammer, R.: Mädchen und Pferde: Psychologie einer Jugendliebe, Berlin 1994

Wehrli, A.: Heilpädagogisches Reiten mit epilepsiekranken Kindern und Jugendlichen, in: Gäng, M. (Hg): Ausbildung und Praxisfelder im heilpädagogischen Reiten und Voltigieren, München 1995, S. 142–145

Winnicott, D.W.: Übergangsobjekte und Übergangsphänomene, in: PSYCHE 23, 1969, S. 666–682

Winnicott, D.W.: Vom Spiel zur Kreativität, Stuttgart 1985

Winnicott, D.W.: Das Baby und seine Mutter, Stuttgart 1990

Wolf, A.: Psychoanalyse in Gruppen, in: de Schill, S. (Hg.): Psychoanalytische Therapie in Gruppen, Stuttgart 1971, S. 145–199

Wöhrlin, U.: Bewältigungsprozesse von Eltern behinderter Kinder, in: Leyendekker, C./Horstmann, T. (Hg.): Frühförderung und Frühbehandlung, Heidelberg 1997, S. 53–59

2003
231 Seiten · Broschur
EUR (D) 19,90 · SFr 33,90
ISBN 3-89806-151-5

Der Umgang mit entwicklungs- und verhaltensauffälligen Kindern und Jugendlichen ist Bestandteil des beruflichen Alltags in den unterschiedlichsten psychosozialen Einrichtungen. Die Fachkräfte sehen sich tagtäglich mit einer Fülle sozialer und psychischer Probleme konfrontiert. Für den Umgang mit diesen Problemstellungen benötigen sie ein fundiertes theoretisches und methodisches Wissen.

Seit den Anfängen der Bindungsforschung durch John Bowlby sind mehr als 40 Jahre vergangen. Die neuere Bindungsforschung basiert auf seinen Erkenntnissen und geht davon aus, dass der Wunsch nach Sicherheit und verlässlichen Beziehungen ein entscheidendes Grundbedürfnis des Menschen ist. Für die psychische Entwicklung ist die Qualität der frühen Bindungserfahrungen entscheidend. Belastende Bindungsmuster im Kindes- und Jugendalter erfordern angemessene Antworten durch professionelle Erziehung, soziale Arbeit und Therapie sowie institutionelle Rahmenbedingungen, die haltgebende Funktionen ermöglichen.

2002
222 Seiten · Broschur
EUR (D) 19,90 · SFr 33,90
ISBN 3-89806-165-5

Nahezu unbemerkt hat sich eine neue pädagogische Leitvorstellung etabliert: die Selbständigkeit des Kindes. Doch wie ist die erzieherische Norm der Selbständigkeit einzuschätzen? Welche Form von Selbständigkeit kann als sinnvolle Herausforderung oder aber als unsinnige Überforderung gelten? Welche Entwicklungsprozesse von Kindern können besser verstanden werden, wenn man sie als Prozesse der Selbstbildung und des Selbständig-Werdens begreift? Sind Kindheit und Kindlichkeit nur noch Störfaktoren auf dem Weg der fortschreitenden Modernisierung oder doch ein Raum der besonderen kindlichen Subjektivität, die des Schutzes und der Fürsorge bedarf?

PSV
Psychosozial-Verlag